Kaiser · Fabian · Melwitz | Die Erb- und Familienrechtsklausur im Assessorexamen

Die Erb- und Familienrechtsklausur im Assessorexamen

Von

Jan Kaiser
Ehem. Richter am Landgericht Lüneburg
Wirtschaftsjurist (Univ. Bayreuth)
Geschäftsführender Gesellschafter der Kaiserseminare
Seminarleiter bei den Kaiserseminaren

Dr. Ingo Fabian, LL.M.
Richter am Landgericht
Seminarleiter bei den Kaiserseminaren

Dr. Nikolaus Melwitz
Richter am Landgericht
Seminarleiter bei den Kaiserseminaren

2021

Verlag Franz Vahlen

Zitiervorschlag: *Kaiser/Fabian/Melwitz* ErbR/FamR § Rn.

www.vahlen.de

ISBN 978 3 8006 6461 0

Wilhelmstraße 9, 80801 München
Druck: Himmer GmbH Druckerei & Verlag
Steinerne Furt 95, 86167 Augsburg

Satz: R. John + W. John GbR, Köln
Umschlaggestaltung: Martina Busch Grafikdesign, Homburg Saar

CO_2 neutral
vahlen.de/nachhaltig

Gedruckt auf säurefreiem, alterungsbeständigem Papier
(hergestellt aus chlorfrei gebleichtem Zellstoff)

Vorwort

Das Erb- und das Familienrecht ist eine unter Referendaren wenig beachtete und wenig geliebte Materie. Der Umstand, dass für das Erste Staatsexamen Kenntnisse in diesen Rechtsgebieten nur – wenn überhaupt – in deutlich geringem Umfang vonnöten sind, verleitet viele Referendare erfahrungsgemäß dazu, hier auch bei den Vorbereitungen zum Zweiten Staatsexamen auf Lücke zu setzen.

Ein derartiges »Augen zu und durch« hat sich in der Vergangenheit allerdings immer wieder – und insbesondere in den letzten Jahren – als Fehler erwiesen, der in völlig unnötigen und oft massiven Punktverlusten bei einer oder gar mehreren Klausuren endete. Denn in zahlreichen Durchgängen wurden zuletzt vermehrt immer wieder reine oder schwerpunktmäßige Erb- oder Familienrechtsklausuren gestellt – in einem Bundesland nach zuvor sechzehnjähriger (!) Pause. Testamente und Erbverträge, Pflichtteilsrecht, Unterhaltsrecht, Scheidungsverbund- und Beschwerdeentscheidungen … die Prüfungsämter haben das Erb- und Familienrecht für sich entdeckt! Und ein Blick in die Prüfungsordnungen zeigt, welche Themenvielfalt für zukünftige Klausuren noch zur Verfügung steht.

Die gute Nachricht: Sowohl das Erb- als auch das Familienrecht sind im Zweiten Staatsexamen **kein Hexenwerk**. Alles, was Sie für eine erfolgreiche Klausurbearbeitung wissen müssen, ist in diesem Skript – und dem dazugehörigen Crashkurs – enthalten. Sie benötigen keine umfangreichen Lehrbücher und Vorlesungen, sondern müssen wissen, vor welchen Problemen Sie im Klausurfall stehen und wie Sie diese zur vollsten Zufriedenheit des korrigierenden Praktikers lösen können. Aus diesem Grund haben wir die Originalexamensklausuren der letzten fünfzehn Jahre aus den verschiedenen Bundesländern analysiert, um Ihnen gerade das Wissen zu vermitteln, mit welchem Sie die Assessorklausuren im Erb- und Familienrecht (aus Anwalts- und Richtersicht) souverän meistern können. Dabei zeigt die Auswertung der gelaufenen Klausuren, dass es gerade in den hier behandelten »Nebengebieten« ständig wiederkehrende Klausurkonstellationen gibt, auf die Sie sich zielgerichtet vorbereiten können!

Neben der Vermittlung des hierfür notwendigen erb- und familienrechtlichen Rüstzeugs legen Skript und Crashkurs überdies ein besonderes Augenmerk auf die Nutzung der im Examen zugelassenen Kommentare, die mit der richtigen Taktik gerade in diesen Sondergebieten eine entscheidende Hilfestellung bei der Klausurlösung sein können. Darüber hinaus sind natürlich die aktuellen examensrelevanten Entscheidungen des Bundesgerichtshofs und der Oberlandesgerichte eingearbeitet und klausurbezogen aufbereitet.

Lediglich auf die Einzelheiten der Klausurtechnik im Allgemeinen (Zeiteinteilung, Reihenfolge der Arbeitsschritte, Aufbau und Notfall-Lösung) kann in diesem Skript nicht eingegangen werden, um den Umfang der Darstellung nicht zu sprengen. Lesen Sie hierzu unbedingt Kaiser/Kaiser/Kaiser, Die Zivilgerichtsklausur im Assessorexamen, Band I, und Kaiser/Kaiser/Kaiser, Die Anwaltsklausur Zivilrecht.

Stuttgart, im Dezember 2020

Die Verfasser

Inhaltsverzeichnis

Bearbeiter der Teile:

1. Teil. Erbrecht: Dr. Nikolaus Melwitz

2. Teil. Familienrecht: Dr. Ingo Fabian, LL.M.

Abkürzungsverzeichnis

aA .... anderer Ansicht
ABl. .... Amtsblatt
Abs. .... Absatz
aE .... am Ende
AG .... Amtsgericht
Alt. .... Alternative
Art. .... Artikel
Aufl. .... Auflage

BayObLG .... Bayerisches Oberstes Landgericht
BGB .... Bürgerliches Gesetzbuch
BeckRS .... Rechtsprechungssammlung in beck-online
BGH .... Bundesgerichtshof
BGHZ .... Entscheidungen des Bundesgerichtshofes in Zivilsachen
BVerfG .... Bundesverfassungsgericht
bzw. .... beziehungsweise

EGBGB .... Einführungsgesetz zum Bürgerlichen Gesetzbuche
etc. .... et cetera
EU .... Europäische Union
EuErbVO .... Verordnung (EU) Nr. 650/2012 des Europäischen Parlaments und des Rates vom 4. Juli 2012 über die Zuständigkeit, das anzuwendende Recht, die Anerkennung und Vollstreckung von Entscheidungen und die Annahme und Vollstreckung öffentlicher Urkunden in Erbsachen sowie zur Einführung eines Europäischen Nachlasszeugnisses
EUR .... Euro

FamFG .... Gesetz über das Verfahren in Familiensachen und in den Angelegenheiten der freiwilligen Gerichtsbarkeit (Familienverfahrensgesetz)
FamGKG .... Gesetz über Gerichtskosten in Familiensachen
FamRZ .... Zeitschrift für das gesamte Familienrecht
f. .... folgende
ff. .... fortfolgende

GBO .... Grundbuchordnung
gem. .... gemäß
GG .... Grundgesetz
GVG .... Gerichtsverfassungsgesetz

HeimG .... Heimgesetz
hM .... herrschende Meinung
Hs. .... Halbsatz

iSd .... im Sinne des
iSv .... im Sinne von
iVm .... in Verbindung mit

JA .... Juristische Arbeitsblätter (Zeitschrift)

KG .... Kammergericht

LPartG .... Gesetz über die Eingetragene Lebenspartnerschaft (Lebenspartnerschaftsgesetz

mwN .... mit weiteren Nachweisen

NJW .... Neue Juristische Wochenschrift (Zeitschrift)
NJW-RR .... NJW-Rechtsprechungsreport Zivilrecht (Zeitschrift)
Nr. .... Nummer
NZFam .... Neue Zeitschrift für Familienrecht

OLG .... Oberlandesgericht

PC .... Personal Computer
PPS .... zweites Postskriptum
PS .... Postskriptums

RGZ .... Entscheidungen des Reichsgerichts in Zivilsachen
Rn. .... Randnummer

s. .... siehe
S. .... Satz
SGB VIII .... Sozialgesetzbuch (SGB) Achtes Buch (VIII) Kinder- und Jugendhilfe
SüdL .... Unterhaltsrechtlichen Leitlinien der Familiensenate in Süddeutschland

UG FFM .... Unterhaltsgrundsätze des OLG Frankfurt a.M.

VersAusglG .... Gesetz über den Versorgungsausgleich (Versorgungsausgleichsgesetz)
vgl. .... vergleiche

zB .... zum Beispiel
ZEV .... Zeitschrift für Erbrecht und Vermögensnachfolge
Ziff. .... Ziffer
ZPO .... Zivilprozessordnung

Literaturverzeichnis

Brox, H./Walker, W.-D., Erbrecht, 28. Aufl. 2018 (zit.: *Brox/Walker* ErbR)

Kaiser, H./Kaiser, J./Kaiser, T., Die Zivilgerichtsklausur im Assessorexamen, Bd. 1, 8. Aufl. 2018 (zit.: *Kaiser/Kaiser/Kaiser* Zivilgerichtsklausur I)

Kaiser, H./Kaiser, J./Kaiser, T., Die Zivilgerichtsklausur im Assessorexamen, Bd. 2, 5. Aufl. 2016 (zit.: *Kaiser/Kaiser/Kaiser* Zivilgerichtsklausur II)

Kaiser, H./Kaiser, J./Kaiser, T., Materielles Zivilrecht im Assessorexamen, 9. Aufl. 2019 (zit.: *Kaiser/Kaiser/Kaiser* MatZivilR)

Kaiser, H./Kaiser, J./Kaiser, T., Die Zwangsvollstreckunsklausur im Assessorexamen, 8. Aufl. 2019 (zit.: *Kaiser/Kaiser/Kaiser* Zwangsvollstreckungsklausur)

Palandt, O., Kommentar zum Bürgerlichen Gesetzbuch, 79. Aufl. 2020 (zit.: Palandt/*Bearbeiter*)

Thomas, H./Putzo, H., Zivilprozessordnung, 41. Aufl. 2020 (zit. Thomas/Putzo/*Bearbeiter*)

Zöller, R., Zivilprozessordnung: ZPO, 33. Aufl. 2020 (zit.: Zöller/*Bearbeiter*)

1. Teil. Erbrecht

§ 1 Bindungswirkung letztwilliger Verfügungen

A. Problemstellung

Das mit Abstand häufigste Klausurproblem, sei es aus Gerichts- oder aus Anwaltssicht, ist die 1
Bindungswirkung letztwilliger Verfügungen. In dieser Konstellation – sei es aus Anwaltssicht oder aus Richtersicht – liegt eine vermeintlich bindende frühere letztwillige Verfügung des Erblassers und eine zweite, davon abweichend aber jüngere letztwillige Verfügung vor, um deren Wirksamkeit gestritten wird.[1] In dieser Situation gilt es die Wirksamkeit, den Inhalt und die Angreifbarkeit dieser letztwilligen Verfügungen zu untersuchen und am Ende aus Richtersicht eine Entscheidung zu formulieren oder aus Anwaltssicht eine Empfehlung auszusprechen, die aus anwaltlicher Sicht den sichersten und effektivsten Weg darstellt, um das gewünschte Ziel zu erreichen. Häufig werden dabei auch Prognosen über möglicherweise zu erhebenden Beweisen verlangt, die ebenfalls zu einer praxisorientierten anwaltlichen Beratung gehören.

Diese Fallkonstellation ist für einen gut vorbereiteten Prüfling, der einen fundierten Über- 2
blick über das Erbrecht hat und seinen Kommentar einzusetzen weiß, eine hervorragende Möglichkeit, eine hohe Punktzahl zu erzielen.

B. Einseitiges Testament

Soll es in der Klausur um ein »einfaches« **einseitiges Testament** gehen, wird in aller Regel der 3
Erblasser verstorben sein und der Anspruchsteller ist der enterbte oder stark benachteiligte gesetzliche Erbe, häufig ein Abkömmling ersten Grades, der jede Möglichkeit ergreifen will, das Testament anzugreifen und so wenigstens seinen vollen gesetzlichen Erbteil zu erlangen. In dieser Klausurkonstellation gilt es meistens auch zu prüfen, ob eine frühere letztwillige Verfügung des Erblassers in Form eines gemeinschaftlichen Testaments oder eines Erbvertrages der Wirksamkeit entgegensteht.

I. Inhalt und Auslegung eines einseitigen Testaments

Bevor geprüft werden muss, ob das Testament wirksam ist und wie es möglicherweise besei- 4
tigt werden kann, bietet es sich an, die im Testament getroffenen letztwilligen Verfügungen inhaltlich auszulegen. Erst wenn dies geschehen ist, kann aus Anwaltssicht beurteilt werden, welche Verfügungen nachteilig sind und in welchem Umfang das Testament angegriffen werden sollte. Aus Richtersicht sollte zunächst die Wirksamkeit des Testaments (→ § 1 Rn. 17) geprüft werden, da das Gericht erst dann zur Auslegung der letztwilligen Verfügungen schreitet, wenn sich das nicht vermeiden lässt, diese also wirksam sind.

Gerade bei häufig von Laien verfassten Testamenten – jeder kann auf einem Bierdeckel hand- 5
schriftlich ein wirksames Testament verfassen – ist regelmäßig fraglich, was der Erblasser wirklich meinte und wollte. Insbesondere in der Alltagssprache geläufige (Rechts-)Begriffe wie »vermachen«, »enterben« oder »Alleinerbe« werden häufig missverstanden und dann auch falsch verwendet. Darüber hinaus vergehen häufig Jahre und Jahrzehnte zwischen der Errichtung des Testaments und dem Erbfall, sodass sich die tatsächlichen Verhältnisse gravierend verändert haben können.

1 Für eine schnelle Übersicht zu den examensrelevantesten Problemfeldern vgl. *Kaiser/Kaiser/Kaiser* MatZivilR Rn. 181.

Klausurtipp: Nach allgemeiner Meinung geht die Auslegung eines Testaments der Anfechtung immer vor! Es wäre daher ein grober Fehler, wenn ein offensichtlich vorliegender Anfechtungsgrund vorschnell geprüft und bejaht wird, bevor überhaupt eine Auslegung zur Durchsetzung des Erblasserwillens versucht worden ist.

6 Wenn mehrere Auslegungsvarianten in Betracht kommen, es keine gesetzliche Regel für den Vorrang einer von ihnen gibt und nur eine vorteilhaft für den Mandanten ist, dann ist in der Klausur aus Anwaltssicht auch immer an eine Prognose zu denken, inwieweit es wahrscheinlich oder unwahrscheinlich ist, das Gericht von der für den Mandanten vorteilhaften Version zu überzeugen.

1. Auslegungsgrundsätze

7 Bei der **Auslegung** eines einseitigen Testaments ist allein der **Erblasserwille** (§ 133 BGB) maßgeblich. Er muss ermittelt und ihm muss soweit wie möglich zum Erfolg verholfen werden. Bei einem Testament gibt es mangels Empfangsbedürftigkeit der Erklärung keinen Vertrauensschutz für den Begünstigten, sodass eine Auslegung aus dem objektiven Empfängerhorizont heraus (§§ 133, 157 BGB) nicht stattfindet. Der im Testament Bedachte ist nicht schutzwürdig. Er ist nicht Erklärungsempfänger und erwirbt im Erbfall unentgeltlich.[2] Es ist daher allein zu ermitteln, welchen tatsächlichen Willen der Erblasser hatte, als er das Testament bzw. die betreffende letztwillige Verfügung verfasste. Diese Wertung kommt auch in der Regelung des § 2078 BGB zum Ausdruck, der jeden Motivirrtum des Erblassers als erheblich einstuft.

Klausurtipp: Auch im Assessorexamen wird vom Prüfling das Zitieren von Normen erwartet! Es wird mit Sicherheit negativ angestrichen, wenn in der Klausur fortlaufend die entsprechenden Normen zwar inhaltlich dargestellt, aber nicht zitiert werden. Das gilt für alle Klausurtypen und ist ein häufiges und leider punktekostendes Versäumnis zahlreicher Prüflinge. Deshalb: Normen zitieren! Tut doch nicht weh!

a) Feststellen des Erblasserwillens und Formwirksamkeit

8 Nach § 133 BGB ist bei der Auslegung der wirkliche Wille des Erblassers zu erforschen und nicht am buchstäblichen Sinn des Ausdrucks zu haften (insbesondere bei Laien!). Maßgeblich ist allein, was der Erblasser anordnen wollte. Bei der Ermittlung des Erblasserwillens ist der gesamte Inhalt der **Testamentsurkunde** einschließlich aller Nebenumstände, auch solche außerhalb des Testaments heranzuziehen und zu würdigen.[3] Derartige Umstände können vor oder nach der Testamentserrichtung liegen, wenn sie Bedeutung für die Ermittlung des Erblasserwillens bei Errichtung des Testaments hatten. Dazu gehört das gesamte Verhalten des Erblassers, seine Äußerungen und Handlungen, Inhalte früherer Testamente (nichtige oder widerrufene) oder formunwirksamer Zusätze.[4]

Klausurtipp: Gerade im Erbrecht ist es wichtig zu wissen, wann man einen Blick in den *Palandt* wirft. Es ist völlig unnötig, diese Details der Auslegung im Kopf zu haben. Man muss nur wissen, dass es diese Regeln gibt und wo sie zu finden sind!
An dieser Stelle kann in der Rechtsanwaltsklausur auch bereits das erste Mal eine Beweisprognose verlangt werden. Nämlich wenn sich der Mandant auf Äußerungen des Erblassers beruft, die nur gegenüber Zeugen (möglicherweise vor Jahren) getätigt worden sind.

9 Erst wenn es trotz der Auswertung aller Umstände nicht gelingt, den wirklichen Willen des Erblassers zu ermitteln, kann auf den **mutmaßlichen Erblasserwillen** abgestellt werden, was der Erblasser also vernünftigerweise gewollt haben würde.[5] Vor Anwendung der **ergänzenden Testamentsauslegung** ist sorgfältig zu prüfen, ob die letztwillige Verfügung überhaupt eine ungewollte Regelungslücke aufweist, also ein bestimmter, tatsächlich eingetretener Fall vom Erblasser nicht bedacht und deshalb nicht geregelt wurde, aber geregelt worden wäre,

2 *Brox/Walker* ErbR § 16 Rn. 2.
3 BGHZ 86, 41 (45) = NJW 1983, 672.
4 Vgl. die Auflistung bei Palandt/*Weidlich* BGB § 2084 Rn. 2.
5 BGHZ 86, 41 (45) = NJW 1983, 672.

wenn der Erblasser ihn bedacht hätte.[6] Nur wenn auch nach einer eventuell vorzunehmenden ergänzenden Auslegung noch Zweifel verbleiben, sind die gesetzlichen Auslegungsregeln anzuwenden (→ § 1 Rn. 13).

Wegen der **Formbedürftigkeit** eines einseitigen Testaments (§ 2247 BGB) ist im Anschluss an 10
die erläuternde und die ergänzende Auslegung zu prüfen, ob der gefundene Erblasserwille in der Verfügung von Todes wegen irgendwie zum Ausdruck gekommen ist, ob der Erblasser ihn angedeutet hat.[7] Wesentlicher Grund für die Geltung der **Andeutungstheorie** ist, dass der Zweck der Formbedürftigkeit, nämlich dem Erblasser den Inhalt seiner Verfügungen klar vor Augen zu führen, andernfalls nicht gewahrt werden würde.

Klausurtipp: Zwar ist die Andeutungstheorie nach wie vor in Teilen der Literatur umstritten. Der BGH jedoch geht in ständiger Rechtsprechung seit Jahrzehnten von ihrer Geltung aus und lässt keine Tendenz erkennen, von dieser Linie abzurücken. Ein vertieftes Eingehen auf diesen Streit in der Klausur wäre daher nicht praxistauglich und würde wohl zu Punktabzug führen.

Es ist daher folgende Prüfungsreihenfolge einzuhalten: 11

- **Auslegungsbedürftigkeit?** Bestehen Zweifel, dass der wahre Wille des Erblassers im Testament zum Ausdruck gekommen ist?
- **Auslegungsmethoden:** erläuternde Auslegung (was wollte der Erblasser zum Ausdruck bringen?) und ergänzende Auslegung (was hätte der Erblasser vernünftigerweise angeordnet, wenn er diese Umstände bedacht hätte?)
- **Andeutungstheorie:** Findet das gefundene Auslegungsergebnis eine Stütze in der Testamentsurkunde?

Zu beachten ist auch immer der Grundsatz der **wohlwollenden** Auslegung nach § 2084 BGB. 12
Lässt ein Testament verschiedene Auslegungen zu, so ist diejenige vorzuziehen, bei der die Verfügung Erfolg haben kann. Voraussetzung ist, dass ein gültiges Testament vorliegt und kein eindeutiger Wille des Erblassers festgestellt werden konnte.

b) Gesetzliche Auslegungsregeln bei Zweifelsfragen

Klausurtipp: Noch einmal: gesetzliche Auslegungsregeln dürfen nur angewandt werden, wenn weder die erläuternde noch die **ergänzende** Testamentsauslegung ein eindeutiges Ergebnis erzielt hat. Wer vorschnell auf eine gesetzliche Auslegungsregel »aufspringt« verschenkt wichtige Punkte und zeigt dem Korrektor mangelndes Systemverständnis!

Bei den **gesetzlichen Auslegungsregeln** handelt es sich um allgemeine Erfahrungssätze. Wer 13
einen anderen Willen des Erblassers behauptet, beruft sich auf einen Ausnahmetatbestand, den er beweisen muss. Ein non liquet geht zu seinen Lasten.[8]

Gesetzliche Auslegungsregeln sind über das ganze fünfte Buch des BGB verstreut. Hier die 14
wichtigsten (lesen!):

- Generalisierende Bezeichnungen des bedachten Personenkreises: § 2066 BGB »meine gesetzlichen Erben«, § 2067 BGB »meine Verwandten«, § 2068 BGB »meine Kinder«, § 2073 BGB für mehrdeutige Bezeichnungen
- § 2069 BGB enthält eine Auslegungsregel dahingehend, dass im Zweifel die Abkömmlinge eines bedachten Abkömmlings des Erblassers als **Ersatzerben** (§ 2096 BGB) in Höhe ihres gesetzlichen Erbteils nach dem vorverstorbenen Erben bedacht sind. Beispielsweise die beiden Enkel des Erblassers zu je ½ nach dem vorverstorbenen Sohn des Erblassers, der Alleinerbe hätte werden sollen. Der Gedanke des § 2069 BGB kann auch bei der ergänzenden Testamentsauslegung in ähnlich gelagerten Fällen fruchtbar gemacht werden.
- § 2077 BGB: Letztwillige Verfügungen zugunsten des Ehegatten oder des Verlobten stehen im Zweifel unter der Bedingung, dass die Ehe bzw. das Verlöbnis nicht vor dem Tod des Erblassers aufgelöst wird.

---

6 BGH NJW-RR 2017, 1035 Rn. 17 mwN.
7 BGHZ 80, 242 (244) = NJW 1981, 1737; zuletzt BGH NJW 2019, 2317.
8 *Brox/Walker* ErbR § 16 Rn. 10.

Beachte § 2077 I 2 und III BGB! Es handelt sich trotz des scheinbar entgegenstehenden Wortlauts nicht um eine gesetzliche Vermutung, sondern nur um eine dispositive Auslegungsregel.[9] Es ist daher zunächst nach § 2077 III BGB eine individuelle Auslegung des Testaments vorzunehmen, und erst wenn diese erfolglos bleibt, kommt die Regel des § 2077 I BGB zur Anwendung. Eine analoge Anwendung des § 2077 BGB auf Schwiegerkinder scheidet aus.[10]

Klausurtipp: Nach § 10 V LPartG gilt § 2077 BGB entsprechend für letztwillige Zuwendungen an Lebenspartner und an denjenigen, der die Eingehung einer Lebenspartnerschaft versprochen hat. Das wäre eine nette kleine Schleife für die Klausur! Allerdings dürfte das LPartG mit Einführung der Ehe für alle in den Hintergrund treten.

- § 2087 BGB: Diese Regel ist insbesondere für Laientestamente von immenser Bedeutung. Es ist nicht notwendig, dass der Erblasser die Worte »Erbe« oder »erben« verwendet, maßgeblich ist nur sein Wille. Kann dieser nicht durch Auslegung ermittelt werden, greift § 2087 BGB. Hat der Erblasser einem Bedachten einen Bruchteil seines Vermögens zugewendet, handelt es sich im Zweifel um eine Erbeinsetzung (§ 2087 I BGB), wurden nur einzelne Gegenstände zugewendet, gilt dies im Zweifel als Vermächtnis (§ 2087 II BGB).
- Bei der Erbeinsetzung auf Bruchteile gelten §§ 2088–2092 BGB. Erschöpft die Erbeinsetzung auf Bruchteile das Erbe nicht, so gilt nach § 2089 BGB eine verhältnismäßige Erhöhung der Erbteile, wenn die Auslegung ergibt, dass die gesetzliche Erbfolge gänzlich ausgeschlossen sein soll. Ist dies nicht der Fall, gilt nach § 2088 BGB eine Erbeinsetzung des gesetzlichen Erben auf den nicht verteilten Rest als angeordnet. § 2091 BGB regelt die Erbquote, wenn zwar mehrere Personen als Erben eingesetzt sind, ihnen aber kein Erbteil zugewiesen wurde.
- § 2094 BGB geht in Zweifelsfällen davon aus, dass der Erbteil eines Erben, der vor dem Erbfall wegfällt, dann den anderen eingesetzten Erben anwächst, wenn diese die gesetzliche Erbfolge gänzlich ausschließen. Auch hier gilt: der tatsächliche Erblasserwille, so er ermittelt werden kann, geht dieser Auslegungsregel vor. Ebenso die Einsetzung von Ersatzerben nach § 2096 BGB und damit auch die Auslegungsregel des § 2069 BGB.

15 Aus dem Vorstehenden, insbesondere § 2069 BGB und § 2094 BGB, lässt sich für den sehr examensrelevanten Problembereich des Wegfallens eines testamentarischen Erbens vor dem Erbfall eine klare Prüfungsreihenfolge erarbeiten. Zunächst ist zu prüfen, ob der Erblasser einen Ersatzerben bestimmt hat (vgl. § 2099 BGB). Dabei ist an § 2069 BGB zu denken. Wenn kein Ersatzerbe bestimmt worden ist, muss eine Anwachsung nach § 2094 BGB geprüft werden. Dies ist aber nur möglich, wenn es mehrere testamentarische Erben gibt. Erst wenn keine dieser Möglichkeiten greift, ist für den Erbteil des weggefallenen Erben die gesetzliche Erbfolge anzuwenden.

Klausurtipp: Was aufgefallen? Der Grundsatz, dass der Erblasserwille immer vorgeht, zieht sich durch das gesamte Erbrecht! Ihm ist absoluter Vorrang einzuräumen und so weit als möglich Geltung zu verschaffen.

2. Einzelne letztwillige Verfügungen

16 Es sollen hier nicht sämtliche möglichen letztwilligen Verfügungen eines Erblassers bis ins letzte Detail beschrieben werden.[11] Es werden im Folgenden kurz die wichtigsten (klausurrelevantesten!) Abgrenzungsfragen zusammengestellt, zu denen sich im Klausurfall etwas zu schreiben lohnt:

- Zur zentralen Frage **Erbeinsetzung** oder **Vermächtnis** ist häufig etwas zu sagen. Hierbei sind die zuvor dargestellten Auslegungsgrundsätze zum Willen des Erblassers und im Zweifel die gesetzlichen Auslegungsregeln anzuwenden. Es gilt immer die Faustformel: Will der Erblasser eine Gesamtrechtsnachfolge (unmittelbarer Rechtserwerb aktiv wie passiv

9 BGHZ 154, 336 (340) = NJW 2003, 2095.
10 BGHZ 154, 336 = NJW 2003, 2095.
11 Für eine schnelle Übersicht zu den examensrelevantesten Problemfeldern vgl. *Kaiser/Kaiser/Kaiser* MatZivilR 182

und Mitgliedschaft in einer möglichen Miterbengemeinschaft), liegt Erbeinsetzung vor; will er dagegen nur eine Einzelzuwendung (schuldrechtlicher Anspruch § 2174 BGB), liegt ein Vermächtnis vor.

- Bei der Auslegung ist die Grenze des § 2065 BGB zu beachten. Ein Testament muss so bestimmt sein, dass jede Willkür eines Dritten ausgeschlossen ist. Zu unbestimmt ist der Wortlaut einer letztwilligen Verfügung, wenn eine Auslegung erfolglos bleiben muss. In diesem Fall ist die letztwillige Verfügung unwirksam. So beispielsweise die Anordnung »derjenige, der den zuletzt verstorbenen Ehegatten begleitet und gepflegt hat, soll Alleinerbe sein«.[12]

Klausurtipp: Achtung: auch die Zuwendung eines einzelnen oder einzelner Gegenstände kann (Allein-)Erbeinsetzung sein, wenn diese den wesentlichen oder den ganzen wirtschaftlichen Wert des Nachlasses darstellen (zB das vom Erblasser bewohnte Einfamilienhaus).[13]

- Liegt eine Einsetzung des Bedachten als Ersatzerbe (§ 2096 BGB) oder als **Nacherbe** (§ 2100 BGB) nach dem eigentlich benannten Erben vor? Maßgeblich ist wie immer der Erblasserwille. Bei Ersatzerbenstellung kommt der Bedachte nur zum Zug, wenn der eigentlich im Testament eingesetzte Erbe vor dem Erbfall wegfällt. Ist dies nicht der Fall, geht der Ersatzerbe leer aus. Der Nacherbe wiederum wird – sofern er nicht vor Eintritt des Nacherbfalles wegfällt – in jedem Fall Erbe, nämlich in der Regel nach dem Versterben des Vorerben. Im Falle der Nacherbenstellung treten also zwei Rechtsnachfolgen ein, bei der Ersatzerbenstellung nur eine. Im Zweifel ist von einer Ersatzerbenstellung auszugehen nach § 2102 II BGB. Die Nacherbenstellung wiederum enthält im Zweifel auch die Ersatzerbenstellung gem. § 2102 I BGB.
- Zur Frage der Einsetzung als Vor- oder als Vollerbe vgl. die Darstellung → § 1 Rn. 70.
- Ein Klausurklassiker ist die Abgrenzung von **Teilungsanordnung** (§ 2048 BGB) und **Vorausvermächtnis** (§ 2150 BGB). Vorbedingung der Abgrenzungsfrage ist, dass derjenige, dem ein bestimmter Gegenstand im Testament zugedacht worden ist, Erbe geworden ist. Der Erblasser setzt mehrere Personen als Erben ein, weist aber einem oder mehreren von ihnen bestimmte Gegenstände (Fahrzeuge, Häuser, Kunstgegenstände etc.) zu. Bei der Teilungsanordnung wird der Wert dieses Gegenstandes auf den Erbteil des Bedachten angerechnet, beim Vorausvermächtnis nicht. Es ist also zu fragen, ob es der Wille des Erblassers ist, dass der bedachte Erbe zusätzlich zu seinem Erbteil die bezeichneten Gegenstände erhält oder ob er nur eine Regelung zur Erbauseinandersetzung treffen wollte, um möglicherweise Streit zu vermeiden. Ob der Erbe im Falle eines überschießenden Wertes des ihm im Rahmen einer Teilungsanordnung zugedachten Gegenstandes zu einer Ausgleichszahlung an die anderen Erben verpflichtet sein soll, ist ebenfalls durch Auslegung zu ermitteln. Soll eine solche Ausgleichspflicht nicht bestehen, handelt es sich bei dem überschießenden Teil um ein Vorausvermächtnis. Im Zweifel ist aber von einer Ausgleichspflicht auszugehen.[14]
- Auch bei negativen Verfügungen können sich Auslegungsfragen stellen. Insbesondere ist zu klären, ob der Erblasser einen gesetzlichen Erben nur einfach (ausdrücklich oder stillschweigend) nach § 1938 BGB enterben, also auf seinen Pflichtteil setzen wollte oder ob er ihm auch den Pflichtteil entziehen wollte nach § 2333 BGB (ob dies wirksam geschah, ist erst danach zu prüfen).

Fall zur Bindungswirkung letztwilliger Verfügungen:

Der Erblasser E, Vater von zwei Söhnen (Karl und Franz) und einer Tochter (Susanne), hinterlässt folgendes handschriftlich verfasste und unterschriebene Testament:

»Alles was ich habe, vermache ich meinen Kindern. Karl soll dabei das Haus in Stuttgart bekommen, Franz das Haus in München. Weil Susanne sich als Einzige um den Schrebergarten gekümmert hat, soll sie diesen als Bonus bekommen. Mein Freund Max soll den Inhalt meines Studierzimmers bekommen, weil er der Einzige ist, der sich mit Autos auskennt.«

12 OLG Köln NJW-RR 2017, 648.
13 BGH NJW-RR 2017, 1035.
14 BGH NJW-RR 1990, 391 = FamRZ 1990, 396 (397).

Der Erblasser war ein begeisterter Hobbyschrauber und bastelte in seiner Garage an drei Mercedes-Oldtimern herum. Im Familien- und Bekanntenkreis wurde diese daher sein Studierzimmer genannt. Der Sohn Karl ist bei Eintritt des Erbfalls bereits verstorben. Er hat seinerseits zwei Kinder, Lisa und Paul, hinterlassen.

Welche erbrechtlichen Stellungen haben die Beteiligten erlangt und wie ist der Nachlass aufzuteilen?

Lösung:

Franz und Susanne sind Erben zu je ⅓, Lisa und Paul zu je ⅙ geworden. Maßgeblich ist der durch Auslegung nach § 133 BGB zu ermittelnde tatsächliche Wille des Erblassers, ohne dass die Auslegung vom Wortlaut der Testamentsurkunde begrenzt wäre. Zwar verwendet der Erblasser den rechtlichen Begriff des »vermachen«, was gegen eine Erbeinsetzung spricht. Jedoch will er offensichtlich sein gesamtes Vermögen an seine drei Kinder verteilen. Diese sollen unmittelbar berechtigt und verpflichtet, also Gesamtrechtsnachfolger werden. Alle drei sind zu unbestimmten Bruchteilen eingesetzt worden. Da sich nicht ermitteln lässt, dass der Erblasser hinsichtlich der Erbteile eine unterschiedliche Regelung anstrebte, ist nach § 2091 BGB von gleichen Teilen auszugehen. Jeder erbt daher ein Drittel. Der Erblasser hat seine Kinder als Erben eingesetzt, weshalb Lisa und Paul als Abkömmlinge des vorverstorbenen Karl zu dessen Ersatzerben berufen sind. Auch wenn ein Wille des Erblassers zu einer solchen Ersatzerbeneinsetzung nicht ausdrücklich zu ermitteln ist, ist im Zweifel nach § 2069 BGB davon auszugehen. Lisa und Paul beerben ihren Vater nach § 1924 IV BGB zu gleichen Teilen und damit zu ½, weshalb sie jeweils zu ⅙ den E beerben.
Die Zuwendung der Häuser in Stuttgart und München an Karl und Franz, bzw. Lisa, Paul und Franz, sind als Teilungsanordnungen iSd § 2048 BGB zu qualifizieren. Aus der bloßen Zuordnung der Häuser (Hausgrundstücke) kann nicht auf einen Willen des Erblassers zur finanziellen Besserstellung der beiden Söhne gegenüber der Tochter geschlossen werden. Insbesondere verwendet der Erblasser das Wort »dabei« nachdem er angeordnet hat, dass seine Kinder alles bekommen. Er will also den Söhnen bei der Aufteilung des Nachlasses die Häuser zukommen lassen, aber unter Anrechnung auf ihren Erbteil. Dies gilt nach dem Tod des Karl natürlich auch für die Ersatzerben Lisa und Paul.
Susanne wiederum erhält den Schrebergarten als Vorausvermächtnis nach § 2150 BGB. Dies folgt aus dem vom Erblasser verwendeten Begriff des Bonus, der auf ein im Vergleich zu den anderen Erben gewährtes Mehr hindeutet. Zugleich liefert der Erblasser auch noch seine Motivation für diese Bevorzugung mit, indem er erklärt, Susanne habe sich als Einzige um den Garten gekümmert. Die Belohnung soll die Besserstellung gegenüber ihren Brüdern sein, die sich nicht gekümmert haben.
Max erhält als Vermächtnis nach § 2147 BGB die drei Mercedes-Oldtimer nebst Werkzeug. Bei Auslegung des Erblasserwillens unter Heranziehung aller bekannten Umstände, also auch des Sprachgebrauchs innerhalb der Familie und des Freundeskreises, ist eindeutig, dass Max nicht ein paar Bücher und einen Schreibtisch bekommen soll, sondern den Inhalt der Garage.
Eine falsa demonstratio non nocet. Das gilt auch im Erbrecht, wenn die Beteiligten wissen, was gemeint ist. Diese Auslegung wird auch im Testament angedeutet. Der Erblasser begründet die Zuwendung damit, dass Max der Einzige ist, der sich mit Autos auskennt. Die Testamentsurkunde enthält damit einen eindeutigen Hinweis auf die Oldtimer, weshalb auch die erforderliche Testamentsform gewahrt ist. Dass es sich lediglich um ein Vermächtnis handelt, folgt bereits daraus, dass der Erblasser bereits alles seinen Kindern vererbt hat und Max lediglich einzelne Gegenstände erhalten soll.

II. Wirksamkeit des einseitigen Testaments

17 Nachdem nun geklärt ist, welche konkreten für den Mandanten nachteilige Verfügungen der Erblasser getroffen hat, gilt es nun zu prüfen, ob das Testament unter einem Nichtigkeitsgrund leidet. Bei der Prüfung immer an die durch den Klausursachverhalt gestellte Aufgabe denken, Schwerpunkte setzen und nicht einfach unreflektiert Wissen abladen.

1. Testierwille und Testierfähigkeit

18 Für alle Verfügungen von Todes wegen ist es aufgrund ihres Charakters als Willenserklärung erforderlich, dass der Verfügende testierfähig ist und mit Testierwillen handelt.

Testierwille liegt vor, wenn der Verfügende mit Rechtsbindungswillen handelt und die Erklärung darauf schließen lässt, dass er eine bestimmte, inhaltlich zulässige Anordnung für den Fall des Todes treffen will. Dies ist allein nach § 133 BGB zu ermitteln. § 118 BGB ist auf testamentarische Anordnungen anwendbar. § 116 S. 1 BGB gilt ebenfalls,[15] § 116 S. 2 BGB und § 117 BGB jedoch nicht, da diese Vorschriften nur für empfangsbedürftige Willenserklärungen Anwendung finden.[16] 19

Ein häufig klausur- und praxisrelevantes Problem ist die **Testierfähigkeit** des Erblassers. Die Testierfähigkeit ist eine besondere Art der Geschäftsfähigkeit. Es besteht insoweit eine Deckungsgleichheit, als dass Geschäftsfähige testierfähig sind und Geschäftsunfähige nicht. Eine beschränkte Testierfähigkeit gibt es nicht. § 2229 I BGB ordnet an, dass ein Minderjähriger, der das 16. Lebensjahr vollendet hat, ohne Zustimmung seines gesetzlichen Vertreters (§ 2229 II BGB) testierfähig ist. Er unterliegt lediglich einem besonderem Formzwang nach § 2233 I und § 2247 IV BGB. 20

Es gilt daher der Grundsatz, dass wer volljährig ist in der Regel auch testierfähig ist. Nach § 2229 IV BGB ist dies nur dann nicht der Fall, wenn der Erblasser wegen krankhafter Störung der Geistestätigkeit, wegen Geistesschwäche oder Bewusstseinsstörungen nicht in der Lage ist, die Bedeutung einer von ihm abgegebenen Willenserklärung einzusehen und nach dieser Einsicht zu handeln. Es kommt darauf an, ob der Testierende in diesem Zeitpunkt fähig ist, sich die Gründe für und wider seine Entscheidung zu vergegenwärtigen und sie gegeneinander abzuwägen, sich also selbstständig und aus eigener Kraft ein Urteil zu bilden.[17] Besonders problematisch ist dies in den immer häufiger werdenden Fällen der Demenz.[18] Insbesondere deshalb, weil der grundsätzlich Testierunfähige in lichten Momenten testierfähig ist. Zu beachten ist auch, dass die bloße Bestellung eines Betreuers keine Auswirkungen auf die Testierfähigkeit des Betreuten hat. Nach § 1903 II BGB erstreckt sich ein etwaiger Einwilligungsvorbehalt auch nicht auf Verfügungen von Todes wegen. 21

Besondere Bedeutung gewinnen in diesem Kontext Beweisfragen, da sie in den meisten Fällen der strittigen Testierfähigkeit des Erblassers über den Ausgang des Prozesses entscheiden. Die Störung der Geistestätigkeit und damit die Testierunfähigkeit ist die Ausnahme von der Regel und damit als rechtsvernichtende Tatsache von demjenigen darzulegen und zu beweisen, der sich auf die Unwirksamkeit des Testaments beruft.[19] Ist das Gericht von anhaltender Testierunfähigkeit des Erblassers vor und nach der Testamentserrichtung überzeugt, spricht ein Anscheinsbeweis für die Testierunfähigkeit im Zeitpunkt der Testamentserrichtung.[20] Der Anscheinsbeweis ist aber erschüttert, wenn die ernsthafte Möglichkeit der Testamentserrichtung in einem lichten Intervall in Betracht kommt, was wiederum derjenige zu beweisen hat, der sich auf die Rechte aus dem Testament beruft.[21] Es verbleibt dann bei der ursprünglichen Beweislast. 22

Klausurtipp: Die Problematik des Nachweises der Testierunfähigkeit ist in der Praxis ein häufig wiederkehrendes Problem. Gerade bei alten Menschen ist der geistige Zustand schwer zu ermitteln, und das Gericht muss hierzu umfangreich Beweis erheben durch Sachverständigengutachten und die Anknüpfungstatsachen ergänzende Zeugenbefragung. In der Anwaltsklausur wird hier eine praxisorientierte Prognose zum Beweisergebnis verlangt, in der Richterklausur eine umfassende Beweiswürdigung. Wer dies übersieht oder sich auf Allgemeinplätze und Floskeln zurückzieht, ohne den Sachverhalt auszuquetschen, vergibt unnötig viele Punkte!

2. Formwirksamkeit

Das einseitige Testament kann nach § 2231 BGB in **ordentlicher Form** zur Niederschrift eines Notars oder durch eine vom Erblasser nach § 2247 BGB abzugebende Erklärung errichtet 23

15 Palandt/*Ellenberger* BGB § 116 Rn. 3.
16 Palandt/*Ellenberger* BGB § 116 Rn. 5 und BGB § 117 Rn. 2.
17 *Brox/Walker* ErbR § 9 Rn. 1
18 Vgl. dazu OLG München NJW-RR 2008, 164 ff.
19 BayObLG BeckRS 1996, 3635 = FamRZ 1996, 1438 (1439).
20 BayObLG BeckRS 1999, 305 = FamRZ 1999, 819.
21 BayObLG BeckRS 2005, 5026 = FamRZ 2006, 68 (70).

werden. Nach § 2232 BGB genügt es, dem Notar seinen letzten Willen zu erklären oder eine Schrift mit der Erklärung zu übergeben, hierbei handele es sich um den letzten Willen des Erblassers. Eine solche Schrift muss weder unterschrieben noch selbst oder handschriftlich vom Erblasser verfasst worden sein.[22]

Klausurtipp: Vorsicht in der Klausur. Jeder hat im Kopf, dass das Testament eigenhändig geschrieben sein muss. Ein am PC verfasstes Testament ist unwirksam. Das ist aber nicht der Fall, wenn es dem Notar nach § 2232 BGB (auch verschlossen!!!) übergeben worden ist. Dann ist dies unschädlich und das Testament wirksam.
Zum Überblick über die Formen des außerordentlichen Testaments **einfach** §§ 2249–2251 BGB lesen. Das genügt. Im Klausurfall in den *Palandt* schauen!

24 Die Angabe von Ort und Zeit ist für die Wirksamkeit des Testaments nicht zwingend (§§ 2247 II BGB »soll«).

a) Eigenhändige Niederschrift

25 Das Testament muss vom Erblasser nach § 2247 I BGB **eigenhändig geschrieben** sein; jegliche Form der mechanischen Schrift (Schreibmaschine, PC) ist formunwirksam.[23] Die Formvorschrift ist also strenger als die in § 126 BGB geregelte Textform, bei der die eigenhändige Unterzeichnung ausreicht.

26 Der Erblasser kann jede beliebige Sprache (auch tote Sprachen wie Latein), Schriftart (auch Steno etc.), Material, Schreibmittel und äußere Form des Schreibens (zB ein Brief) verwenden. Es muss lediglich möglich sein, die Echtheit des Testaments aufgrund der individuellen Merkmale, die die Handschrift eines jeden Menschen aufweist, überprüfen zu können.[24] Es muss die ganze Erklärung eigenhändig verfasst werden. Sind nur Teile des Testaments eigenhändig geschrieben und der Rest maschinenschriftlich, kann der eigenhändig geschriebene Teil formwirksam sein, wenn er einen abgeschlossenen Sinn ergibt und der Erblasserwille nicht entgegensteht.[25]

27 Das Erfordernis der Eigenhändigkeit schließt nicht aus, dass sich der Erblasser einer Schreibhilfe bedient. Voraussetzung für die Formwirksamkeit ist dann aber, dass die Schreibhilfe lediglich der Unterstützung dient und die Hand des Erblassers nicht so stark führt, dass die individuellen Merkmale der Handschrift des Erblassers nicht mehr erkennbar sind.[26]

28 Die **Bezugnahme** auf andere Schriftstücke ist unproblematisch, wenn sie nur der Konkretisierung des Erblasserwillens dient. Soll die Bezugnahme eine letztwillige Verfügung ersetzen, muss das in Bezug genommene Schriftstück selbst die erforderliche Testamentsform aufweisen. Es ist auch nicht erforderlich, dass eine der Urkunden allein verständlich ist, es genügt, wenn sich die Gesamtverständlichkeit erst aus allen Urkunden ergibt.[27]

Klausurtipp: Eine **Kopie** eines Testaments ist kein formwirksames Testament, da es nicht vom Erblasser geschrieben ist. Es kann aber zum Nachweis für die Existenz eines identischen formwirksamen Testaments dienen!

b) Eigenhändige Unterschrift

29 Das Testament muss **eigenhändig unterschrieben** sein, um die Urheberschaft des Erblassers festzustellen (**Identitätsfrage**) und klarzustellen, dass es sich um eine abgeschlossene Erklärung handelt (**Abschlussfrage**).[28]

30 Gemäß § 2247 III 1 BGB soll die Unterschrift Vor- und Zuname enthalten. Aber auch die Unterzeichnung in anderer Weise (nur Vor- oder Zuname, Familienbezeichnung, Kosename

22 *Brox/Walker* ErbR § 10 Rn. 4.
23 OLG Köln NJW-RR 2014, 1035.
24 BGHZ 47, 68 (70) = BeckRS 1967, 104007.
25 BayObLG NJW-RR 2005, 1025 (1026); OLG Köln NJW-RR 2014, 1035.
26 BGHZ 47, 68 (71) = BeckRS 1967, 104007.
27 BGH ZEV 2010, 364 Rn. 7.
28 *Brox/Walker* ErbR § 11 Rn. 6.

etc[29]) ist wirksam, wenn die Identität des Erblassers und die Ernstlichkeit seiner Erklärung festgestellt werden können, § 2247 III 2 BGB. Dies ist bei abweichenden Unterschriften besonders sorgfältig zu prüfen. Die Unterschrift mittels eines Handzeichens oder Kürzels genügt hingegen nicht.[30] Bei der Verwendung von Abkürzungen oder sonstigen ungewöhnlichen Unterschriften ist immer sorgfältig zu prüfen, ob es sich nur um einen Entwurf handelt, ob der Erblasser also mit Testierwille gehandelt hat.

Die Unterschrift muss am Ende der Erklärung stehen, diese also räumlich abschließen. Eine Oberschrift oder Selbstbezeichnung (typisch: »Ich, Karl-Heinz Müller, …«) genügt nicht.[31] Bei mehrseitigen Texten genügt die Unterschrift auf der letzten Seite, wenn die Zusammengehörigkeit mehrerer loser Blätter feststeht.[32] Die Unterschrift auf dem Umschlag genügt nur ausnahmsweise der **Abschlussfunktion**, nämlich dann, wenn zwischen Testament und Umschlag ein so enger Zusammenhang besteht, dass nach dem Willen des Erblassers und nach der Verkehrsauffassung die Unterschrift auf dem Umschlag sich als äußere Fortsetzung und Abschluss der in der Testamentsurkunde verkörperten Erklärung in dem Sinn darstellt, dass der Umschlag als letztes Blatt der Testamentsurkunde zu sehen ist.[33] 31

Klausurtipp: All diese Probleme sind im *Palandt* beschrieben, sodass sich ein Blick in der Klausur lohnt. Es handelt sich aber auch immer um im Einzelfall zu entscheidende Probleme, weshalb in der Klausur eine besonders auf den Sachverhalt eingehende Argumentation verlangt wird!

c) Nachträgliche Ergänzung

Ob **nachträgliche Ergänzungen** und Änderungen gesondert unterschrieben werden müssen, hängt davon ab, ob die Abschlussfunktion der bisherigen Unterschrift noch gewahrt ist. 32

Bloße Streichungen sind ohne erneute Unterschrift möglich, da der Erblasser auch konkludent das gesamte Testament widerrufen könnte (§ 2255 BGB). Ebenso nicht unterschrieben werden müssen nachträgliche Zusätze, die lediglich Erläuterungen aber keine neuen letztwilligen Verfügungen enthalten. 33

Problematisch ist eine nachträgliche Ergänzung demnach nur, wenn sie eine neue letztwillige Verfügung enthält. Maßgeblich ist in diesem Fall, ob die gesamte handschriftliche Erklärung, so wie sie im Zeitpunkt des Todes vorliegt, durch die Unterschrift des Erblassers objektiv räumlich und nach dem aus der Urkunde erkennbaren Willen des Erblassers gedeckt ist.[34] Danach sind Ergänzungen und Änderungen innerhalb des unterschriebenen Textes in der Regel ohne gesonderte Unterschrift formwirksam, solche auf einem anderen Blatt oder im Anschluss an die Unterschrift folgende (zB ein »PS« oder »PPS«) müssen hingegen gesondert unterschrieben werden. 34

3. Nichtigkeit nach § 134 BGB und § 138 BGB

Letztwillige Verfügungen die gegen ein **gesetzliches Verbot** verstoßen, sind nach § 134 BGB nichtig. Von Relevanz ist in diesem Zusammenhang im Wesentlichen § 14 HeimG. Diese Norm untersagt es dem Träger (§ 14 I HeimG), dem Leiter, den Beschäftigten oder sonstigen Mitarbeitern des Heims (§ 14 V HeimG), sich von oder zugunsten von (also von Dritten) Bewohnern Geld oder geldwerte Leistungen über das vereinbarte Entgelt hinaus versprechen oder gewähren zu lassen. Aufgrund dieses Verbotes sind letztwillige Verfügungen zugunsten der genannten Personen nach § 134 BGB nichtig, wenn diese dem Bedachten bereits zu Lebzeiten des testierenden Heimbewohners bekannt waren und der Heimbewohner seinerseits um das Wissen des Bedachten weiß.[35] § 14 HeimG kann in Einzelfällen (doppelt) analog an- 35

29 Vgl. dazu die Beispiele bei Palandt/*Weidlich* BGB § 2247 Rn. 10.
30 RGZ 134, 308 (310 f.).
31 BayObLG FamRZ 1988, 1211 (1212).
32 BayObLG BeckRS 2010, 27285 = FamRZ 1991, 370 (371); OLG Köln NJW-RR 2014, 1035 (1036).
33 BayObLG NJW-RR 2002, 1520 (1521).
34 BGH NJW 1974, 1083 f.
35 BayObLG NJW-RR 2004, 1591 Rn. 24; das BVerfG (NJW 1998, 2964) sieht § 14 HeimG als verfassungsgemäße Einschränkung der Testierfreiheit an.

gewandt werden, wenn die testamentarische Gestaltung das Verbot umgehen sollte und der von der Norm verbotene Erfolg auf diesem Weg herbeigeführt wird.[36]

Klausurtipp: Wenn in der Klausur § 14 HeimG (oder ein anderes Verbotsgesetz) geprüft wird, dann niemals einfach feststellen, dass die jeweilige Willenserklärung wegen Verstoßes gegen das Verbotsgesetz nichtig ist. Sauber die Voraussetzungen des § 134 BGB prüfen, auch wenn das Ergebnis im Palandt steht! Alle Punkte mitnehmen! Schwerpunkte setzen!

36 Testamentarische Verfügungen können auch wegen **Sittenwidrigkeit** nach § 138 I BGB nichtig sein. Die Sittenwidrigkeit kann sich aus dem Inhalt des Testaments oder aus dem Gesamtcharakter der letztwilligen Verfügung ergeben, in die Inhalt, Beweggrund und Zweck des Testaments einzubeziehen sind.[37] Maßgeblich für die Beurteilung der Sittenwidrigkeit ist der Zeitpunkt der Errichtung der Verfügung von Todes wegen.[38] In der letzten Zeit sind mehrere obergerichtliche Entscheidungen zur Sittenwidrigkeit letztwilliger Verfügungen ergangen, weshalb dieses Problemfeld zunehmend examensrelevant erscheint.[39]

37 Von Bedeutung sind im Erbrecht im Wesentlichen drei Fallkonstellationen:

- Der Inhalt eines Testaments allein kann nach der Rechtsprechung die Sittenwidrigkeit nur in ganz seltenen Fällen begründen, da die Testierfreiheit ein hohes Gut ist und das Erbrecht der nächsten Verwandten durch das Pflichtteilsrecht geschützt wird. Ausnahmen wurden in der Vergangenheit insbesondere dann gemacht, wenn der Erblasser in unzulässiger Weise auf die freie Willensentscheidung des Erben einwirken will, zB in Ehe- oder Glaubensfragen.[40]
- Hinsichtlich der Sittenwidrigkeit aufgrund des Gesamtcharakters wird seit Jahrzehnten über das sog. **Geliebtentestament** gestritten. Grundsätzlich gilt: allein die Erbeinsetzung oder die Auslobung eines Vermächtnisses ist nicht schon deshalb sittenwidrig, weil die oder der Geliebte den nahen Angehörigen des Erblassers vorgezogen wird. Sittenwidrig soll es dann sein, wenn die testamentarische Verfügung zugunsten der oder des Geliebten erfolgt, um diesen zur Aufnahme des Geschlechtsverkehrs zu bewegen, es also um »Hergabe für Hingabe« geht.[41] Ob dies auch heute noch gilt, darf in der Klausur diskutiert und klausurtaktisch beantwortet werden.
- Von aktueller Bedeutung ist die Frage der Sittenwidrigkeit des sog. **Behindertentestaments.** Unter diesem Schlagwort versteht man letztwillige Verfügungen der Eltern eines Behinderten, mit denen der Nachlass der Eltern so vererbt werden soll, dass zwar das behinderte Kind von diesem profitiert, der Sozialhilfeträger aber nicht auf diesen wegen der Aufwendungen für die Pflege des Kindes zurückgreifen kann. Üblich ist insofern die Anordnung von Vor- und Nacherbschaft, wobei der Behinderte mit einer Erbquote oberhalb des Pflichtteils als Vorerbe eingesetzt wird und zum Nacherben in der Regel nahe Verwandte berufen werden. Außerdem wird Testamentsvollstreckung in der Form der Dauervollstreckung angeordnet und der Testamentsvollstrecker angewiesen, die Nutzungen des Nachlasses dem Behinderten zukommen zu lassen. Die Testamentsvollstreckung verhindert den Zugriff der Sozialbehörden während der Vorerbschaft (§ 2214 BGB), die Nacherbschaft nach dem Tod des Behinderten.[42] Der BGH billigt diese Konstruktion in ständiger Rechtsprechung,[43] da sie grundsätzlich nicht sittenwidrig, sondern lediglich Ausdruck

36 BayObLG NJW 2000, 1875 für den geschäftsführenden Gesellschafter der Betreibergesellschaft und dessen Ehefrau; OLG Frankfurt a.M. NJW 2001, 1504 für die Ehefrau des Pförtners.

37 Zu den allgemeinen Voraussetzungen des § 138 BGB: BGH NJW 2001, 1127.

38 BGHZ 20, 71 = NJW 1956, 865.

39 Vgl. zB OLG Hamm NJW 2017, 576 und OLG Frankfurt a.M. NJW-RR 2019, 394.

40 Berühmt ist der Fall des Kronprinzen von Preußen geworden, der alle Nacherben von der Erbfolge ausschließen wollte, die in einer nicht ebenbürtigen Ehe leben oder aus einer solchen hervorgegangen sind. Der BGH (NJW 1999, 566 ff.) sah diesen Ausschluss für wirksam an, das BVerfG (NJW 2004, 2008 ff.) hob die Entscheidung des BGH auf.

41 BayObLG BeckRS 2001, 30195432 = FamRZ 2002, 915 ff.

42 Vgl. zu dieser Konstruktion ausführlich: OLG Hamm BeckRS 2013, 5749.

43 BGHZ 123, 368 = BeckRS 9998, 166392; BGH NJW-RR 2005, 369; 2006, 223 und BGHZ 188, 96 = BeckRS 2011, 2577 – im letzten Fall erklärt der BGH auch den zusätzlichen Pflichtteilsverzicht des behinderten Kindes für wirksam.

der anzuerkennenden Sorge um das Wohl des Kindes über den Tod der Eltern hinaus sei. Dabei kommt es auch nicht auf die Größe des dem behinderten Kinde hinterlassenen Vermögens an.[44]

4. Rechtsfolgen bei teilweiser Unwirksamkeit

Ist eine von mehreren selbstständigen Verfügungen in einem Testament unwirksam, werden nach der Auslegungsregel des § 2085 BGB die übrigen im Zweifel aufrechterhalten (anders als bei § 139 BGB). Der Nichtigkeitsgrund ist ohne Bedeutung. Maßgeblich ist immer der Erblasserwille. Ist dieser eindeutig in die eine oder andere Richtung zu ermitteln, hat er uneingeschränkten Vorrang. Nur wenn Zweifel bleiben, greift § 2085 BGB. Da es sich aber bei der Wirksamkeit der restlichen Verfügungen um den Regelfall handelt, trifft denjenigen die Darlegungs- und Beweislast, der sich auf die Gesamtunwirksamkeit des Testaments beruft.[45] § 2085 BGB ist auch anwendbar, wenn mehrere Verfügungen in einem Testament unwirksam sind, solange wenigstens eine wirksame Anordnung verbleibt.[46] Ob § 2085 BGB bei der teilweisen Unwirksamkeit einer (teilbaren) Verfügung – zB ein mehreren Erben auferlegtes Vermächtnis, das gegenüber einzelnen Beschwerten unwirksam ist – analog angewendet werden kann, ist umstritten, wird von der hM aber bejaht.[47] Voraussetzung ist aber, dass der Zusammenhang zwischen den einzelnen Bestandteilen der Verfügung nicht rechtlich zwingend geboten ist. 38

Klausurtipp: Bei § 2085 BGB handelt es sich also wieder um eine Auslegungsregel. Es gelten daher die zuvor dargestellten Grundsätze der Auslegung letztwilliger Verfügungen. Erneut ist in der Klausur an dieser Stelle ein erhöhter Argumentationsaufwand gefordert, der sich unmittelbar in der Note niederschlagen wird.

5. Widerruf einer letztwilligen Verfügung durch den Erblasser

Gemäß § 2253 BGB kann der Erblasser jederzeit und ohne Grund ein Testament sowie einzelne in einem Testament enthaltene Verfügungen widerrufen. Der **Widerruf** kann durch Testament (§§ 2254, 2258 BGB) oder durch Vernichtung oder Veränderung (§ 2255 BGB) erfolgen. Bei einem notariellen Testament erfolgt der Widerruf durch Rücknahme aus der amtlichen Verwahrung (§ 2256 BGB). 39

Nach § 2254 BGB kann der Widerruf durch Testament erfolgen. Dabei kann es sich um ein reines **Widerrufstestament** handeln, das keine neuen Verfügungen trifft. An die Stelle der widerrufenen Anordnungen treten die gesetzlichen Regeln. Das Widerrufstestament muss nicht dieselbe Form haben wie das zu widerrufende Testament (es muss dennoch nach einer der möglichen Vorschriften formwirksam sein). Die Widerrufsabsicht kann dem Testament auch im Wege der Auslegung (Andeutungstheorie beachten!) entnommen werden.[48] Errichtet der Erblasser ein Testament, das in inhaltlichem Widerspruch zu einem früheren steht, wird das frühere auch ohne einen ausdrücklichen Widerruf insoweit aufgehoben, als es im Widerspruch zum jüngeren Testament steht (§ 2258 I BGB). Der Erblasser widerruft das frühere Testament konkludent, auch wenn er gar nicht mehr an dessen Existenz gedacht hat. Ein Widerrufswille ist nicht erforderlich.[49] Der Widerruf des späteren Testaments führt nach § 2258 II BGB im Zweifel zum Wiederaufleben des früheren. In diesen Fällen kann es von Bedeutung sein, dass der Erblasser entgegen § 2247 II BGB keine Ort- und Zeitangabe niedergeschrieben hat. Ergeben sich deshalb Zweifel an der Reihenfolge der Erstellung und damit der Wirksamkeit des undatierten Testaments, so ist dieses nach § 2247 V 1 BGB nur wirksam, wenn sich der Zeitpunkt der Errichtung anderweitig feststellen lässt. 40

Von besonderer Bedeutung für Praxis und Klausur ist der Widerruf eines Testaments durch **Vernichtung** oder Veränderung nach § 2255 BGB. Der Erblasser kann den Widerruf durch Verbrennen, Zerreißen oder Zerschneiden der Testamentsurkunde, aber auch durch Durch- 41

44 OLG Hamm ZEV 2017, 158.
45 BayObLG BeckRS 2003, 30317717 = FamRZ 2004, 312 f.
46 BayObLG BeckRS 2003, 30317717 = FamRZ 2004, 312 f.
47 Vgl. zum Meinungsstand Palandt/*Weidlich* BGB § 2085 Rn. 5.
48 BGH NJW 1966, 201.
49 BGH NJW 1981, 2745.

streichungen oder Schwärzungen im Text erklären. Entscheidend ist, ob die Veränderung an der Urkunde nach der Verkehrsauffassung als Aufhebung der Erklärung angesehen werden kann[50]. Es muss feststellbar sein, dass die Veränderung vom Erblasser oder auf seine Veranlassung vorgenommen wurde.[51] Daraus folgt, dass allein die Zerstörung oder die Unauffindbarkeit der Testamentsurkunde den Widerruf nicht beweisen können. Es streitet auch keine tatsächliche Vermutung für den Widerruf.[52]

Klausurtipp: Ist die Testamentsurkunde unauffindbar, gelten für die Darlegungs- und Beweislast (Feststellungslast im Erbscheinsverfahren) folgende Regeln: Wer Rechte aus einem Testament herleiten will, muss dessen Existenz, die wirksame Errichtung und den Inhalt darlegen und beweisen. Wer sich auf den Widerruf durch den Erblasser beruft, muss diesen darlegen und beweisen. In der Anwaltsklausur ist daher je nach Position des Mandanten eine Prognose für die Beweisbarkeit der für den Mandanten günstigen Tatsachen zu treffen und diese zu begründen. Wird dies übersehen, drohen Punktabzüge, da es in der Praxis zu den wesentlichen Pflichten eines Anwalts gehört, das Ergebnis eines Rechtsstreits fundiert abzuschätzen und dabei Chancen und Risiken für den Mandanten darzulegen.

42 Nach § 2257 BGB kann der durch Testament erklärte Widerruf widerrufen werden. Dann ist im Zweifel die ursprüngliche Verfügung wieder wirksam. Ein Widerruf des durch Vernichten oder Verändern der Testamentsurkunde erklärten Widerrufs ist dagegen nicht möglich.

III. Anfechtung letztwilliger einseitiger Verfügungen

43 Zuletzt ist in der gegebenen Standardklausursituation aus Anwaltssicht die **Anfechtung** der letztwilligen Verfügung zu prüfen. Wenn sich das Testament als inhaltlich nachteilig für den Mandanten (Auslegung vor Anfechtung!) und im Übrigen wirksam herausgestellt hat, kann es möglicherweise noch durch eine Anfechtung nach §§ 2078 ff. BGB beseitigt werden. Diese wird nach dem bekannten Muster Anfechtungsgrund, Anfechtungsfrist, Anfechtungserklärung, Anfechtungsberechtigung und Anfechtungsgegner geprüft.

44 Die Anfechtung wirkt nach § 142 I BGB ex tunc, die Verfügungen des Erblassers sind von Anfang an nichtig.

1. Anfechtungsgrund

45 Zunächst muss ein **Anfechtungsgrund** gegeben sein. Das Gesetz nennt die bekannten Fälle des Inhalts- und Erklärungsirrtums (§ 2078 I BGB) sowie der widerrechtlichen Drohung (§ 2078 II BGB aE). Von besonderer Bedeutung ist § 2078 II BGB, der jeden Motivirrtum des Erblassers als wesentlich anerkennt und die Anfechtung zulässt. Da es keinen schutzwürdigen Geschäftspartner gibt, bedarf es keiner dem § 119 II BGB vergleichbaren Einschränkung. Dabei ist der Irrtum über bestimmte Umstände mit dem Nichtwissen dieser Umstände gleichzusetzen.[53] Ein Umstand, über den sich der Erblasser keine Gedanken gemacht hat, kann zur Anfechtung berechtigen, wenn er in Kenntnis dieses Umstandes die Verfügung nicht (so) getroffen hätte.[54]

46 § 2079 BGB regelt den Spezialfall des übergangenen (dem Erblasser nicht bekannten) Pflichtteilsberechtigten. Dabei ist ein Pflichtteilsberechtigter nicht übergangen im Sinne der Norm, wenn ihm überhaupt etwas – was nicht ganz unbedeutend ist – zugewendet worden ist. Dabei ist es ohne Bedeutung, ob ihm dies als Pflichtteilsberechtigtem zugewendet worden ist oder ob er im Zeitpunkt der Testamentserrichtung überhaupt schon pflichtteilsberechtigt war.[55]

47 Der Irrtum oder die Drohung muss für die jeweilige Verfügung ursächlich gewesen sein. Die Kausalität und den jeweiligen Anfechtungsgrund muss derjenige darlegen und beweisen, der

50 *Brox/Walker* ErbR § 13 Rn. 3
51 OLG Hamm NJW-RR 2008, 21.
52 OLG Schleswig BeckRS 2011, 28747 = FamRZ 2012, 903 (905).
53 BGH NJW 1963, 246.
54 *Brox/Walker* ErbR § 17 Rn. 4.
55 BayObLG NJW-RR 1994, 590 f.

aus der Anfechtung Rechte herleiten möchte.[56] Bei § 2079 BGB wird die Kausalität vermutet (§ 2079 S. 2 BGB), sodass derjenige, der aus der angefochtenen Verfügung Rechte geltend machen will, beweisen muss, dass der Erblasser die Verfügung auch dann so getroffen hätte, wenn ihm die Pflichtteilsberechtigung des Dritten (seine Existenz) bekannt gewesen wäre.

2. Weitere Voraussetzungen der Anfechtung

Anfechtungsberechtigt ist nach § 2080 I BGB grundsätzlich nur derjenige, welchem die 48
Aufhebung der letztwilligen Verfügung unmittelbar zustattenkommen würde. Das ist dann der Fall, wenn der Anfechtende mit dem Wegfall der Verfügung Erbe oder von einer Verpflichtung frei wird.[57] Bezieht sich der Irrtum des Erblassers auf eine bestimmte Person, so ist nach § 2080 II BGB nur diese anfechtungsberechtigt. Entsprechendes gilt nach § 2080 III BGB im Falle des § 2079 BGB für den übergangenen Pflichtteilsberechtigten.

Die **Anfechtungserklärung** ist eine empfangsbedürftige Erklärung. § 143 BGB gilt, soweit 49
§ 2081 BGB nicht Abweichendes regelt. Die Erklärung ist für die Fälle des § 2081 I BGB gegenüber dem Nachlassgericht abzugeben, ansonsten gegenüber dem Begünstigten (§ 143 IV BGB). Die Anfechtungserklärung ist der Auslegung zugänglich und fristgebunden. Nach § 2082 BGB muss die Anfechtung binnen Jahresfrist erfolgen. Es handelt sich um eine Ausschlussfrist, die mit der Kenntnis der den Anfechtungsgrund begründenden Umstände, frühestens jedoch mit dem Erbfall zu laufen beginnt.[58]

Klausurtipp: Die §§ 2078 ff. BGB verdrängen die allgemeinen Regeln der Anfechtung nur insoweit, wie sie Besonderheiten regeln. Die allgemeinen Vorschriften der §§ 142 ff. BGB finden ergänzende Anwendung. In der Klausur zeigt Systemverständnis, wer dieses Verhältnis mit ein, zwei Sätzen anreißt.

Prüfungsschema zur Wirksamkeit eines einseitigen Testaments 50

1. Auslegung des Testaments nach § 133 BGB, wirklicher Wille des Erblassers (Andeutungstheorie!)
2. Testierwille und Höchstpersönlichkeit
3. Testierfähigkeit nach § 2229 BGB, folgt in der Regel der Geschäftsfähigkeit
4. Formwirksamkeit §§ 2231, 2247 BGB: eigenhändig ge- und unterschrieben
5. Nichtigkeit nach § 134 (Stichwort: § 14 HeimG) oder § 138 I BGB (Stichwort: Geliebten- oder Adelstestament und Behindertentestament)
6. Kein Widerruf nach §§ 2253 ff. BGB durch Widerrufstestament, gegenläufige jüngere Verfügung oder Vernichtung der Urkunde
7. Keine Anfechtung: Anfechtungsgrund nach §§ 2078 ff. BGB, Anfechtungsfrist, Anfechtungsgegner und Anfechtungserklärung
8. Keine Unwirksamkeit wegen einer früheren, den Erblasser in seiner Testierfähigkeit einschränkenden letztwilligen Verfügung (gemeinschaftliches Testament oder Erbvertrag) → § 1 Rn. 63!

C. Gemeinschaftliches Testament

Im Folgenden werden nur die Besonderheiten in Bezug auf das gemeinschaftliche Testament 51
dargestellt. Ansonsten gilt das zum einseitigen Testament Gesagte entsprechend. Besonderheiten bestehen insbesondere bei der Errichtung und der Auslegung eines gemeinschaftlichen Testaments sowie in dem wichtigen Bereich der wechselbezüglichen Verfügungen.

Ein **gemeinschaftliches Testament** kann nach § 2265 BGB und § 10 IV LPartG nur von Ehe- 52
gatten und Lebenspartnern errichtet werden. Es enthält gemeinschaftlich getroffene letztwillige Verfügungen beider Personen, die jeweils getrennt voneinander beurteilt werden müssen. Rechtlich handelt es sich um zwei Verfügungen von Todes wegen, die in einer Urkunde (»Testament«) enthalten sind. Hinsichtlich der Bindungswirkung nimmt das gemeinschaftliche Testament

56 OLG München NJW-RR 2008, 1112.
57 BGH NJW 1985, 2025 f.
58 *Brox/Walker* ErbR § 17 Rn. 11.

eine Zwischenstellung zwischen einseitigem Testament und Erbvertrag ein. Das einseitige Testament ist jederzeit frei widerruflich. Der Erbvertrag bindet die Vertragsparteien und damit den Erblasser bereits zu Lebzeiten. Das gemeinschaftliche Testament hingegen ist zu Lebzeiten beider Verfügenden frei widerruflich, nach dem Tod des Erstversterbenden entfalten die wechselbezüglichen Verfügungen hingegen Bindungswirkung (siehe unten unter 3. b).

I. Formwirksame Errichtung eines gemeinschaftlichen Testaments

53 Ein gemeinschaftliches Testament kann nach denselben Vorschriften **errichtet** werden, wie zwei einseitige Testamente. Dann müssen beispielsweise bei § 2247 BGB beide Ehegatten ihr jeweiliges Testament eigenhändig schreiben und unterschreiben. § 2267 BGB gewährt aber Erleichterungen. Danach genügt es, wenn ein Ehegatte den Testamentstext eigenhändig schreibt und beide Ehegatten eigenhändig unterschreiben. Die Einschränkung des § 2247 IV BGB gilt auch hier.

54 Erforderlich ist stets, dass beide Ehegatten testierfähig sind sowie mit Testierwillen und dem Entschluss handeln, ein gemeinschaftliches Testament zu errichten. Nicht zwingend ist, dass beide Ehegatten gleichzeitig unterzeichnen. Ein gemeinschaftliches Testament kann auch dann wirksam errichtet werden, wenn der andere Ehegatte erst nach längerer Zeit beitritt (=unterzeichnet), sofern im Zeitpunkt des Beitritts der Wille des ersttestierenden Ehegatten zur gemeinschaftlichen Testierung weiterhin besteht[59]. Der beitretende Ehegatte soll nach § 2267 S. 2 BGB deshalb Zeit und Ort der Unterschrift angeben. Da es zulässig ist, ein gemeinschaftliches Testament in getrennten Urkunden zu errichten, solange der Wille der Ehegatten, gemeinsam letztwillig über ihren Nachlass zu verfügen, im Inhalt der Urkunde zum Ausdruck kommt, kann auch die Beitrittserklärung zu einem nach § 2267 BGB errichteten Testament in einer gesonderten Urkunde erklärt werden. Voraussetzung ist, dass ihre Beziehung zur Haupterklärung feststeht und daher der Wille, gemeinsam zu testieren, aus den Urkunden erkennbar ist.[60]

55 Fehlt es an den formellen Voraussetzungen eines gemeinschaftlichen Testaments (Nichtehegatten, fehlender Beitritt etc) oder ist ein Ehegatte testierunfähig, kann das gemeinschaftliche Testament in einseitige letztwillige Verfügungen umgedeutet werden, wenn diese die formellen Anforderungen erfüllen und der Erblasserwille nicht entgegensteht. Dies gilt sogar für wechselbezügliche Verfügungen.[61]

II. Besonderheiten der Auslegung eines gemeinschaftlichen Testaments

56 Bei der **Auslegung** eines gemeinschaftlichen Testaments sind im Grunde dieselben Maßstäbe anzulegen, wie bei einem einseitigen (→ § 1 Rn. 7). Insbesondere bei nicht wechselbezüglichen Verfügungen gibt es keine Besonderheiten. Maßgeblich ist allein der Erblasserwille nach § 133 BGB. Bei der Auslegung wechselbezüglicher Verfügungen hingegen, gelten die für die Auslegung vertraglicher Beziehungen maßgeblichen Grundsätze. Ist der gemeinsame Wille der Ehegatten nicht feststellbar, sind sie aus objektivem Empfängerhorizont heraus nach §§ 133, 157 BGB auszulegen.[62]

57 Als besondere Auslegungsregeln ist an § 2269 BGB (→ § 1 Rn. 14) und § 2270 II BGB (→ § 1 Rn. 14) zu denken.

58 Außerdem ist die dispositive Auslegungsregel[63] des § 2268 I BGB zu beachten. Danach ist ein gemeinschaftliches Testament – unabhängig davon, ob es ein **gegenseitiges** (wechselseitige Erbeinsetzung der Ehegatten untereinander), **wechselbezügliches** (letztwillige Verfügungen der Ehegatten, die nur im Hinblick auf die jeweils andere getroffen werden) oder weder das eine noch das andere ist[64] – seinem ganzen Inhalt nach unwirksam, wenn die Ehe zu Lebzeiten

59 OLG München NJW-RR 2012, 338.
60 BayObLG NJW-RR 1993, 1157 (1158).
61 OLG München NJW-RR 2014, 1354 (1355).
62 BGH NJW 1984, 721 (722).
63 BGHZ 160, 33 (37) = BeckRS 2004, 07355.
64 BGHZ 160, 33 (37) = BeckRS 2004, 07355.

beider Partner wegfällt. Nach § 2268 II BGB bleiben die getroffenen Verfügungen aber wirksam, wenn anzunehmen ist, dass sie auch für den Fall des Ehescheiterns getroffen sein würden. Maßgeblich ist erneut der Wille der Testierenden. Kann ein wirklicher Wille nicht festgestellt werden, ist der hypothetische Wille im Zeitpunkt der Testamentserrichtung maßgeblich.[65] Die Darlegungs- und Beweislast für das Vorliegen dieser Ausnahme von der Regel trifft denjenigen, der aus dem gemeinschaftlichen Testament Rechte herleiten will.[66] Wurde in Bezug auf eine oder mehrere wechselbezügliche Verfügungen ein Aufrechterhaltungswille festgestellt, entfalten diese ihre gesamten gesetzlichen Wirkungen aus §§ 2270 f. BGB, weshalb sie nicht durch einseitige Verfügung widerrufen werden können.[67] Heiraten sich die geschiedenen Ehegatten erneut, wird ihr nach § 2268 I BGB infolge der Scheidung unwirksam gewordenes gemeinschaftliches Testament nicht allein deshalb wieder wirksam.[68] Maßgeblich ist der durch Auslegung zu ermittelnde Wille der Ehegatten im Zeitpunkt der Testamentserrichtung.

III. Wechselbezügliche Verfügungen

1. Voraussetzungen der Wechselbezüglichkeit

Nach § 2270 I BGB sind in einem gemeinschaftlichen Testament getroffene Verfügungen dann **wechselbezüglich** und damit für den überlebenden Ehegatten bindend, wenn anzunehmen ist, dass die Verfügung des einen Ehegatten nicht ohne die Verfügung des anderen Ehegatten getroffen worden wäre, wenn also jede der beiden Verfügungen mit Rücksicht auf die andere getroffen worden ist und nach dem Willen der gemeinschaftlich Testierenden die eine mit der anderen stehen oder fallen soll.[69] Maßgeblich ist der übereinstimmende Wille der Ehegatten zum Zeitpunkt der Testamentserrichtung. Enthält ein gemeinschaftliches Testament keine klare und eindeutige Anordnung zur Wechselbezüglichkeit, muss diese nach den allgemeinen Auslegungsgrundsätzen und für jede Verfügung gesondert ermittelt werden.[70] Dabei kann die Wechselbezüglichkeit zweier Verfügungen auch dann bejaht werden, wenn diese mit großem zeitlichem Abstand getroffen worden sind, solange ein Verknüpfungswille der Ehegatten vorliegt.[71] 59

Erst wenn die Ermittlung des Erblasserwillens weder die gegenseitige Abhängigkeit noch die gegenseitige Unabhängigkeit der beiderseitigen Verfügungen ergibt, ist gem. § 2270 II BGB im Zweifel Wechselbezüglichkeit anzunehmen, wenn sich die Ehegatten gegenseitig bedenken oder wenn dem einen Ehegatten von dem anderen eine Zuwendung gemacht und für den Fall des Überlebens des Bedachten eine Verfügung zugunsten einer Person getroffen wird, die mit dem anderen Ehegatten verwandt (§ 1589 BGB) ist oder ihm sonst nahe steht. Diese Auslegungsregel ist erst dann heranzuziehen, wenn nach Überprüfung aller inner- und außerhalb des Testaments liegenden Umstände verbleibende Zweifel nicht zu beseitigen sind.[72] § 2270 II BGB greift nach seinem Wortlaut niemals ein, wenn das Testament nur Verfügungen zugunsten Dritter enthält und nicht der Ehegatten untereinander. Es ist dann im Einzelfall anhand der Gesamtumstände zu entscheiden. Außerdem wird der Begriff der »nahestehenden Person« eng ausgelegt. Maßgeblich sind die konkreten Umstände des Einzelfalls. Es fallen nur solche Personen unter diesen Begriff, zu denen der betreffende Ehegatte enge persönliche und innere Bindungen gehabt hat, die mindestens dem üblichen Verhältnis zu nahen Verwandten entsprechen.[73] In Betracht kommen insbesondere Adoptiv-, Stief- und Pflegekinder sowie enge Freunde.[74] Ob verschwägerte Personen einander nahestehen, kann nicht generell, sondern nur anhand des konkreten Einzelfalls beurteilt werden.[75] 60

65 BGHZ 160, 33 (37) = BeckRS 2004, 07355.
66 BGHZ 160, 33 (39) = BeckRS 2004, 07355.
67 BGHZ 160, 33 (39) = BeckRS 2004, 07355.
68 BayObLG NJW 1996, 133 f.
69 BayObLG BeckRS 2005, 5025 = FamRZ 2005, 1931 (1932).
70 BGH NJW-RR 1987, 1410 (1411).
71 OLG Hamm ZEV 2018, 93.
72 BayObLG BeckRS 2005, 5025 = FamRZ 2005, 1931 (1932).
73 KG BeckRS 9998, 43832 = FamRZ 1993, 1251 (1252).
74 Palandt/*Weidlich* BGB § 2270 Rn. 9 mwN.
75 KG BeckRS 9998, 43832 = FamRZ 1993, 1251 (1252).

Klausurtipp: Die Prüfung des Vorliegens wechselbezüglicher Verfügungen ist in der Klausur in jedem Fall ein Schwerpunkt, wenn ein gemeinschaftliches Testament abgeprüft wird. Deshalb ist hier eine vertiefte und am Sachverhalt ausgerichtete Argumentation besonders wichtig. Da sich an die Wechselbezüglichkeit weitere Probleme anschließen, dürfte diese in der Klausur regelmäßig zumindest in Bezug auf einzelne Verfügungen zu bejahen sein. Und immer beachten: niemals zu schnell auf die Auslegungsregel des § 2270 II BGB aufspringen!

61 Wechselbezüglich können nach § 2270 III BGB nur Erbeinsetzungen, Vermächtnisse und Auflagen (sowie das Erbrechtsstatut) sein. Nicht hingegen beispielsweise Enterbung, Anordnung der Testamentsvollstreckung, Teilungsanordnungen oder Pflichtteilsentziehung.

62 Beachte das vom BGH[76] aufgestellte Kumulationsverbot der Auslegungsregeln des § 2069 BGB und § 2270 II BGB. Danach kann die Ersatzerbeneinsetzung der Abkömmlinge im Falle des Wegfalls des oder der Schlusserben nur dann wechselbezüglich sein, wenn mindestens eines der von den Auslegungsregeln vorgezeichneten Ergebnisse im Wege der Testamentsauslegung gefunden werden kann und dieses in der Testamentsurkunde angedeutet ist.[77]

2. Rechtsfolgen der Wechselbezüglichkeit

63 Hinsichtlich der Rechtsfolgen der festgestellten Wechselbezüglichkeit einzelner oder aller Verfügungen ist zwischen der Zeit vor dem Tod des erstversterbenden Ehegatten und der Zeit danach zu differenzieren.

a) Wirkungen bis zum Tod des erstversterbenden Ehegatten

64 Vor dem Tod des erstversterbenden Ehegatten tritt keine **Bindungswirkung** im engeren Sinn ein. Jeder Ehegatte kann seine letztwilligen wechselbezüglichen Verfügungen jederzeit und ohne Grund widerrufen. Wegen des gegenseitigen Vertrauensschutzes der Ehegatten ordnet § 2271 I BGB eine besondere Form des Widerrufs an. Er hat nach den für den Erbvertrag geltenden Vorschrift des § 2296 BGB zu erfolgen. Daraus folgt, dass der Widerruf höchstpersönlich (§ 2296 I BGB) und in notarieller Form gegenüber dem anderen Ehegatten (§ 2296 II BGB) erklärt werden muss. Der Widerruf muss dem anderen Ehegatten also zugehen, und zwar spätestens alsbald nach dem Tod des Widerrufenden.[78] § 2271 I 2 BGB stellt deklaratorisch klar, dass ein Ehegatte eine wechselbezügliche Verfügung nicht einseitig durch eine neue Verfügung von Todes wegen aufheben kann. Ebenso wenig kann ein Ehegatte durch eigenmächtiges Vernichten der Testamentsurkunde wechselbezügliche Verfügungen widerrufen. Sie bleiben in Kraft.[79]

Klausurtipp: Achtung! Nicht wechselbezügliche Verfügungen in einem gemeinschaftlichen Testament können nach den allgemeinen Regeln aus §§ 2253 ff. BGB widerrufen werden, ohne dass es der notariellen Form oder des Zugangs beim anderen Ehegatten bedarf. Genauso können die Ehegatten durch gemeinsames Handeln wechselbezügliche Verfügungen nach diesen Vorschriften widerrufen.

65 Darüber hinaus ordnet § 2270 I BGB eine Form der Akzessorietät von wechselbezüglichen Verfügungen derart an, dass die Nichtigkeit oder der Widerruf einer der Verfügungen die Unwirksamkeit der anderen zur Folge hat. Die Nichtigkeit kann auf formellen oder sachlichen Mängeln beruhen, schon ursprünglich bestehen oder nachträglich eintreten. Ob auch bei einer aus anderen Gründen eintretenden Unwirksamkeit der wechselbezüglichen Verfügung (Ausschlagung, Vorversterben, Erbunwürdigkeit) die Folge des § 2270 I BGB eintritt, hängt vom festzustellenden Willen der Ehegatten ab.[80]

b) Bindungswirkung mit dem Tod des Erstversterbenden

66 Mit dem Tod des erstversterbenden Ehegatten erlischt das Widerrufsrecht des überlebenden Ehegatten hinsichtlich wechselbezüglicher Verfügungen nach § 2271 II BGB, außer er schlägt

76 BGHZ 149, 363 Rn. 17 = BeckRS 2002, 1462; jüngst wieder OLG München ZEV 2017, 409.
77 Vgl. hierzu den interessanten Fall des OLG Schleswig NJW-RR 2014, 73.
78 OLG Oldenburg NJW-RR 2018, 773.
79 Palandt/*Weidlich* BGB § 2255 Rn. 13.
80 Palandt/*Weidlich* BGB § 2270 Rn. 12.

das ihm Zugewendete aus. Nach Eintritt der **Bindungswirkung** ist jede letztwillige Verfügung des Überlebenden analog § 2289 I 2 BGB solange und soweit unwirksam, wie sie den durch eine wechselbezügliche Verfügung Bedachten beeinträchtigt.[81] Dies gilt auch für die nachträgliche Anordnung der Testamentsvollstreckung oder der Einsetzung eines Nacherben.[82] Der Überlebende kann seine Verfügung aufheben, wenn der Bedachte sich einer Verfehlung schuldig gemacht hat, die zur Pflichtteilsentziehung berechtigen würde nach §§ 2271 II 2, 2294, 2336 BGB oder wenn der Bedachte ersatzlos wegfällt.

Die Ehegatten können einen **Änderungsvorbehalt** vereinbaren oder das Entfallen der Bin- 67
dungswirkung für spezielle Fälle anordnen.[83] Dies folgt im Wege des Erst-recht-Schlusses daraus, dass sie auch die Wechselbezüglichkeit von vornherein ausschließen können.[84] Ein solcher Änderungsvorbehalt kann ausdrücklich angeordnet oder im Wege der (ergänzenden) Auslegung festgestellt werden,[85] bei der allerdings Zurückhaltung geboten ist.[86] Der Umfang dieser Befugnis kann umfassend oder nur auf bestimmte Verfügungen begrenzt sein. Er ist ebenfalls durch Auslegung zu ermitteln, sofern er nicht genau festgelegt ist.

c) §§ 2286 ff. BGB analog

Die Freiheit des Überlebenden unter Lebenden, über sein Vermögen und den Nachlass des 68
Erstversterbenden zu verfügen, wird hingegen vom Gesetz nicht eingeschränkt. Er kann also grundsätzlich sein gesamtes Vermögen verkaufen, verschleudern oder verschenken. Der durch wechselbezügliche Verfügungen Bedachte hat keine Handhabe, den Überlebenden daran zu hindern. Ein Unterlassungsanspruch besteht nicht, auch nicht in Bezug auf unentgeltliche Verfügungen.[87] Um dem Bedachten ein Mindestmaß an Schutz zukommen zu lassen, findet § 2287 BGB aufgrund der in dieser Situation bestehenden Regelungslücke bei wechselbezüglichen Verfügungen in einem gemeinschaftlichen Testament und der vergleichbaren Interessenlage aus Sicht des Vertragserben oder des mittels wechselbezüglicher Verfügungen Bedachten analoge Anwendung.[88] Hat der Überlebende in der Absicht, den Bedachten zu beeinträchtigen, eine **Schenkung** an einen Dritten vorgenommen, so kann der Bedachte nach dem Tode des Überlebenden einen Herausgabeanspruch nach §§ 818 ff. BGB gegen den Beschenkten geltend machen. Eine Beeinträchtigungsabsicht ist immer dann anzunehmen, wenn dem Erblasser ein beachtenswertes **lebzeitiges Eigeninteresse** an der Schenkung fehlt, sodass sich die Schenkung aus Sicht des Bedachten als Rechtsmissbrauch darstellt.[89] Ein lebzeitiges Eigeninteresse ist anzunehmen, wenn nach dem Urteil eines objektiven Beobachters die Verfügung in Anbetracht der gegebenen Umstände auch unter Berücksichtigung der erbvertraglichen Bindung als billigenswert und gerechtfertigt erscheint.[90] Ein derartiges Interesse kommt etwa dann in Betracht, wenn es dem Erblasser im Alter um seine Versorgung und gegebenenfalls auch Pflege geht[91]. Missbrauch liegt dagegen vor, wenn die Verfügung des Erblassers darauf gerichtet ist, einem anderen als dem Bedachten das wesentliche Erblasservermögen ohne angemessenes Äquivalent zukommen zu lassen.[92] Maßgeblich sind die Vermögensverhältnisse des konkreten Erblassers.[93]

Der BGH hat in einer neuen Entscheidung[94] die Prüfungsreihenfolge des § 2287 BGB defi- 69
niert. Danach ist zunächst festzustellen, in welcher Höhe überhaupt Unentgeltlichkeit vorliegt. Sodann sind eventuelle wertmindernde Belastungen vom Geschenk abzuziehen (zB ein Nießbrauch) und nur im Hinblick auf den Rest das Vorliegen eines lebzeitigen Eigeninteresses

81 Palandt/*Weidlich* BGB § 2271 Rn. 14.
82 Vgl. zu dieser Frage im Hinblick auf ein Behindertentestament: OLG Schleswig NJW-RR 2013, 906.
83 So zB den Fall der Wiederheirat: OLG Düsseldorf NJW-RR 2013, 1353.
84 BGHZ 2, 35 = NJW 1951, 959.
85 OLG Schleswig NJW-RR 2014, 965 (966).
86 OLG München NJW-RR 2011, 1020 Rn. 23.
87 *Brox/Walker* ErbR § 14 Rn. 16.
88 BGHZ 82, 274 ff. = NJW 1982, 43.
89 BGH NJW-RR 2012, 207 Rn. 11 mwN.
90 BGHZ 77, 264 (266) = NJW 1980, 2307.
91 BGH NJW-RR 2012, 207 Rn. 11.
92 *Brox/Walker* ErbR § 14 Rn. 16.
93 OLG Düsseldorf ZEV 2017, 328 (Motorjacht als Anstandsschenkung).
94 BGH ZEV 2016, 641 ff.

zu prüfen. Besonders an dieser Entscheidung ist, dass der BGH ausdrücklich klarstellt, dass ein lebzeitiges Eigeninteresse auch nur in Bezug auf einen Teil des Geschenks vorliegen kann und nur hinsichtlich des Restes ein Anspruch nach § 2287 BGB besteht.

3. Vor- oder Vollerbenstellung des überlebenden Ehegatten – Berliner Testament

70 Der absolute erbrechtliche Klausurklassiker ist die Frage, ob gemeinsam testierende Ehegatten, die sich gegenseitig zu Alleinerben und einen Dritten (das oder die Kind/er) zum Erben des Letztversterbenden einsetzen (»Berliner Testament«), die **Trennungs-** oder die **Einheitslösung** gewählt haben.[95]

71 Bei der sog. Trennungslösung (auch Nacherbenlösung genannt) handelt es sich um eine Vor- und Nacherbenstellung. Der überlebende Ehegatte wird Vorerbe nach dem erstversterbenden und der Dritte wird Nacherbe hinsichtlich des Nachlasses des erstversterbenden Ehegattens und Vollerbe des zuletzt versterbenden. Die Vermögensmassen der Ehegatten bleiben nach dem Tod des Erstversterbenden getrennt. Dies hat zur Folge, dass der Überlebende den Beschränkungen der §§ 2112 ff. BGB unterliegt und der Dritte im Zeitpunkt des Todes des Erstversterbenden Nacherbe wird und damit eine veräußerliche und vererbliche Anwartschaft erlangt, die auf seine Erben übergehen kann. Der Dritte ist auch nicht enterbt und kann daher nur dann einen Pflichtteil geltend machen, wenn er die Nacherbschaft ausschlägt. Gerade bei der Trennungslösung kommt es immer wieder vor, dass neben der Vor- und Nacherbenstellung des überlebenden Ehegatten und der Abkömmlinge vergessen wird, die Erbfolge nach dem Überlebenden ausdrücklich zu regeln. In diesen Fällen ist mit der Auslegungsregel des § 2102 I BGB davon auszugehen, dass die Abkömmlinge Ersatzerben des Erstverstorbenen im Hinblick auf den Nachlass des Letztversterbenden sind.[96]

72 Bei der sog. Einheitslösung (auch Vollerbenlösung genannt) wird der überlebende Ehegatte Vollerbe des Erstversterbenden und der Dritte dessen (Schluss-)Erbe.[97] Die Vermögensmassen werden vermischt, der Überlebende unterliegt keinerlei Beschränkungen. Der Dritte erwirbt daher auch kein (vererbliches) Anwartschaftsrecht und kann aufgrund seiner Enterbung gegebenenfalls einen Pflichtteilsanspruch geltend machen.

a) Auslegungsregel

73 Welche der beiden Lösungen von den Erblassern gewollt ist, ist, sofern es nicht ausdrücklich geregelt wurde, im Wege der Auslegung zu ermitteln. Maßgeblich ist der Willer beider Ehegatten. Erst wenn die Auslegung zu keinem eindeutigen Ergebnis gelangt, greift die Auslegungsregel des § 2269 BGB ein, sodass im Zweifel von der Einheitslösung auszugehen ist. Daraus folgt, dass derjenige, der sich auf die Trennungslösung beruft, die Darlegungs- und Beweislast trägt.

Klausurtipp: An dieser Stelle liegt in der Regel der Schwerpunkt der Klausur. Im Falle der Anwaltsklausur kann es entweder gefordert sein, ein vorhandenes Testament nach allen Regeln der Kunst auszulegen und sich für ein Ergebnis zu entscheiden (dies gilt auch für die Richterklausur), oder aber es ist im Rahmen einer Beratungssituation gefordert, die Vor- und Nachteile der einzelnen Lösungen darzulegen und den Mandanten entsprechend zu beraten. Wer hier an Schreibarbeit spart, verschenkt viele Punkte.

b) Wiederverheiratungs- und Pflichteilsstrafklauseln

74 **Pflichteilsstrafklauseln** spielen nur bei der Einheitslösung eine wichtige Rolle. Bei der Trennungslösung wird der zuletzt bedachte Dritte als Nacherbe eingesetzt, sodass er nicht enterbt und daher auch nicht pflichtteilsberechtigt ist.

95 Für eine schnelle Übersicht zu den examensrelevantesten Problemfeldern vgl. *Kaiser/Kaiser/Kaiser* MatZivilR Rn. 183 und im Überblick *Brox/Walker* ErbR § 15 Rn. 16.

96 OLG Schleswig NJW-RR 2014, 73.

97 Zum interessanten Problem der Ausschlagung der Erbschaft durch den überlebenden Ehegatten und der Ersatzerbschaft der Schlusserben: OLG Hamm NJW-RR 2014, 781 ff.

Bei der Einheitslösung wird der überlebende Ehegatte Vollerbe und der zuletzt bedachte 75
Dritte wird insoweit nach dem erstversterbenden Ehegatten enterbt.[98] Er könnte einen Pflichtteil geltend machen und danach dennoch Schlusserbe werden. Um dieses Verhalten zu sanktionieren und so eine Gleichbehandlung mehrerer zuletzt bedachter Abkömmlinge oder den Erhalt des Nachlasses für den überlebenden Ehegatten zu erreichen, kann eine Verwirkungsklausel in Form einer Pflichtteilstrafklausel in das Testament aufgenommen werden. Diese bestimmt, dass derjenige, der nach dem Erstversterbenden einen Pflichtteil beansprucht, auch nach dem Letztversterbenden nur einen Pflichtteil beanspruchen kann. Die Schlusserbeneinsetzung wird unter die auflösende Bedingung der Pflichtteilsgeltendmachung gestellt.[99] Da auch bei dieser Lösung der einen Pflichtteil beanspruchende Abkömmling zweimal am Nachlass des Erstversterbenden partizipiert, kann dies durch die Zuwendung entsprechender Vermächtnisse an die anderen Abkömmlinge ausgeglichen werden.

Pflichtteilsstrafklauseln können auch einschränkend ausgelegt werden. So insbesondere bei 76
Vorliegen eines Behindertentestaments für den Fall der Geltendmachung des Pflichtteils nach dem Erstversterbenden durch das Sozialamt für das behinderte Kind. Würde in einem solchen Fall die Pflichtteilsstrafklausel greifen, könnte das Sozialamt zweimal einen Pflichtteil geltend machen (auch nach dem Letztversterbenden) und das behinderte Kind würde leer ausgehen.[100] Dies widerspricht dem Willen der Erblasser und ist im Testament durch die Wahl der Behindertentestamentskonstruktion auch angedeutet.

Wiederverheiratungsklauseln finden im Rahmen beider Lösungen Anwendung. Im Falle 77
einer Wiederheirat des überlebenden Ehegatten kann bei der Trennungslösung durch eine Wiederverheiratungsklausel angeordnet werden, dass der Nacherbfall nicht erst mit dessen Tod, sondern bereits mit dessen Wiederheirat eintreten soll.[101]

Wird bei gewählter Einheitslösung angeordnet, dass im Falle der Wiederheirat des überleben- 78
den Ehegatten der Nachlass des Erstversterbenden vorzeitig auf den oder die Schlusserben übergehen soll, ist dies in der Regel als auflösend bedingte Schlusserben- und aufschiebend bedingte Nacherbeneinsetzung des Dritten bzw. als auflösend bedingte Vollerben- und aufschiebend bedingte Vorerbeneinsetzung des überlebenden Ehegatten zu verstehen. Dies ist rechtlich zulässig.[102] Bis zur Wiederheirat unterliegt der überlebende Ehegatte als bedingter Vorerbe den Einschränkungen der §§ 2113 ff. BGB, es ist jedoch davon auszugehen, dass er soweit wie möglich befreit sein soll.[103] Mit der Wiederheirat tritt der Nacherbfall ein und er muss den Nachlass des erstversterbenden Ehegatten an den oder die Nacherben herausgeben. Einen Pflichtteil kann der überlebende Ehegatte nicht mehr geltend machen, da er dazu die Erbschaft fristgemäß hätte ausschlagen müssen. Mit der Wiederheirat verlieren in diesem Fall allerdings in der Regel die vom überlebenden Ehegatten getroffenen wechselbezüglichen Verfügungen ihre Bindungswirkung und er kann sie frei widerrufen und neu verfügen, es sei denn, aus dem Testament ergibt sich etwas anderes.[104]

Klausurtipp: Speziell solche Pflichtteilsstraf- und Wiederverheiratungsklauseln spielen in der beratenden Rechtsanwaltsklausur eine wichtige Rolle. Es muss genau dargelegt und begründet werden, warum welche Lösung im Falle des Mandanten die zweckmäßigste ist. In der Richterklausur ist lediglich durch Auslegung zu ermitteln, welche Lösung die Erblasser wollten und danach die rechtlichen Konsequenzen, die sich daraus ergeben, auf den Fall anzuwenden. Speziell bei solchen Fragen lohnt ein Blick in den Palandt!

4. Anfechtung beim gemeinschaftlichen Testament

Das Gesetz sieht beim gemeinschaftlichen Testament keine **Anfechtungsmöglichkeit** für den 79
Erblasser selbst vor. Während seiner Lebzeiten ist dies auch nicht nötig, er kann ohne Grund

98 BGH NJW 2006, 3064.
99 BGH NJW 2006, 3064.
100 Vgl. OLG Hamm NJW-RR 2017, 779 (780).
101 Palandt/*Weidlich* BGB § 2269 Rn. 21.
102 BGHZ 96, 198 ff. = BeckRS 9998, 154659.
103 Palandt/*Weidlich* BGB § 2269 Rn. 18 mwN.
104 OLG Düsseldorf NJW-RR 2013, 1353.

widerrufen (zu den formellen Anforderungen → § 1 Rn. 88). Nach dem Tod des Erstversterbenden und dem Eintritt der Bindungswirkung werden die §§ 2281 ff. BGB analog angewandt, da andernfalls das gemeinschaftliche Testament stärker binden würde als der Erbvertrag.[105]

80 Von besonderer Bedeutung ist insoweit die Anfechtung nach § 2079 BGB, da der neue Ehegatte pflichtteilsberechtigt wird. Der überlebende Ehegatte kann seine wechselbezüglichen Verfügungen jedoch nicht anfechten, weil er sich über die mit dem Tod des Erstversterbenden eintretende Bindung geirrt hat, da es sich um einen unbeachtlichen gesetzlichen Rechtsfolgenirrtum handelt.[106] § 2285 BGB wird für die Anfechtung der wechselbezüglichen Verfügungen des letztversterbenden Ehegattens durch einen Dritten analog angewandt.[107] Eine Analogie scheidet aber aus, wenn es um die Anfechtung der wechselbezüglichen Verfügung des erstversterbenden Ehegatten geht.[108] Insoweit fehlt es an der vergleichbaren Interessenlage, da der erstversterbende Ehegatte zu seinen Lebzeiten kein eigenes Anfechtungsrecht hatte, da er jederzeit ohne Grund hätte widerrufen können.

Fall zum gemeinschaftlichen Testament[109]

Der Erblasser war seit 30.6.2009 in zweiter Ehe kinderlos verheiratet. Aus seiner ersten, seit dem 30.5.2009 geschiedenen Ehe sind drei Kinder hervorgegangen. Der Erblasser hat am 11.7.2008 ein notarielles Testament errichtet, in dem er seine zweite Ehefrau zu seiner Alleinerbin einsetzte. Ein weiteres Testament des Erblassers vom 24.1.2003, in dem er seinen Kindern aus erster Ehe sein gesamtes Vermögen zuwandte, liegt nur noch als Kopie vor. Das Original ist unauffindbar. Die Kopie befindet sich in einem verschlossenen Briefumschlag, der außerdem die Kopie einer von seiner ersten Ehefrau eigenhändig geschriebenen und unterzeichneten Erklärung mit dem Datum 24.1.2003 enthielt. Sie lautet: »Ich schließe mich dem Testament meines Mannes vom 24.1.2003 voll und ganz an.« Zum Zeitpunkt der Errichtung des ersten Testaments war das Verhältnis des Erblassers zu seinen Kindern hervorragend. Er und seine erste Ehefrau waren sich einig, dass diese alles bekommen sollten. Erst nach der Wiederheirat des Erblassers kam es zum Zerwürfnis mit seinen Kindern.

Wer ist nach dem Tod des Erblassers Erbe geworden?

Typische Klausursituation in diesem Fall: Die Kinder des Erblassers kommen zum Anwalt und wollen dagegen vorgehen, dass die zweite Ehefrau aufgrund des Testaments vom 11.7.2008 Alleinerbin wird. Es ist demnach eine umfassende Beratung, einschließlich Beweisprognose wo nötig, erforderlich.

Lösung:

Das Begehren der Kinder kann nur Erfolg haben, wenn das Testament vom 24.1.2003 (immer noch) wirksam ist und dies vor Gericht auch bewiesen werden kann.

Da die Kinder des Erblassers aus dem Testament vom 24.1.2003 Rechte herleiten wollen, müssen sie dessen formwirksame Errichtung darlegen und beweisen. Eine Kopie stellt kein wirksames Testament dar, da es nicht eigenhändig verfasst ist. Ist jedoch die Testamentsurkunde nicht auffindbar, kann dessen Errichtung und dessen Inhalt auch Mithilfe anderer Beweismittel dargetan werden, insbesondere durch Vorlage einer Kopie. Außerdem kann die erste Ehefrau des Erblassers als Zeugin angeboten werden, da diese die Testamentsurkunde gesehen hat. Die Chancen, dass die Existenz der Testamentsurkunde nachgewiesen werden kann, stehen also gut.

Das Testament vom 24.1.2003 wurde auch formwirksam als gemeinschaftliches Testament errichtet. Die Errichtung eines gemeinschaftlichen Testaments in getrennten Urkunden ist zulässig, solange der Wille der Ehegatten, gemeinsam letztwillig über ihren Nachlass zu verfügen, aus den Urkunden zum Ausdruck kommt. Dies ist durch Auslegung zu ermitteln, bei der nicht nur der Inhalt der Testamentsurkunden, sondern auch außerhalb der Urkunden liegende Umstände berücksichtigt werden können. Das Ergebnis der Auslegung muss in den Urkunden angedeutet sein. Aus der

105 BGHZ 37, 331 (333) = NJW 1962, 1913.
106 BayObLG BeckRS 2002, 30257161 = FamRZ 2003, 259.
107 BGH ZEV 2010, 364 Rn. 7.
108 BGH ZEV 2016, 442 Rn. 15.
109 Nach BayObLG NJW-RR 1993, 1157.

Erklärung des Erblassers und der Beitrittserklärung seiner ersten Ehefrau kann aufgrund der umfassenden Verfügung zugunsten der gemeinsamen Kinder darauf geschlossen werden, dass sie gemeinsam über ihren Nachlass zugunsten der Kinder verfügen wollten. Auch die erforderliche Form wurde gewahrt. Beide Erklärungen wurden von den jeweils verfügenden Ehegatten eigenhändig geschrieben und unterschrieben iSd § 2247 I BGB. Die in § 2267 BGB vorgesehene Form stellt lediglich eine fakultative Formerleichterung dar, keine zwingende Formvorschrift.
Die vom Erblasser und seiner ersten Ehefrau getroffenen letztwilligen Verfügungen zugunsten der gemeinsamen Kinder sind auch wechselbezüglich iSd § 2270 I BGB. Das ist dann der Fall, wenn anzunehmen ist, dass die Verfügung des einen nicht ohne die des anderen getroffen worden wäre. Enthält ein gemeinschaftliches Testament keine klare und eindeutige Anordnung zur Wechselbezüglichkeit, muss diese nach allgemeinen Auslegungsgrundsätzen und für jede einzelne Verfügung gesondert ermittelt werden. Da es Ziel der ehemaligen Ehegatten war, das Vermögen für die gemeinsamen Kinder als Ganzes zu erhalten und allein ihnen zu überlassen, ist davon auszugehen, dass jeder Ehegatte nur deshalb ausschließlich die Kinder zu Erben eingesetzt hat, weil dies auch der andere getan hat. Die Verfügungen sind wechselbezüglich. Auch insoweit kann die erste Ehefrau als Zeugin zur Auslegungshilfe benannt werden.
Das Testament ist auch nicht nach § 2268 I BGB infolge der Ehescheidung unwirksam geworden. Bei § 2268 I BGB handelt es sich um eine dispositive Auslegungsregel (§ 2268 II BGB), weshalb zunächst durch Auslegung zu ermitteln ist, ob es dem tatsächlichen oder mutmaßlichen Wille der Ehegatten bei Errichtung des Testaments entspricht, dass das Testament auch im Falle der Ehescheidung weitergelten soll. Erst wenn kein eindeutiges Ergebnis gefunden werden kann, greift die Auslegungsregel des § 2268 I BGB. Bei der Auslegung ist zu beachten, dass die Wechselbezüglichkeit einer letztwilligen Verfügung im Allgemeinen gegen die Annahme spricht, dass die Ehegatten sie auch im Fall des Scheiterns der Ehe aufrecht erhalten wollten, jedoch kann sich aus der Person der Bedachten etwas anderes ergeben, insbesondere wenn es sich um die gemeinsamen Kinder handelt. Deshalb und weil die Testierenden das Vermögen im Ganzen zugunsten ihrer gemeinsamen Kinder erhalten wollten, ist davon auszugehen, dass sie diese Verfügung auch für den Fall des Scheiterns der Ehe getroffen hätten, weshalb § 2068 I BGB nicht eingreift und das Testament nicht durch die Ehescheidung unwirksam geworden ist.
Zuletzt wurde das Testament vom 24.1.2003 auch nicht wirksam widerrufen. Der Erblasser und seine erste Ehefrau haben das gemeinschaftliche Testament nicht gemeinsam widerrufen, und die möglicherweise eigenmächtige Vernichtung der Testamentsurkunde durch den Erblasser stellt wegen § 2271 I 1 BGB keine wirksame Form des Widerrufs dar. Einen grundsätzlich jederzeit grundlos möglichen Widerruf hat der Erblasser zumindest nicht in der von § 2271 I 1 iVm § 2296 II BGB vorgegeben Form erklärt, sodass das neue Testament zugunsten seiner zweiten Ehefrau nicht zur Unwirksamkeit des alten führt.
Die gemeinsamen Kinder sind Erben geworden. Die zweite Ehefrau kann nur ihren Pflichtteil beanspruchen.

D. Erbvertrag

Mithilfe eines **Erbvertrages** kann erreicht werden, dass die **Testierfreiheit** des Erblassers 81
schon zu seinen Lebzeiten und den Lebzeiten des Vertragserben eingeschränkt wird. Der Erbvertrag hat insoweit Doppelnatur. Er ist Verfügung von Todes wegen und Vertrag. Als Verfügung von Todes wegen führt der Erbvertrag keine unmittelbaren Rechtsänderungen herbei, er wirkt erst nach dem Tod. Der Erblasser wird in seiner Verfügungsbefugnis über sein Vermögen zu Lebzeiten auch nicht beschränkt. Der Vertragserbe erlangt weder einen künftigen Anspruch noch eine gesicherte Anwartschaft, sondern lediglich eine tatsächliche Aussicht.[110] Die Besonderheit des Erbvertrages ist seine vertragliche Bindung nach § 2289 BGB, die die freie Widerruflichkeit, die alle anderen Formen letztwilliger Verfügungen auszeichnet, ausschließt.

Es gibt einseitige Erbverträge, bei denen nur ein Vertragspartner **vertragsmäßige Verfügungen** trifft, sodass nur ein Vertragserblasser gegeben ist. Der Vertragspartner kann die Erklärung nur annehmen, er kann sich zu Leistungen unter Lebenden verpflichten oder einseitige, 82

110 *Brox/Walker* ErbR § 14 Rn. 2.

nicht vertragsmäßige Verfügungen von Todes wegen treffen. Beim zweiseitigen Erbvertrag treffen beide Vertragsparteien vertragsmäßige Verfügungen, sodass zwei Vertragserblasser am Vertrag beteiligt sind. Erbverträge können entgeltlich oder unentgeltlich sein.

I. Abschluss eines Erbvertrages

1. Wirksamkeitsvoraussetzungen eines Erbvertrages

83 Gemäß § 2274 BGB kann der Vertragserblasser den Erbvertrag nur persönlich schließen, eine Stellvertretung ist ausgeschlossen. Nicht so aufseiten des Vertragserben, sofern er nicht ebenfalls Vertragserblasser ist.

84 Da sich der Vertragserblasser vertraglich bindet, muss er nach § 2275 I BGB unbeschränkt geschäftsfähig sein. Ein Erbvertrag kann nach § 2276 I BGB nur vor einem Notar bei gleichzeitiger Anwesenheit beider Vertragsparteien geschlossen werden und damit nicht in der Form eines eigenhändigen oder eines außerordentlichen Testaments.

2. Inhalt und Auslegung eines Erbvertrages

85 Nach § 2299 I BGB kann der Erblasser in einem Erbvertrag jede letztwillige Verfügung treffen, die er auch in einem Testament treffen könnte. Vertragsmäßig können – müssen aber nicht – hingegen nach § 2278 II BGB nur Erbeinsetzung, Vermächtnis und Auflage sein. Was gewollt ist, muss, sofern keine ausdrückliche Bestimmung im Erbvertrag enthalten ist, durch Auslegung für jede Verfügung einzeln ermittelt werden.[111] Maßgeblich ist wegen des Vertragscharakters die Auslegung aus objektivem Empfängerhorizont heraus nach §§ 133, 157 BGB.[112] Insbesondere gibt es insoweit keine gesetzlichen Vermutungen oder Auslegungsregeln. Es ist darauf abzustellen, ob der Vertragspartner des Erblassers ein Interesse an der Aufrechterhaltung der Verfügung und damit an der Bindung des Erblassers an diese Verfügung gehabt hat. Ist dies zu bejahen, spricht es für die Vertragsmäßigkeit der Verfügung. Generell gilt, dass die Vertragsmäßigkeit bei Zuwendungen an den Vertragspartner besonders nahe liegt.[113] Ebenso ist bei Zuwendungen an eine mit dem Vertragspartner verwandte oder diesem nahestehende Person eine Bindung des Erblassers in der Regel gewollt,[114] weshalb von vertragsmäßigen Verfügungen auszugehen ist.

86 Ein Erbvertrag muss wenigstens eine vertragsmäßige Verfügung enthalten, andernfalls liegt kein Erbvertrag, sondern nur ein Testament vor.

II. Bindungswirkung vertragsgemäßer Verfügungen

1. Eintritt und Umfang der Bindung

87 Die **Bindungswirkung** tritt mit dem Abschluss des Erbvertrages schon zu Lebzeiten des Erblassers und des Vertragspartners ein. Ihr Umfang bestimmt sich zunächst nach § 2289 BGB. Nach § 2289 I 1 BGB werden frühere letztwillige Verfügungen automatisch aufgehoben, soweit sie eine rechtliche Beeinträchtigung des Rechts des Bedachten enthalten. Eine rein wirtschaftliche Beeinträchtigung genügt nicht, da dies mit dem Wesen des Erbvertrages als eines Vertrages über letztwillige Zuwendungen unvereinbar ist.[115] Spätere Verfügungen von Todes wegen können vertragsmäßige Verfügungen nicht aufheben, sie sind unwirksam, soweit sie das Recht des vertragsmäßig Bedachten beeinträchtigen. Die Testierfreiheit des Vertragserblassers ist also in diesem Umfang eingeschränkt. Dies gilt nicht, wenn der vertragsmäßig Bedachte durch die spätere Verfügung bessergestellt wird, oder dieser zustimmt. Die Zustimmung muss aber in der Form der §§ 2290 ff. BGB für den Vertragspartner bzw. des § 2348 BGB für den Bedachten erfolgen.[116]

111 OLG München NJW-RR 2012, 9 (10).
112 BGH NJW 1989, 2885.
113 BGH NJW 1989, 2885.
114 BGH NJW 1989, 2885.
115 BGH NJW 2011, 1733 (1735).
116 BGHZ 108, 252 (254) = BeckRS 9998, 164961.

2. Beseitigung der erbvertraglichen Bindung

Der Erblasser ist an vertragsmäßige Anordnungen im Erbvertrag in folgenden Konstellationen nicht mehr gebunden: 88

- Zugunsten des Erblassers kann ein Änderungsvorbehalt vereinbart werden, der ihn berechtigt, unter bestimmten Voraussetzungen eine abweichende beeinträchtigende Verfügung zu treffen. Da auch ein Rücktrittsrecht vereinbart werden könnte, ist dies als Minus zulässig. Um den Charakter des Erbvertrages zu erhalten, muss jedoch wenigstens eine vorbehaltlose vertragsmäßige Verfügung getroffen werden.[117]
- Der Erbvertrag kann einverständlich aufgehoben werden. Dies kann durch Abschluss eines Aufhebungsvertrages nach § 2290 BGB oder durch Aufhebungstestament nach § 2291 BGB erfolgen. Bei einem zwischen Ehegatten geschlossenen Erbvertrag gilt § 2292 BGB.
- Der Erblasser kann vom Erbvertrag **zurücktreten**. Ein Rücktrittsgrund kann darin liegen, dass der Rücktritt im Vertrag vorbehalten wurde (§ 2293 BGB), der Bedachte sich schweren Verfehlungen schuldig gemacht hat (§ 2294 BGB) oder wenn eine rechtsgeschäftliche Verpflichtung des Bedachten, dem Erblasser für dessen Lebenszeit wiederkehrende Leistungen insbesondere Unterhalt zu entrichten, vor dem Tod des Erblassers aufgehoben wird (§ 2295 BGB). Bei Verzug und bloßer Schlecht- oder Nichterfüllung des Verpflichtungsgeschäfts kann der Erblasser hingegen nicht vom Erbvertrag zurücktreten, jedoch nach §§ 2281, 2078 II BGB anfechten.[118] Der Rücktritt ist durch den Erblasser persönlich gegenüber dem Vertragspartner und in notarieller Form zu erklären (§ 2296 BGB). Nach dem Tod des Vertragsschließenden ist der Rücktritt nach § 2297 BGB auch durch Testament möglich.
- Der Erblasser kann die vertragsmäßig getroffenen Verfügungen anfechten nach §§ 2281 ff. BGB. Als Anfechtungsgründe kommen diejenigen aus §§ 2078, 2079 BGB in Betracht, insbesondere kann der Erblasser wegen eines Inhaltsirrtums anfechten, wenn er sich über die Bindungswirkung geirrt hat.[119] Ebenso berechtigt jeder Motivirrtum nach § 2281 iVm § 2078 II BGB zu Anfechtung. Die Anfechtungserklärung hat gegenüber dem Vertragspartner (§ 143 II BGB) zu erfolgen, muss notariell beurkundet werden nach § 2281 III BGB und ist nach § 2283 I BGB binnen Jahresfrist zu erklären. Die Frist beginnt nach § 2283 II BGB mit Wegfall der Drohung und in anderen Fällen mit der Kenntnis des Erblassers vom Anfechtungsgrund.

Klausurtipp: Es ist genau zu prüfen, was für eine Verfügung/Verpflichtung angefochten werden soll. Nicht erbrechtliche Verpflichtungen werden normal nach §§ 119 ff. BGB angefochten, einseitige nach §§ 2078 ff. BGB direkt und nur vertragsmäßige nach §§ 2281 ff. BGB.

Die Wirkungen von Anfechtung und Rücktritt können unterschiedlich sein. Erstreckt sich der Rücktritt nur auf eine von mehreren in einem Erbvertrag enthaltenen Verfügungen, bleiben die übrigen im Zweifel wirksam nach § 2279 iVm § 2085 BGB, sofern kein entgegenstehender Wille des Erblassers zu ermitteln ist. Tritt der Erblasser hingegen vom gesamten Erbvertrag zurück, werden im Zweifel nach § 2299 III BGB auch die dort getroffenen einseitigen Verfügungen des Erblassers unwirksam. Einen Sonderfall regelt § 2298 BGB für gegenseitige Erbverträge. Treffen beide Vertragsparteien als Erblasser vertragsmäßige Verfügungen, so hat die Nichtigkeit einer dieser Verfügungen die Unwirksamkeit des ganzen Vertrages zur Folge nach § 2298 I BGB. Dasselbe gilt nach § 2298 II BGB für den Fall der Ausübung eines vorbehaltenen Rücktrittsrechts, nicht aber bei einem gesetzlichen Rücktrittsrecht. In beiden Fällen handelt es sich um Auslegungsregeln, die den vermuteten Parteiwillen wiederspiegeln,[120] weshalb § 2298 III BGB ausdrücklich anordnet, dass dies nicht gilt, wenn ein anderer Wille der Vertragsschließenden anzunehmen ist. Wer sich auf den abweichenden Willen beruft, trägt die Darlegungs- und Beweislast.[121] § 2298 BGB gilt entsprechend für die Anfechtung durch den Erblasser. 89

117 BGHZ 26, 204 (208 f.) = NJW 1958, 498.
118 Palandt/*Weidlich* BGB § 2295 Rn. 4.
119 BayObLG BeckRS 1997, 4190 = FamRZ 1997, 1430 (1432).
120 BayObLG NJW-RR 1996, 7 (8).
121 BayObLG ZEV 1995, 413 ff.

III. Verfügungen des Erblassers zu Lebzeiten

90 Die Bindungswirkung der vertragsmäßigen Verfügungen ist eine rein erbrechtliche. Gemäß § 2286 BGB wird das Recht des Erblassers, über sein Vermögen durch Rechtsgeschäft unter Lebenden zu verfügen, durch den Erbvertrag nicht beschränkt. Der Vertragserbe ist also gegen lebzeitige Verfügungen des Erblassers grundsätzlich nicht geschützt, auch wenn diese verschwenderisch, unentgeltlich oder in böswilliger Absicht erfolgen. Die §§ 2287 f. BGB garantieren lediglich einen geringen Schutz für den Vertragserben.

1. § 2287 BGB

91 Der Vertragserbe kann nach § 2287 BGB nach dem Tod des Vertragserblassers einen Bereicherungsanspruch gegen denjenigen geltend machen, der vom Erblasser in der Absicht, den Vertragserben zu beeinträchtigen, beschenkt worden ist. Der Bereicherungsanspruch verjährt nach § 2287 II iVm § 195 BGB in drei Jahren ab dem Erbfall. Schenkungen in diesem Sinne sind auch die gemischte Schenkung und die verschleierte (Unentgeltlichkeit wird durch nicht gewollte Entgeltlichkeit getarnt) Schenkung[122] ebenso wie unbenannte ehebedingte Zuwendungen.[123]

92 Im Übrigen gelten die Ausführungen unter → § 1 Rn. 86.

93 Der Herausgabeanspruch entsteht mit dem Erbfall und richtet sich nach §§ 818–822 BGB. Bei Kenntnis oder Rechtshängigkeit greift die verschärfte Haftung nach § 819 BGB. Anspruchsgegner ist der Beschenkte, im Falle des § 822 BGB der Weiterbeschenkte.[124] Über § 242 BGB kann der Vertragserbe vom Beschenkten Auskunft über den Umfang der Schenkung verlangen, wenn er die Voraussetzungen für das Bestehen eines Anspruches aus § 2287 BGB schlüssig und in substantiierter Weise dargetan hat.[125] Zur reinen Ausforschung einer Schenkung steht ihm ein solcher Anspruch jedoch nicht zu.[126]

2. § 2288 BGB

94 Der vertragsmäßige Vermächtnisnehmer wird durch § 2288 BGB geschützt. Nach § 2288 I BGB tritt an die Stelle eines vom Erblasser in Beeinträchtigungsabsicht beseitigten Gegenstandes dessen Wert, sodass das Vertragsvermächtnis fortbesteht. Der Anspruch steht dem Vertragsvermächtnisnehmer nach § 2288 II 1 BGB gegen den Erben und nach § 2288 II 2 BGB nur bei schenkweiser Veräußerung durch den Erblasser gegen den Beschenkten zu, wenn er vom Erben weder den Gegenstand noch Ersatz erlangen kann. Auch hier fehlt es an einer Beeinträchtigungsabsicht des Erblassers, wenn ein lebzeitiges Eigeninteresse gegeben ist.

---

122 Palandt/*Weidlich* BGB § 2287 Rn. 4 mwN.
123 BGHZ 116, 167 ff. = NJW 1992, 564.
124 BGH NJW 2014, 782 ff.
125 BGHZ 97, 188 ff. = NJW 1986, 1755.
126 Palandt/*Weidlich* BGB § 2287 Rn. 14.

§ 2 Pflichtteils- und Pflichtteilsergänzungsansprüche

A. Problemstellung

Die nächste wiederkehrende Problemstellung in der Praxis und besonders in der Assessor- 1
klausur ist die Frage nach **Pflichtteils**- und **Pflichtteilsergänzungsansprüchen** sowie deren prozessualer Umsetzung. In der Klausur wird häufig ein Mandant beim Anwalt vorstellig und berichtet ihm über den Tod eines nahen Angehörigen, in der Regel ein Elternteil oder der Ehegatte, und die eigene Enterbung durch letztwillige Verfügung. In dieser Situation soll der Anwalt alles tun, um dem Mandanten einen so großen Anteil am Nachlass wie irgend möglich zu sichern. Es gilt daher neben der Wirksamkeit der letztwilligen Verfügung (→ § 1 Rn. 17 ff.) gesetzliche Ansprüche des enterbten Angehörigen zu prüfen, die Erfolgsaussichten einer entsprechenden Klage zu beurteilen und einen Vorschlag für die prozessuale Umsetzung des Begehrens zu unterbreiten. Von besonderer Bedeutung sind einmal mehr Ausführungen zu Darlegungs- und Beweislastverteilungen sowie Prognosen zu den wahrscheinlich erforderlichen Beweiserhebungen.

Pflichtteils- und Pflichtteilsergänzungsansprüche sind rein schuldrechtliche Ansprüche gegen 2
den oder die Erben. Eine Erbenstellung ist damit nicht verbunden; auch kein Anspruch auf bestimmte Nachlassgegenstände. Es sind reine Zahlungsansprüche.

Der Pflichtteilsanspruch entsteht nach § 2317 I BGB mit dem Erbfall und ist nach § 2317 II BGB 3
übertragbar und vererblich.

B. Pflichtteilsberechtigung

Pflichtteilsberechtigt sind nach § 2303 I und II BGB lediglich die Abkömmlinge, der Ehegatte 4
und die Eltern des Erblassers sowie nach § 10 VI LPartG der Lebenspartner, wenn sie infolge einer Verfügung von Todes wegen von der Erbfolge ausgeschlossen sind. Pflichtteilsberechtigt kann von diesen Personen nur sein, wer zur gesetzlichen Erbfolge berufen wäre. Nach § 2309 BGB werden die Eltern des Erblassers und entferntere Abkömmlinge durch nähere Abkömmlinge verdrängt, wenn dieser selbst einen Pflichtteil verlangen könnte oder das ihm Zugewandte annimmt. Nach § 2304 BGB gilt die Zuwendung des Pflichtteils im Zweifel als Enterbung. Nicht pflichtteilsberechtigt ist hingegen, wer die Erbschaft (nicht ein Vermächtnis § 2307 BGB) ausgeschlagen hat (Ausnahme: § 1371 III und § 2306 I BGB), wer erb- oder pflichtteilsunwürdig ist (§§ 2344, 2345 II BGB), wer auf die Erbenstellung bzw. die Pflichtteilsberechtigung verzichtet hat (§ 2346 BGB) oder wem der Erblasser den Pflichtteil wirksam entzogen hat (§§ 2333 ff. BGB).

C. Pflichtteilsberechnung

Die Höhe des Pflichtteilsanspruches als Zahlungsanspruch ergibt sich aus der **Pflichtteilsquote** 5
und dem **Wert des Nachlasses**.

I. Pflichtteilsquote

Nach § 2303 I 2 BGB besteht der Pflichtteil in der Hälfte des Wertes des gesetzlichen Erb- 6
rechts. Es ist daher nach §§ 1924 ff. BGB der gesetzliche Erbteil des Pflichtteilsberechtigten zu bestimmen und dieser zu halbieren. Von Bedeutung ist dabei nach § 2310 S. 1 BGB, dass bei der Erbteilsberechnung auch diejenigen mitgezählt werden, die ebenfalls enterbt wurden, die Erbschaft ausgeschlagen haben oder für erbunwürdig erklärt wurden.

Klausurtipp: Natürlich werden all diejenigen, die vom Erblasser als Erben eingesetzt worden sind (andere Geschwister etc) bei der Berechnung des gesetzlichen Erbteils berücksichtigt. § 2310 S. 1 BGB regelt nur, dass auch diejenigen eingerechnet werden, die wegen persönlicher Ausschließungsgründe nicht Erbe werden (können).
In der Klausur einfach hypothetisch davon ausgehen, dass kein Testament vorliegt und die gesetzlichen Erbteile nach §§ 1924 ff. BGB berechnen und halbieren. Sollte kein Hexenwerk sein!

7 Bei der Berechnung des gesetzlichen Erbteils sind die güterstandrechtlichen Besonderheiten aus § 1931 BGB zu berücksichtigen, die sowohl Einfluss auf die Erbquote des Ehegatten als auch des Abkömmlings haben (→ § 2 Rn. 37).

II. Berechnung des anzusetzenden Nachlasswertes

1. Nachlasswert § 2311 BGB

8 Der anzusetzende Wert des Nachlasses berechnet sich nach §§ 2311–2313 BGB. Der Nachlasswert ist der Verkehrswert des Nachlasses zum Zeitpunkt des Erbfalls. Es werden alle Aktiva kumuliert und die Passiva abgezogen. Zu den Aktiva gehören der Wert der Nachlasssachen, Surrogate, dauernde Nutzungsrechte, die zu kapitalisieren sind und Forderungen des Erblassers gegen Dritte. Zu den Passiva gehören die zu Lebzeiten des Erblassers begründeten Verbindlichkeiten und alle Verbindlichkeiten, die aus Anlass des Erbfalls entstehen (Beerdigungskosten etc).[1] Nicht zu den berücksichtigungsfähigen Passiva zählen Vermächtnisse, Auflagen und natürlich Pflichtteilsansprüche.[2]

Klausurtipp: In der Klausur ist der Nachlasswert entweder unstreitig oder die Zahlen sind so einfach, dass jeder Grundschüler den Wert ermitteln kann. Hier werden Rechtsprobleme abgeprüft, die dann dazu führen, dass ein Gegenstand zum Nachlasswert hinzugerechnet wird oder nicht. Rechenkünste sind mit Sicherheit nicht gefragt!

9 Grundsätzlich ist für jeden Nachlassgegenstand der Verkehrswert zu ermitteln. Eine bestimmte Methode ist dafür nicht vorgeschrieben.[3] Werden Nachlassgegenstände nach dem Erbfall veräußert, orientiert sich ihr Wert, sofern nicht außergewöhnliche Umstände vorliegen, am Verkaufspreis.[4] Ansonsten sind die Gegenstände sachverständig zu bewerten. Ist dies nicht möglich, ist nach § 2311 II 1 BGB zu schätzen. Eine Wertbestimmung durch den Erblasser ist nicht maßgebend nach § 2311 II 2 BGB.

Klausurtipp: Bei der Kapitalisierung von Nutzungsrechten oder Leibrenten wird der Wert dieser Rechte unter Berücksichtigung der statistischen Restlebenserwartung des Berechtigten und Abzinsung dieses Wertes auf den jeweiligen Stichtag berechnet. Aber keine Panik! In der Klausur wird diese Berechnung, insbesondere die Abzinsung, nicht verlangt werden. Die erforderlichen Werte werden im Sachverhalt gegeben und müssen dann nur rechtlich eingeordnet werden.

2. Anrechnung § 2315 BGB

10 Nach § 2315 BGB muss sich der Pflichtteilsberechtigte dasjenige auf seinen Pflichtteilsanspruch anrechnen lassen, was ihm der Erblasser zu Lebzeiten zugewendet hat. Voraussetzung ist, dass der Erblasser die **Anrechnungspflicht** bei oder vor der Zuwendung angeordnet hat. Es handelt sich um eine nicht formbedürftige empfangsbedürftige Erklärung, die ausnahmsweise auch konkludent erfolgen kann. Bei unklarer Formulierung durch den Erblasser entscheidet die Auslegung anhand aller Umstände. Nachträglich kann der Erblasser die Anrechnungspflicht nicht mehr einseitig anordnen. Bei Einwilligung des Zuwendungsempfängers kann eine nachträgliche Anrechnungsvereinbarung als formbedürftiger, teilweiser Pflichtteilsverzicht erfolgen.[5] Andernfalls findet eine Anrechnung nicht statt.

11 Die Berechnungsmethode regelt § 2315 II BGB. Bei einer Anrechnung ist der Pflichtteil für jeden Berechtigten einzeln zu berechnen. Zum Nachlasswert ist jeweils der Wert der anzurechnenden Zuwendung zum Zeitpunkt der Zuwendung hinzuzusetzen. Der Erblasser kann einen anderen Bewertungsstichtag bestimmen oder einen niedrigeren Wert zur Anrechnung ansetzen. Ein höherer Wert ist nur im Wege des teilweisen Pflichtteilsverzichts möglich.[6] Aus dieser Summe ist der Pflichtteil zu berechnen und von diesem wiederum der Wert der Zuwendung abzuziehen. Die Differenz stellt den Pflichtteil dar.

1 Vgl. die Beispiele bei Palandt/*Weidlich* BGB § 2311 Rn. 2 f.
2 *Brox/Walker* ErbR § 32 Rn. 8.
3 BGH NJW 1972, 1269.
4 BGH NJW 2011, 1004.
5 BGH WM 2010, 1082 (1084).
6 Palandt/*Weidlich* BGB § 2315 Rn. 9.

Fall zur Anrechnung:

Erblasser E hat zwei Söhne A und B. Er setzt seinen Skatkumpel F zum Alleinerben ein. Vor seinem Tod hat er dem A 40.000 EUR und dem B 20.000 EUR geschenkt und die Anrechnung auf den Pflichtteil angeordnet. Der Wert des Nachlasses beträgt 200.000 EUR.

Lösung:

Beide Söhne sind zu ¼ pflichtteilsberechtigt. Ohne die Anrechnung beträgt ihr Pflichtteil jeweils 50.000 EUR.

Berechnung für A: 200.000 EUR Nachlass + 40.000 EUR Zuwendung = 240.000 EUR; hiervon der Pflichtteil von ¼ = 60.000 EUR – Zuwendung 40.000 EUR = 20.000 EUR Pflichtteil.

Berechnung für B: 200.000 EUR Nachlass + 20.000 EUR Zuwendung = 220.000 EUR; hiervon der Pflichtteil von ¼ = 55.000 EUR – Zuwendung 20.000 EUR = 35.000 EUR Pflichtteil.

3. Ausgleichungspflicht § 2316 BGB

§ 2316 BGB regelt die **Ausgleichungspflicht** unter Abkömmlingen. Voraussetzung ist, dass mehrere Abkömmlinge des Erblassers vorhanden sind und dass unter ihnen im Falle der gesetzlichen Erbfolge nach §§ 2050 ff. BGB eine Ausgleichung zu erfolgen hätte. Für die Frage des »Vorhandenseins« anderer Abkömmlinge gilt erneut § 2310 BGB.[7] Zur Berechnung ist zunächst der gesetzliche Erbteil unter Berücksichtigung der Ausgleichspflicht festzustellen. Die Hälfte davon ist dann der Pflichtteil. 12

Nach § 2316 III BGB kann der Erblasser eine Ausgleichungspflicht nicht zum Nachteil des Pflichtteilsberechtigten ausschließen oder den auszugleichenden Wert der Zuwendung reduzieren. Bei einem Zusammentreffen von Anrechnungs- und Ausgleichungspflicht regelt § 2316 IV BGB, dass zunächst der Pflichtteil nach § 2316 I BGB berechnet und dann die Zuwendung zur Hälfte davon abzuziehen ist. 13

Fall zur Ausgleichung nach § 2050 BGB:

Erblasser E hat drei Kinder, Söhne A und B und Tochter C. Allen Kindern finanzierte der Erblasser ein Studium. Dem Sohn A hatte er zur Einrichtung einer Arztpraxis 40.000 EUR und dem Sohn B die Einrichtung seiner ersten Wohnung für 30.000 EUR zugewandt. Die Tochter C bekam keine außergewöhnlichen Zuwendungen. Der Erblasser hat seinen Freund F zum Alleinerben eingesetzt. Der Nachlass betragt 200.000 EUR.

Lösung:

Alle drei Kinder sind Abkömmlinge des Erblassers und damit pflichtteilsberechtigt nach § 2303 I BGB. Ihr gesetzliches Erbrecht wäre jeweils ⅓ nach § 1924 IV BGB, ihr Pflichtteil damit ⅙. Da die Zuwendungen nach § 2050 BGB ausgleichungspflichtig wären, berechnet sich der Pflichtteil aller drei Kinder nach § 2316 I BGB.
Ausgangspunkt der Berechnung ist der Nachlasswert in Höhe von 200.000 EUR. Hierzu ist nach § 2055 I 2 BGB der Wert (zum Zeitpunkt der Zuwendung, § 2055 II BGB) aller ausgleichungspflichtigen Zuwendung hinzuzuaddieren. Daher sind zum Nachlasswert noch die 40.000 EUR und 30.000 EUR hinzuzuaddieren. Die Studiumskosten sind hingegen nach § 2050 II BGB nicht ausgleichungspflichtig. Es ist daher von einem Nachlasswert von 270.000 EUR auszugehen. Dieser Betrag ist nun nach gesetzlichen Erbteilen auf die Abkömmlinge aufzuteilen. Hiervon ist dann die Zuwendung abzuziehen und das Ergebnis dividiert durch zwei ist der Pflichtteil.

Berechnung für A: Nachlasswert fiktiv 270.000 EUR / 3 = 90.000 EUR hiervon die Zuwendung in Höhe von 40.000 EUR abziehen = 50.000 EUR / 2 = 25.000 EUR Pflichtteil.

Berechnung für B: Nachlasswert fiktiv 270.000 EUR / 3 = 90.000 EUR hiervon die Zuwendung in Höhe von 30.000 EUR abziehen = 60.000 EUR / 2 = 30.000 EUR Pflichtteil.

Berechnung für C: Nachlasswert fiktiv 270.000 EUR / 3 = 90.000 EUR / 2 = 45.000 EUR Pflichtteil.

7 Palandt/*Weidlich* BGB § 2316 Rn. 1.

Abwandlung: Erblasser E hinterlässt außer den drei Kindern auch noch seine Ehefrau (gesetzlicher Güterstand), die er als Alleinerbin einsetzt. Der Nachlass ist diesmal 220.000 EUR wert.

Lösung:

Der Ehegatte des Erblassers nimmt am Ausgleich nie teil. Dieser erfolgt nur unter den Abkömmlingen (§ 2055 I 2 BGB). Vor der Ausgleichung ist daher der gesetzliche Erbteil der Ehefrau in Höhe von ½ (§§ 1931, 1371 I BGB) vom Nachlass abzuziehen.

Berechnung für A: Nachlasswert 220.000 EUR – gesetzlicher Erbteil der Ehefrau in Höhe von 110.000 EUR + ausgleichungspflichte Zuwendungen = 180.000 EUR / 3 = 60.000 EUR hiervon die Zuwendung in Höhe von 40.000 EUR abziehen = 20.000 EUR / 2 = 10.000 EUR Pflichtteil.

Berechnung für B: Nachlasswert 220.000 EUR – gesetzlicher Erbteil der Ehefrau in Höhe von 110.000 EUR + ausgleichungspflichte Zuwendungen = 180.000 EUR / 3 = 60.000 EUR hiervon die Zuwendung in Höhe von 30.000 EUR abziehen = 30.000 EUR / 2 = 15.000 EUR Pflichtteil.

Berechnung für C: Nachlasswert 220.000 EUR – gesetzlicher Erbteil der Ehefrau in Höhe von 110.000 EUR + ausgleichungspflichte Zuwendungen = 180.000 EUR / 3 = 60.000 EUR / 2 = 30.000 EUR Pflichtteil.

Fall zur Ausgleichung nach § 2057a BGB (unmittelbare Anwendung):

Der Nachlasswert beträgt 200.000 EUR. Die **Erben** des E sind seine Witwe W zu ½ und seine Kinder A, B und C zu je ⅙. B steht ein Ausgleichsbetrag in Höhe von 10.000 EUR nach § 2057a III BGB zu (vgl. zu Bemessung der Höhe des Ausgleichungsbetrages OLG Schleswig NJW-RR 2013. 205 f.).

Lösung:

Die Ausgleichung findet nach § 2057a IV BGB nur unter den ausgleichungspflichtigen Miterben statt, also nur unter den Abkömmlingen. Der Erbteil der W wird nicht berührt. Vom Nachlasswert sind daher zunächst die der W zustehenden 100.000 EUR abzuziehen.
Von den verbleibenden 100.000 EUR wird nun der Ausgleichungsbetrag zugunsten des B abgezogen, es verbleiben 90.000 EUR, die zu gleichen Teilen unter den Abkömmlingen aufgeteilt werden. W erhält somit 100.000 EUR, A und C jeweils 30.000 EUR und B 40.000 EUR.

D. Pflichtteilsanspruch nach §§ 2305–2307 BGB

14 Da ein Pflichtteilsanspruch nur besteht, wenn der Berechtigte enterbt wurde, könnte der Erblasser dieses Recht aushöhlen, indem er ihn zu einem sehr geringen Teil als Erben einsetzt oder seinen Erbteil besonders beschwert, sodass er nahezu von der Teilhabe am Nachlass ausgeschlossen wird. Hiervor schützen die §§ 2305–2307 BGB.

I. Pflichtteilsrestanspruch nach § 2305 BGB

15 § 2305 BGB regelt den Fall, dass der Pflichtteilsberechtigte zwar zum Erben eingesetzt wurde, jedoch der ihm zugedachte Erbteil hinter dem Pflichtteil zurückbleibt. In diesem Fall kann der Pflichtteilsberechtigte von den Miterben die Differenz zwischen seinem Miterbteil und seinem rechnerischen Pflichtteil verlangen. Zu beachten ist dabei § 2319 BGB. Jedem Miterben muss zumindest sein eigener Pflichtteil verbleiben.

16 Ob die Voraussetzungen des § 2306 BGB vorliegen, wird in der Regel durch Vergleich der beiden Quoten (Pflichtteilsquote und gewillkürte Erbquote) ermittelt.[8] Ein dem Erben zusätzlich zugewandtes und angenommenes Vermächtnis ist dem Erbteil hinzuzurechnen.[9] Ausnahmsweise ist ein wertmäßiger Vergleich durchzuführen, wenn bei der Berechnung des Pflichtteils Anrechnungs- und Ausgleichungspflichten nach §§ 2315, 2316 BGB zu berücksichtigen sind. Maßgeblich ist dann der konkrete Pflichtteilsanspruch unter Berücksichtigung

8 BGH NJW 1983, 828.
9 BGHZ 80, 263 (265) = NJW 1981, 1837.

der Vorempfänge in Relation zum Wert des hinterlassenen Erbteils, wobei Beschränkungen und Beschwerungen nach § 2306 BGB außer Betracht bleiben.[10]

Fall zum Pflichtteilsrestanspruch nach § 2305 BGB:
Der Erblasser E hat seine drei Kinder A, B und C zu Erben berufen. Den A zu 5/6, B und C jeweils zu 1/12.

Lösung:

B und C stünde ein Pflichtteil in Höhe von 1/6 zu. Nach § 2305 BGB können sie die Differenz zwischen 1/12 und 1/6 von einem Miterben verlangen. B und C können daher jeder ein weiteres Zwölftel verlangen, jedoch nur von A, da einer Inanspruchnahme von B und C § 2319 BGB entgegensteht. A hingegen verbleiben auch nach der Inanspruchnahme noch 4/6 oder 2/3 des Nachlasses.

II. Wegfall von Beschränkungen und Beschwerungen § 2306 BGB

§ 2306 BGB regelt den Fall, dass der pflichtteilsberechtigte Erbe qua letztwilliger Verfügungen mit **Beschränkungen** und **Beschwerungen** belastet worden ist. Von besonderer Bedeutung ist insoweit die Anordnung der Testamentsvollstreckung in Form der Dauervollstreckung oder die Einsetzung eines Nacherbens bzw. die Einsetzung des Pflichtteilsberechtigten als Nacherbe (zB nach dem gerade geborenen Erben). Würde der Pflichtteilsberechtigte nun die Erbschaft einfach ausschlagen, stünde ihm kein Pflichtteil zu, da er nicht durch Verfügung von Todes wegen von der Erbfolge ausgeschlossen wäre. § 2306 BGB eröffnet ihm nun die Wahl: Entweder er nimmt die zugewandte Erbschaft mit allen Beschränkungen und Beschwerungen an oder er schlägt die Erbschaft ganz aus und beansprucht seinen ungekürzten Pflichtteil. § 2306 II Hs. 2 BGB enthält insoweit eine spezielle Regelung zum Beginn der Ausschlagungsfrist des § 1944 BGB. 17

III. Pflichtteil bei Zuwendung eines Vermächtnisses § 2307 BGB

Wird einem Pflichtteilsberechtigten ein Vermächtnis zugewandt, hat er nach § 2307 BGB ein Wahlrecht: Entweder er kann es ausschlagen und den ganzen Pflichtteil beanspruchen oder er lässt sich den Wert des Vermächtnisses auf seinen Pflichtteil anrechnen. 18

E. Pflichtteilsergänzungsanspruch

Um zu verhindern, dass der Erblasser zu Lebzeiten sein Vermögen unentgeltlich überträgt und so den Pflichtteilsanspruch vereitelt, steht dem Berechtigten in diesem Fall ein **Pflichtteilsergänzungsanspruch** nach § 2325 I BGB zu. 19

Klausurtipp: Dieser Anspruch kann von zentraler Bedeutung sein, insbesondere bei Geschenken an Ehegatten, da in diesen Fällen die Frist des § 2325 III BGB nach § 2325 III 3 BGB erst mit der Auflösung der Ehe und damit häufig mit dem Tod des Erblassers zu laufen beginnt und daher zB die enterbten Kinder aus erster Ehe einen hohen Anspruch gegen die (schlecht gelittene) zweite Ehefrau des Erblassers haben können. In der Klausur muss dann zunächst sauber der Anspruch ermittelt und eine prozessuale Umsetzung ausgearbeitet werden, in der Regel mittels Stufenklage (→ § 2 Rn. 43).

I. Voraussetzungen eines Pflichtteilsergänzungsanspruchs

Voraussetzung eines Pflichtteilsergänzungsanspruchs nach § 2325 I BGB ist, dass der Erblasser innerhalb der letzten zehn Jahre vor dem Erbfall (Ausnahme: § 2325 III 3 BGB) einem anderen eine Schenkung gemacht hat, die keiner sittlichen Pflicht oder Rücksichtnahme auf den Anstand entspricht (§ 2330 BGB). 20

Gläubiger eines Pflichtteilsergänzungsanspruches kann jeder sein, der zum Zeitpunkt des Erbfalls pflichtteilsberechtigt ist. Es ist nicht erforderlich, dass er bereits bei Vornahme der Schenkung pflichtteilsberechtigt war.[11] Der BGH ist von der Theorie der Doppelberechtigung abgerückt. 21

10 OLG Zweibrücken ZEV 2007, 97 (98).
11 BGH NJW 2012, 2730 (2731).

1. Schenkung

22 Der Begriff der Schenkung in § 2325 I BGB entspricht demjenigen aus § 516 BGB, also einer objektiven Bereicherung des Empfängers aus dem Vermögen des Erblassers und die subjektive Einigung über deren Unentgeltlichkeit. Auf die Höhe der Schenkung oder das Vorliegen einer Benachteiligungsabsicht kommt es nicht an. Hierzu zählen auch gemischte und verschleierte Schenkungen.

23 Entspricht der Wert der Leistung dem der Gegenleistung nur zum Teil, kann eine gemischte Schenkung vorliegen, die im Rahmen des § 2325 BGB mit dem unentgeltlichen Teil heranzuziehen ist. Maßgeblich für die Gleichwertigkeit der Leistungen ist nicht der objektive Wert, sondern wegen der Privatautonomie die subjektive Bewertung der Vertragsparteien.[12] Diese Bewertungen, insbesondere von Versorgungs- und Pflegeleistungen, die als Gegenleistung für die Übertragung von Vermögensgegenständen vereinbart werden, sind grundsätzlich bindend und vom Pflichtteilsberechtigten hinzunehmen.

24 Dem Pflichtteilsberechtigten obliegt der Nachweis einer Einigung über die teilweise Unentgeltlichkeit. Beweisschwierigkeiten wird aber Rechnung getragen, indem der Anspruchsgegner die Tatsachen für seine Gegenleistung und die seinerzeit für die Bewertung der Leistungen maßgeblichen Vorstellungen substantiiert vorzutragen hat.[13] Bei einem auffallenden, groben Missverhältnis zwischen Leistung und Gegenleistung greift allerdings eine tatsächliche Vermutung für die Einigung der Vertragsparteien über eine teilweise Unentgeltlichkeit ein.[14] Die Parteien können auch noch nachträglich eine Gegenleistung vereinbaren oder diese erhöhen, ohne dass das Geschenk zuvor zurückübertagen werden muss.[15]

Klausurtipp: Hier ist häufig die Bewertung von Pflege- und Versorgungsleistungen von Bedeutung, die der Vertragspartner dem Erblasser als Gegenleistung verspricht. Grundsätzlich bestimmt sich deren Wert anhand einer Kapitalisierung der Dienste in Bezug zur statistischen Restlebenserwartung des Erblassers. Aber auch hier ist zu beachten, dass der Erblasser diesen Leistungen einen subjektiv höheren Wert zubilligen kann, was der Pflichtteilsberechtigte grundsätzlich hinnehmen muss.

25 Die sog. unbenannten oder ehebedingten Zuwendungen unter Ehegatten werden im Rahmen des § 2325 BGB bereits bei objektiver Unentgeltlichkeit als Schenkungen behandelt, unabhängig davon, ob die Ehegatten eine Unentgeltlichkeit anstreben oder nicht.[16]

26 Umstritten ist, was der Erblasser dem Empfänger zuwendet, wenn er ihn schenkweise als Bezugsberechtigten einer Kapital-**Lebensversicherung** einsetzt. In diesem Fall wird die Versicherungssumme nicht Teil des Nachlasses, sondern fließt dem Beschenkten direkt (§ 331 BGB) zu.[17] Ursprünglich ging der BGH davon aus, dass ihm die bis zum Tode bezahlten Beiträge zugewandt wurden. Mittlerweile sieht der BGH den Rückkaufswert zum Zeitpunkt des Erbfalls als geschenktes Etwas an, denn nur diesen Wert konnte der Erblasser zu Lebzeiten realisieren, weshalb nur dieser Betrag aus seinem Vermögen abgeflossen ist.[18] Teile der Literatur wiederum plädieren für die Versicherungssumme selbst.[19]

2. Zehnjahreszeitraum

27 § 2325 III BGB sieht eine gleitende **Ausschlussfrist** vor, weshalb eine Schenkung graduell immer weniger berücksichtigt wird, je länger sie zurückliegt. Die Frist beginnt mit dem endgültigen Eintritt des Leistungserfolgs. Erforderlich ist eine Vollziehungshandlung, durch die das Geschenk nicht nur rechtlich (Eigentümerstellung) sondern auch wirtschaftlich (Nutzungsbefugnis) aus dem Vermögen des Erblassers ausgegliedert wird.

12 BGH NJW 1995, 1349 (1350).
13 BGH NJW-RR 1996, 705 (706).
14 BGH NJW-RR 2007, 803 (804).
15 BGH NJW-RR 2007, 803 (804).
16 BGH NJW 1992, 564 (565).
17 BGHZ 130, 377 ff. = NJW 1995, 3113.
18 BGHZ 185, 252 ff. = BeckRS 2010, 12347.
19 *Brox/Walker* ErbR § 32 Rn. 21.

Bei der Übertragung eines Grundstücks genügt die Eintragung des Beschenkten im Grundbuch daher nicht, wenn sich der Erblasser ein dingliches Nutzungsrecht vorbehalten hat. In diesem Fall beginnt die Frist erst mit Wegfall dieses Nutzungsrechts zu laufen.[20] Eine rein tatsächliche Weiternutzung des Geschenks ohne entsprechendes Recht genügt aber nicht, um den Fristbeginn hinauszuzögern.[21] 28

Zu beachten ist die Sonderregel für Geschenke an Ehegatten nach § 2325 III 2 BGB. Danach beginnt die Zehnjahresfrist erst mit der Auflösung der Ehe zu laufen. Wird also die Ehe mit dem Tod aufgelöst, sind alle Geschenke, die nicht unter § 2330 BGB fallen, ergänzungspflichtig. Geschenke, die der Erblasser seinem späteren Ehegatten vor Eheschließung gemacht hat, fallen aber nicht unter diese Sonderregelung.[22] 29

Aus § 2325 III BGB folgt, dass Schenkungen innerhalb des ersten Jahres vor dem Erbfall berücksichtigt werden, im zweiten Jahr vor dem Erbfall noch zu 9/10 und so weiter. 30

II. Berechnung des Pflichtteilsergänzungsanspruchs

Bevor der Pflichtteilsergänzungsanspruch berechnet werden kann, muss der verschenkte Gegenstand bewertet werden. Nach § 2325 II BGB gilt hierfür das Niederstwertprinzip. Grundsätzlich kommt der Wert zum Zeitpunkt des Erbfalls in Ansatz, außer der Wert war bei Vollzug der Schenkung geringer, dann gilt dieser. Dies hat besondere Bedeutung bei der Zuwendung von Grundstücken, da diese innerhalb von zehn Jahren erheblich an Wert gewinnen oder verlieren können. 31

Besonders relevant ist die ständig im Bereich der vorweggenommenen Erbfolge gewählte Gestaltung der schenkweisen Übertragung eines Grundstückes unter Vorbehalt eines **lebenslangen Nutzungsvorbehaltes** (zB Nießbrauch) zugunsten des Erblassers.[23] In dieser Konstellation wird zunächst der Wert des Grundstücks ohne Berücksichtigung der dinglichen Belastung zum Zeitpunkt des Schenkungsvollzuges (Eintragung ins Grundbuch) und dem Erbfall ermittelt. Maßgeblich ist der niedrigere Wert nach § 2325 II 2 BGB. Ist der Wert zum Zeitpunkt des Schenkungsvollzuges einschlägig, wird von diesem noch der kapitalisierte Wert des Nutzungsrechts in Abzug gebracht und nur der verbleibende Rest ist pflichtteilsergänzungsfähig. Ist wiederum der Wert zum Zeitpunkt des Erbfalls niedriger, bleibt das vorbehaltene Nutzungsrecht gänzlich außer Betracht, da es ja zu diesem Zeitpunkt erloschen und damit nicht mehr wertmindernd ist.[24] 32

Die reine Berechnung des Pflichtteilsergänzungsanspruches ist dann recht simpel. Der Wert der ergänzungspflichtigen Schenkungen wird zum Nachlasswert hinzugerechnet, und aus dem Ergebnis wird dann der Pflichtteil nach der zuvor bestimmten Quote ermittelt. Noch einfacher ist es, vom Wert der ergänzungspflichtigen Schenkungen selbst unter Anwendung der bestimmten Pflichtteilsquote den Anspruch zu errechnen. 33

Fall zur Berechnung des Pflichtteilsergänzungsanspruch:

Nachlass beträgt 16.000 EUR, ergänzungspflichtige Schenkungen 4.000 EUR, Pflichtteil des Sohnes A = ¼

Lösung:

Nachlass 16.000 EUR + Schenkungen 4.000 EUR = 20.000 EUR / 4 = 5.000 EUR – Pflichtteil ohne Schenkungen 4.000 EUR = 1.000 EUR Pflichtteilsergänzungsanspruch

Oder einfach: Wert der Schenkung 4.000 EUR / 4 = 1.000 EUR

20 BGH NJW 1994, 1791 (1792).
21 Palandt/*Weidlich* BGB § 2325 Rn. 26.
22 OLG Düsseldorf NJW 1996, 3156.
23 Vgl. zu den Auswirkungen eines nachträglichen Verzichts des Erblassers auf dieses vorbehaltene Nutzungsrecht: *Blum/Melwitz* ZEV 2010, 77 ff.
24 BGH NJW-RR 2006, 877 (878).

III. Pflichtteilsergänzungsanspruch des Erben §§ 2326, 2327 BGB

34 Nach § 2326 BGB kann auch der Pflichtteilsberechtigte, der gesetzlicher oder gewillkürter Erbe geworden ist, einen Pflichtteilsergänzungsanspruch geltend machen. Das gilt auch dann, wenn er mehr als den Pflichtteil hinterlassen bekommen hat und deshalb weder enterbt wurde noch einen Pflichtteilsrestanspruch nach § 2305 BGB beanspruchen kann. Wurde ihm jedoch mehr als sein Pflichtteil hinterlassen, muss er sich den überschießenden Teil auf seinen Ergänzungsanspruch anrechnen lassen. Der Anspruch des Erben nach § 2326 BGB richtet sich also danach, wie weit der Wert des ihm hinterlassenen Erbteils hinter seinem Gesamtpflichtteil (ordentlicher Pflichtteil, Rest- und Ergänzungspflichtteil) zurückbleibt.[25]

Fall zum Pflichtteilsergänzungsanspruch des Erben §§ 2326, 2327 BGB:

Erblasser hat Sohn A, der gesetzlicher Alleinerbe wäre, nur zu ⅔ als Erben eingesetzt. Der Nachlass beträgt 30.000 EUR, es sind ergänzungspflichtige Schenkungen von 60.000 EUR zu berücksichtigen.

Lösung:

Der Ergänzungspflichtteil des A wäre 30.000 EUR, sein ordentlicher Pflichtteil 15.000 EUR, insgesamt also 45.000 EUR. Würde er nun den ganzen Pflichtteilsergänzungsanspruch in Höhe von 30.000 EUR beanspruchen können, hätte er mit seinem Erbteil von 20.000 EUR aber insgesamt 50.000 EUR erhalten. Deshalb wird der Ergänzungsanspruch nach § 2326 S. 2 BGB um 5.000 EUR gekürzt.

Nach § 2327 BGB muss sich der Pflichtteilsberechtigte ein selbst vom Erblasser erhaltenes Geschenk auf seinen Pflichtteilsergänzungsanspruch nach § 2325 BGB anrechnen lassen. Das Geschenk wird im Rahmen der Berechnung des Pflichtteilsergänzungsanspruches einbezogen und dann in voller Höhe vom Anspruch des Beschenkten abgezogen. Nur wenn dann noch ein Rest verbleibt, hat der Beschenkte selbst einen Anspruch. Übersteigt der Wert des Geschenks seinen Pflichtteilsergänzungsanspruch, darf er den Überschuss behalten, außer er wird über §§ 2329, 2328 BGB selbst in Anspruch genommen.

Fall zu § 2327 BGB:

A ist pflichtteilsberechtigt. Der Nachlass beträgt 10.000 EUR, die anderen ergänzungspflichtigen Schenkungen 5.000 EUR. A hat selbst ein ergänzungspflichtiges Geschenk in Höhe von 4.000 EUR erhalten.

Der Pflichtteilsergänzungsanspruch beläuft sich auf 5.000 EUR + 4.000 EUR = 9.000 EUR / 2 = 4.500 EUR. Hiervon wir das eigene Geschenk in Höhe von 4.000 EUR abgezogen, sodass noch ein Pflichtteilsergänzungsanspruch von 500 EUR verbleibt.

IV. Schuldner des Pflichtteilsergänzungsanspruchs §§ 2328, 2329 BGB

35 Schuldner des Pflichtteilsergänzungsanspruches sind grundsätzlich die Erben. Da aber auch diese abstrakt pflichtteilsberechtigt sein können und es deshalb unbillig wäre, wenn sie die Ergänzungsansprüche auch erfüllen müssten, obwohl ihnen selbst nicht einmal mehr der ungeschmälerte Pflichtteil verbliebe, bestimmt § 2328 BGB, dass der Erbe in diesem Fall die Erfüllung des Pflichtteilsergänzungsanspruches soweit verweigern kann, wie sein eigener Gesamtpflichtteil beeinträchtigt wäre.

36 Kann der Erbe die Erfüllung des Pflichtteilsergänzungsanspruches nach § 2328 BGB verweigern oder reicht der Nachlass zur Befriedigung der Ansprüche nicht aus, haftet subsidiär der Beschenkte nach § 2329 BGB auf Herausgabe des Geschenks. Das Geschenk ist nach Bereicherungsrecht herauszugeben, der Beschenkte kann die Herausgabe nach § 2329 II BGB durch Zahlung des fehlenden Betrages abwenden. Nach § 2329 III BGB haftet unter mehreren Beschenkten der später Beschenkte vor dem früher Beschenkten. Den Pflichtteilsberech-

25 BGH BeckRS 1988, 31076592 = FamRZ 1989, 273 f.

tigten trifft die Darlegungs- und Beweislast hinsichtlich der Anspruchsvoraussetzungen, er muss demnach den Nachlassbestand sowie die Schenkung nachweisen.[26]

F. Berechnung des Pflichtteils bei Zugewinngemeinschaft

37 Wie allgemein bekannt, erhöht sich der gesetzliche Erbteil des Ehegatten im Güterstand der Zugewinngemeinschaft nach § 1371 I BGB um ¼ auf ½. Nach § 1371 III BGB kann der überlebende Ehegatte aber auch ausschlagen und neben seinem (kleinen) Pflichtteil den vollen Zugewinnausgleich verlangen.

38 Im Pflichtteilsrecht hat diese Regelung mehrere Auswirkungen:

- Bei der Berechnung des Pflichtteils eines Abkömmlings des Erblassers wird immer fiktiv der um ¼ erhöhte gesetzliche Erbteil des Ehegatten berücksichtigt, wenn der Ehegatte testamentarischer oder gesetzlicher Erbe geworden ist[27]. Dem einzigen Kind des Erblassers steht somit gegen die überlebende Ehefrau als Alleinerbin lediglich ein Pflichtteilsanspruch in Höhe von ¼ zu und nicht von ⅜. Anders ist dies nur, wenn der Ehegatte ebenfalls nicht Erbe geworden ist und ihm auch kein Vermächtnis zusteht. Dann ist nach § 1371 II Hs. 2 BGB nur der nicht erhöhte Erbteil der Pflichtteilsberechnung zugrunde zu legen.[28] Dem einzigen Kind des Erblassers steht in diesem Fall gegen den Alleinerben bei gleichzeitiger Enterbung des überlebenden Ehegatten ein Pflichtteilsanspruch in Höhe von ⅜ zu.
- Wird der überlebende Ehegatte Erbe, berechnet sich sein Pflichtteilsanspruch immer nach dem **großen Pflichtteil**, also aus dem um ¼ erhöhten Erbteil. Dies ist insbesondere für § 2305 BGB, § 2326 BGB und § 2328 BGB von Bedeutung.
- Wird der überlebende Ehegatte weder Erbe noch Vermächtnisnehmer kann er nach § 1371 II BGB den rechnerischen Zugewinnausgleich und den **kleinen Pflichtteil** verlangen. Er kann nicht alternativ den großen Pflichtteil verlangen. Ein Wahlrecht besteht auch dann nicht, wenn sich kein Zugewinnausgleichsanspruch ergibt.[29]

G. Verjährung, Auskunftsanspruch, Stundungseinrede nach § 2331a BGB

39 Pflichtteils- und Pflichtteilsergänzungsansprüche verjähren nach den allgemeinen Vorschriften regelmäßig in drei Jahren gem. § 195 BGB. Die **Verjährungsfrist** beginnt nach § 199 I BGB am Ende des Jahres zu laufen, in dem der Anspruch entstanden ist (Erbfall) und der Gläubiger von den den Anspruch begründenden Umständen Kenntnis erlangt oder ohne grobe Fahrlässigkeit erlangen müsste. Voraussetzung ist also, dass der Pflichtteilsberechtigte Kenntnis oder grob fahrlässige Unkenntnis von seiner Pflichtteilsberechtigung (insbesondere Enterbung), den wahren Erben und dem Bestand des Nachlasses bzw. den ergänzungspflichtigen Schenkungen hat. Für den Anspruch aus § 2329 BGB gegen den Beschenkten regelt § 2332 I BGB einen abweichenden Fristbeginn. Die dreijährige Verjährungsfrist beginnt in diesem Fall immer mit dem Erbfall.

40 Da der enterbte Pflichtteilsberechtigte in der Regel weder Zugriff noch Einsicht auf den Nachlass hat, dies aber zur Berechnung seines Anspruches unabdingbar ist, steht im nach § 2314 I 1 BGB ein **Auskunftsanspruch** gegen die Erben hinsichtlich des Bestandes des Nachlasses zu. Dieser Anspruch ist durch Erstellung eines Verzeichnisses nach § 260 BGB zu erfüllen. Anspruchsberechtigt ist jeder, der pflichtteilsberechtigt ist. Nicht erforderlich ist, dass auch ein Pflichtteilsanspruch besteht.[30] Ist dieser jedoch von vornherein ausgeschlossen (Pflichtteilsverzicht oder -entzug), hindert dies auch den Auskunftsanspruch. Es ist ein einheitliches und vollständiges Bestands- und Vermögensverzeichnis vorzulegen, das alle Aktiv- und Passivposten enthält und so den Stand des hinterlassenen Vermögens zum Zeitpunkt des Erbfalls dokumentiert.[31] Der Berechtigte kann auch ein notarielles Verzeichnis verlangen,

26 BGH BeckRS 2007, 03691 = FamRZ 2007, 723.
27 BGHZ 37, 58 (60) = NJW 1962, 1719.
28 Palandt/*Brudermüller*, 76. Aufl. 2017, BGB § 1371 Rn. 16.
29 BGHZ 42, 182 (185) = NJW 1964, 2404.
30 BGH NJW 2002, 2469.
31 Palandt/*Weidlich* BGB § 2314 Rn. 6.

auch wenn zuvor ein privatschriftliches erteilt worden ist.[32] Die Arten der Auskunftserteilung stehen nicht in einem Alternativverhältnis. Der Erbe ist auch zur Mitteilung aller ihm bekannten Schenkungen des Erblassers an den überlebenden Ehegatten (einschließlich unbenannter Zuwendungen) oder an Dritte im Zehnjahreszeitraum sowie der ausgleichspflichtigen Zuwendungen verpflichtet.[33] Bestehen Zweifel an der Richtigkeit und Vollständigkeit des Verzeichnisses, kann der Pflichtteilsberechtigte die Abgabe einer eidesstattlichen Versicherung nach § 260 II BGB verlangen.[34]

41 Neben dem Auskunftsanspruch steht dem Pflichtteilsberechtigten ein **Wertermittlungsanspruch** nach § 2314 I 2 BGB zu. Ein erforderliches Gutachten ist vom Erben auf Kosten des Nachlasses (§ 2314 II BGB) einzuholen.

42 § 2331a BGB gewährt dem Erben gegenüber dem Pflichtteilsberechtigten eine **Stundungseinrede,** wenn die sofortige Erfüllung des gesamten Anspruches für ihn wegen der Art der Nachlassgegenstände eine unbillige Härte darstellen würde. Die vom Gesetz genannte Aufgabe (Verkauf oder Vermietung) des selbstgenutzten Familienwohnheims oder eines die Lebensgrundlage des Erben bildendenden Wirtschaftsguts (Unternehmen, Miethaus etc.) stellt dabei den Regelfall dar. Bei der Stundung dürfen aber nicht nur einseitig die Interessen des Erben maßgebend sein, sondern nach § 2331a I 2 BGB müssen auch diejenigen des Pflichtteilsberechtigten berücksichtigt werden. Dies führt häufig zur Anordnung einer Sicherheitsleistung oder der Verzinsung des Pflichtteilsanspruches nach § 2331a II 2 iVm § 1382 II–VI BGB. Möglich ist auch die Anordnung einer angemessenen Ratenzahlung. Auszusprechen sind sowohl die Stundung als auch die mit dieser verbundenen Folgen im Urteil.[35]

H. Prozessuale Geltendmachung

43 Bei der prozessualen Geltendmachung von Pflichtteilsansprüchen spielt die **Stufenklage** nach § 254 ZPO eine entscheidende Rolle.[36] Da der Pflichtteilsberechtigte in der Regel keine Kenntnis vom genauen Bestand des Nachlasses hat, ist er häufig auf die vorgelagerte Geltendmachung von Auskunfts- und Wertermittlungsansprüchen angewiesen. Deren prozessuale Durchsetzung (Zwangsvollstreckung nur nach § 888 ZPO) einschließlich der eventuellen Abgabe einer eidesstattlichen Versicherung durch den Erben, kann sich aber sehr lange hinziehen. Um zu verhindern, dass die Pflichtteilsansprüche in dieser Zeit ganz oder teilweise verjähren und um eine Verzinsung nach § 291 BGB sicherzustellen, ist deshalb in der Regel eine Stufenklage nach § 254 ZPO zu erheben, da der Zahlungsanspruch in diesem Fall mit der Erhebung der Stufenklage in seiner sich aus der Auskunft ergebenden Höhe rechtshängig wird.[37] Die genaue Bezifferung des Zahlungsantrages auf der dritten Stufe kann während der Durchführung der ersten beiden Stufen noch unterbleiben. Er ist auf den sich »aus der Auskunft ergebenden Betrag« zu richten und erst nach Erteilung der Auskunft zu beziffern.[38]

Klausurtipp: In der Klausur ist auf die Tenorierung bzw. Antragstellung besonders zu achten. In der Anwaltsklausur ist zur praxistauglichen Bearbeitung ein sauberer Stufenantrag zu formulieren, der die Verjährung sämtlicher Ansprüche hemmt und eine Verzinsung sicherstellt. Aus Richtersicht ist zu beachten, dass alle drei Stufen prozessual selbstständige Teile eines einheitlichen Verfahrens sind und daher auf den ersten beiden Stufen nur Teilurteile ergehen dürfen und die Kostenentscheidung einheitlich im Schlussurteil zu ergehen hat. Ebenso ist darauf zu achten, dass die Klage auch auf der ersten Stufe insgesamt abgewiesen werden kann, wenn die Klage unzulässig ist oder wenn sich bereits bei der Prüfung des Auskunftsanspruches ergibt, dass dem Hauptanspruch die materielle Grundlage fehlt. So kann in der Klausur ein Endurteil abgeprüft werden, obwohl erst die erste Stufe der Stufenklage verhandelt worden ist.

32 BGH NJW 2012, 1383 (1384).
33 Vgl. zu den Details Palandt/*Weidlich* BGB § 2314 Rn. 9.
34 Zur Frage der Beschwer bei Verurteilung zur Auskunftserteilung: BGH NJW-RR 2014, 1102 f.
35 Vgl. zu den Details Palandt/*Weidlich* BGB § 2331a Rn. 5.
36 Zu den Details der Stufenklage allgemein: *Kaiser/Kaiser/Kaiser* Zivilgerichtsklausur II Rn. 32 f.
37 BGH NJW-RR 1995, 513.
38 BGH NJW 2003, 2748 f.

Der Anspruch nach § 2329 BGB wird durch Klage auf Duldung der Zwangsvollstreckung in den geschenkten Gegenstand in Höhe des Fehlbetrages geltend gemacht. Nebenansprüche wie Auskunft, Wertermittlung und Grundbucheinsicht werden erneut im Wege der Stufenklage prozessual umgesetzt. 44

I. Prüfungsschema Pflichtteilsansprüche

Pflichtteilsanspruch 45

1. Pflichtteilsberechtigung § 2303 BGB
2. Pflichtteilsquote: die Hälfte des gesetzlichen Erbteils nach §§ 1924 ff. BGB
3. Nachlasswert § 2311 BGB
4. Anrechnung nach § 2315 BGB
5. Ausgleichungspflicht § 2316 BGB

Pflichtteilsergänzungsanspruch 46

1. Pflichtteilsberechtigung § 2303 BGB
2. Pflichtteilsquote: die Hälfte des gesetzlichen Erbteils nach §§ 1924 ff. BGB
3. Schenkung § 2325 BGB
4. Zehnjahreszeitraum des § 2325 III BGB
5. Berechnung nach § 2325 II BGB

§ 3 Erbenstellung – Rechte und Pflichten

A. Problemstellung

1 Die dritte relevante Klausurkonstellation im Assessorexamen ist etwas weniger konturiert. Es wird sich in der Regel um eine fiktive Beratungssituation handeln, in der ein Erbe zum Rechtsanwalt kommt und diesen um die Beurteilung einzelner Probleme bittet. Diese sind sodann umfangreich zu beleuchten, und zum Schluss ist ein gut begründeter Vorschlag zur weiteren Vorgehensweise zu unterbreiten. Besonders wichtig ist hier, die Auswirkungen der einzelnen Handlungsweisen im Blick zu behalten und anhand dieser die Entscheidung im Sinne des sichersten Weges für den Mandanten zu treffen.

2 Die folgenden Problemfelder können außerdem in jeder beliebigen Zivilklausur aus den anderen vier Büchern des BGB als erbrechtliches Zusatzproblem eingebaut werden. In dieser Situation gilt es, sich nicht den Blick für die wahren Schwerpunkte verstellen zu lassen und das erbrechtliche Zusatzproblem souverän und prägnant abzuhandeln.[1]

B. Erlangen der Erbenstellung

3 Häufig stellt sich die Frage, ob einer der unproblematisch nach gewillkürter oder gesetzlicher Erbfolge berufenen Erben tatsächlich die Erbenstellung erlangt hat oder sich dieser – mit negativen Folgen behafteten – Rechtsstellung wieder entledigen kann.

I. Annahme und Ausschlagung der Erbschaft

4 Da sich die Vermögensnachfolge nach § 1922 I BGB im Wege der Universalsukzession im Zeitpunkt des Todes des Erblassers vollzieht, bedarf es zur Erlangung der Erbenstellung grundsätzlich keines Aktes seitens des Erben. Eine **Annahme** ist nicht erforderlich. Weil dies auch im Falle eines überschuldeten oder mit anderen Nachteilen behafteten Nachlasses gilt, kann der Erbe aber ein Interesse daran haben, die Erbenstellung nicht anzutreten. Er kann in diesem Fall die Erbschaft nach § 1942 I BGB ausschlagen. Nicht ausschlagen kann der als Erbe berufene Staat und der Erbe, der die Erbschaft bereit angenommen hat (§ 1943 BGB).

5 Die **Ausschlagung** ist eine einseitige, form- (§ 1945 II BGB) und empfangsbedürftige (abzugeben gegenüber dem Nachlassgericht nach § 1945 I BGB) Willenserklärung. Auf sie sind die allgemeinen Vorschriften der §§ 104 ff. BGB anwendbar, sofern die §§ 1942 ff. BGB keine Sonderregelungen enthalten. Sie kann daher auch nach § 138 I BGB sittenwidrig sein. Von praktischer Bedeutung ist der vom OLG Hamm entschiedene Fall, dass ein Sozialhilfeempfänger eine werthaltige Erbschaft ausschlägt und deshalb die Bedürftigkeit fortbesteht.[2]

Klausurtipp: Diese Entscheidung des OLG Hamm ist für einen Klausurersteller im Assessorexamen sehr interessant. Dabei gilt es im Hinterkopf zu behalten, dass der BGH ein Behindertentestament, dass dasselbe Ergebnis wie die Ausschlagung im Fall des OLG Hamm erzielt, nämlich die fortbestehende Bedürftigkeit des gesetzlichen Erben zulasten der Allgemeinheit, billigt, wohingegen die hM eine Ausschlagung zu diesem Zweck mit dem Verdikt der Sittenwidrigkeit versieht. Der einzige und zugleich entscheidende Unterschied dieser beiden Konstellationen ist die Testierfreiheit des Erblassers, die bei einem Testament zu schützen ist und bei einer gesetzlichen Erbfolge keine Rolle spielt. Dieser Unterschied sollte bekannt sein. Im Übrigen kann dieses Problem in jeder Klausur, in der eine Forderung geltend gemacht wird, als Zusatzproblem eingebaut werden.

6 Die Ausschlagung unterliegt außerdem zeitlichen Grenzen. Sie kann nach § 1946 BGB erst nach Eintritt des Erbfalls und danach nur innerhalb von sechs Wochen erfolgen nach § 1944 I BGB. Ist diese Frist verstrichen, gilt die Erbschaft nach § 1943 BGB als angenommen. Die Ausschlagungsfrist beginnt nach § 1944 II 1 BGB in dem Zeitpunkt, in dem der Erbe Kennt-

1 Für eine schnelle Übersicht zu den examensrelevantesten Problemfeldern vgl. *Kaiser/Kaiser/Kaiser* MatZivilR Rn. 186 f.

2 OLG Hamm NJW-RR 2010, 83 (84) mwN.

nis vom Anfall und dem Grunde der Berufung erlangt. Ob dies der Fall ist, muss nach den gesamten Umständen des Einzelfalles beurteilt werden. Kenntnis setzt dabei ein zuverlässiges Erfahren der maßgeblichen tatsächlichen und rechtlichen Umstände voraus, aufgrund dessen von ihm erwartet werden kann, dass er vernünftigerweise in die Überlegungen über Annahme oder Ausschlagung eintritt.[3] Er muss also wissen, dass der Erblasser gestorben und er selbst Erbe geworden ist und aus welchem **Berufungsgrund**, also ob er gesetzlicher oder gewillkürter Erbe geworden ist. Ein Irrtum im Bereich der Tatsachen oder der rechtlichen Beurteilung kann die Kenntnis hindern, wenn deren Gründe nicht von vornherein von der Hand zu weisen sind.[4]

Die Ausschlagung ist außerdem ausgeschlossen, wenn die Erbschaft zuvor angenommen worden ist. Die Annahme ist eine gestaltende Willenserklärung, die ausdrücklich oder konkludent erklärt werden kann. Sie ist nicht empfangsbedürftig und formlos möglich. Eine Annahme durch schlüssiges Verhalten liegt vor, wenn dieses gegenüber einem Dritten objektiv zum Ausdruck bringt, Erbe sein und die Erbschaft behalten zu wollen.[5] Das ist insbesondere bei Stellung eines Erbscheinantrages, der Verfügung über Nachlassgegenstände oder der Geltendmachung einer Nachlassforderung anzunehmen[6]. 7

Angenommen oder ausgeschlagen werden kann nur die Erbschaft insgesamt, nicht hingegen nur Teile der Erbschaft nach § 1950 BGB. Wird die Erbschaft wirksam ausgeschlagen, gilt nach § 1953 I BGB der Anfall an den Ausschlagenden als nicht erfolgt. Die Ausschlagung wirkt also ex tunc. Nach § 1953 II BGB ist der Ausschlagende so zu behandeln, als wäre er bereits vorverstorben, und es ist derjenige zum Erben berufen, der in diesem Fall Erbe wäre (gewillkürter Ersatzerbe oder gesetzlicher Erbe). 8

Annahme und Ausschlagung können als Willenserklärungen angefochten werden. §§ 1954 ff. BGB regeln Besonderheiten hinsichtlich Form und Frist der Anfechtung, für das Vorliegen eines Anfechtungsgrundes gelten die allgemeinen §§ 119 ff. BGB. Besonders wichtig ist, dass die Überschuldung des Nachlasses als verkehrswesentliche Eigenschaft nach § 119 II BGB anerkannt ist und daher die Anfechtung der Annahme ermöglicht.[7] Ebenso kann ein Irrtum über die Zusammensetzung des Nachlasses (hier Schmerzensgeldanspruch) zur Anfechtung berechtigen.[8] Ein Irrtum über den Berufungsgrund führt nach § 1949 BGB unmittelbar zur Unwirksamkeit der Erklärung, eine Anfechtung ist insofern nicht notwendig. § 1956 BGB gewährt dem Erben die Anfechtung der Fristversäumung. Nach § 1957 I BGB gilt die Anfechtung der Ausschlagung als Annahme und vice versa. 9

Der **vorläufige Erbe** (derjenige, der infolge Ausschlagung sein Erbrecht wieder verloren hat) ist dem **endgültigen Erben** (der infolge der Ausschlagung erst Erbe geworden ist) gegenüber nach § 1959 I BGB wie ein Geschäftsführer ohne Auftrag berechtigt und verpflichtet. Er kann also seine Aufwendungen ersetzt verlangen, muss aber auch das Erlangte herausgeben. Da die Berechtigung des vorläufigen Erben ex tunc wegfällt, kann ein Dritter einen Nachlassgegenstand nur von einem Nichtberechtigten erwerben. § 935 BGB hindert diesen Erwerb nicht, da der vorläufige Erbe zur Inbesitznahme des Nachlasses berechtigt war und ein Abhandenkommen daher ausscheidet. 10

Wer sich auf die Wirksamkeit der Ausschlagung beruft, hat deren Existenz, Zeitpunkt und Formwirksamkeit nachzuweisen. Macht der Gegner hingegen geltend, dass die Ausschlagung wegen Verfristung oder vorheriger Annahme der Erbschaft unwirksam gewesen ist, muss er Verfristung oder Annahme darlegen und beweisen.[9] 11

3 BGH NJW-RR 2000, 1530.
4 BGH NJW-RR 2000, 1530 (1531).
5 BayObLG BeckRS 1999, 1141 = FamRZ 1999, 1172.
6 Weitere Einzelfälle bei Palandt/*Weidlich* BGB § 1943 Rn. 2.
7 BGHZ 106, 359 (363) = BeckRS 1989, 1170.
8 OLG Düsseldorf NJW-RR 2017, 647.
9 BGH NJW-RR 2000, 1530.

II. Erbunwürdigkeit

12 Eine mögliche **Erbunwürdigkeit** eines Erben steht selten im Raum. Falls dies dennoch einmal in der Klausur thematisiert werden sollte, genügen die Gesetzeslektüre und ein Blick in den *Palandt*. Deshalb soll dieses Thema hier nur kursorisch behandelt werden.

13 Voraussetzung der Erbunwürdigkeit ist das Vorliegen eines Erbunwürdigkeitsgrundes nach § 2339 I Nr. 1–4 BGB. Außerdem darf die Erbunwürdigkeit nicht ausgeschlossen sein wegen nicht rechtzeitiger Geltendmachung (§§ 2340 III, 2082 BGB), wegen vorzeitiger Unwirksamkeit (§ 2339 II BGB) oder wegen Verzeihung durch den Erblasser (§ 2343 BGB). Die Erbunwürdigkeit ist im Wege der Anfechtungsklage geltend zu machen (§ 2342 BGB). Anfechten kann jeder, dem der Wegfall des Erbunwürdigen zustattenkäme. Die Anfechtung muss innerhalb eines Jahres ab Kenntnis des Anfechtungsgrundes aber frühestens nach Anfall der Erbschaft erfolgen (§ 2340 II und III BGB). Mit Rechtkraft des Urteils in der Anfechtungsklage (§ 2342 II BGB) gilt der Anfall der Erbschaft an den Erbunwürdigen rückwirkend als nicht erfolgt und die Erbschaft fällt ebenfalls rückwirkend demjenigen zu, der ohne die Existenz des Erbunwürdigen zum Erbe berufen wäre (§ 2344 I und II BGB).

III. Erbverzicht

14 Hinsichtlich der Relevanz des **Erbverzichts** nach §§ 2346 ff. BGB gilt das zur Erbunwürdigkeit Gesagte entsprechend. Ein kursorischer Überblick genügt völlig.

15 Der Erbverzicht ist ein Vertrag zwischen dem Erblasser und dem künftigen gesetzlich oder testamentarisch bedachte Erbe (§ 2346 I BGB) oder Vermächtnisnehmer (§ 2352 BGB), der der notariellen Beurkundung bedarf (§§ 2348, 2352 S. 3 BGB) und vom Erblasser persönlich geschlossen werden muss (§ 2347 BGB). Gegenstand des Vertrages kann der ganz oder teilweise Verzicht auf ein gesetzliches Erbrecht, ein beschränkter Verzicht auf das Pflichtteilsrecht oder der Verzicht auf testamentarische Erbeinsetzung oder Vermächtnisse sein. Dieser Verzicht kann nach § 2350 BGB auch zugunsten eines Dritten erfolgen. Nach § 2346 I 2 BGB wird der Verzichtende behandelt, als ob er zum Zeitpunkt des Erbfalls nicht gelebt hätte. Der Erbverzicht kann nach § 2351 BGB durch den Abschluss eines Aufhebungsvertrages beseitigt werden.

Klausurtipp: Sollte in der Klausur einmal ein Erbverzicht oder die Erbunwürdigkeit eines Erben thematisiert werden, dürfte es sich in aller Regel um eine Nebelkerze handeln, die einfach durchschaut werden kann. So kann der Erbverzicht mangels notarieller Beurkundung unwirksam und die Erbunwürdigkeit wegen offensichtlichem Fehlen eines Unwürdigkeitsgrundes abzulehnen sein. In solchen Fällen gilt es kühlen Kopf zu bewahren und sich nicht verunsichern lassen. Klausurtaktisch denken!

C. Ansprüche gegen den Erbschaftsbesitzer, §§ 2018 ff. BGB

16 Die §§ 2018 ff. BGB gewähren dem Erben Herausgabe- und Schadensersatzansprüche gegen denjenigen, der den Nachlass aufgrund eines tatsächlich nicht bestehenden Erbrechts besitzt. Ziel der Ansprüche ist, dem Erben möglichst einfach den Besitz am gesamten Nachlass einzuräumen. Als Gesamtrechtsnachfolger des Erblassers kann der Erbe natürlich auch die jeweils bestehenden Ansprüche bezüglich der einzelnen Nachlassgegenständen geltend machen, zB Besitzschutzansprüche, Herausgabeansprüche aus Eigentum oder Bereicherungsrecht oder Ansprüche aus unerlaubter Handlung.[10] Dies folgt zwanglos aus § 2029 BGB. Der Vorteil der §§ 2018 ff. BGB liegt darin, dass der Erbe nicht die Rechtsbeziehungen des Erblassers zu jedem einzelnen Nachlassgegenstand darlegen und beweisen und eine entsprechende Anzahl an Einzelklagen erheben muss.

10 Palandt/*Weidlich* BGB § 2018 Rn. 1.

I. Herausgabeansprüche §§ 2018–2020 BGB

Gläubiger des **Herausgabeanspruches** ist der wahre Erbe. Im Falle einer Erbengemeinschaft kann jeder Erbe den Anspruch geltende machen, allerdings nach § 2039 BGB nur auf Leistung an die Erbengemeinschaft. **17**

Der Erbschaftsanspruch aus § 2018 BGB richtet sich gegen den **Erbschaftsbesitzer**. Erbschaftsbesitzer ist, wer gut- oder bösgläubig etwas aus der Erbschaft aufgrund eines angemaßten, ihm in Wirklichkeit nicht zustehenden Erbrechts erlangt hat. Wesentlich ist, dass der Besitzer sich ein Erbrecht anmaßen muss, das ihm in Wirklichkeit nicht zusteht (subjektive Komponente). Daher ist derjenige kein Erbschaftsbesitzer, der den Nachlass aufgrund seiner vorläufigen Erbenstellung (bei Ausschlagung gilt § 1959 BGB) oder wegen angeblicher persönlicher oder dinglicher Ansprüche oder durch verbotene Eigenmacht an sich genommen hat[11]. In diesen Fällen muss der Erbe die genannten Einzelansprüche geltend machen. Allerdings kann derjenige, der einmal Erbschaftsbesitzer war, sich also auf ein vermeintliches Erbrecht berufen hat, nicht durch Aufgabe dieser Position die Ansprüche aus §§ 2018 ff. BGB negieren.[12] Er könnte so die Ansprüche aus §§ 2019 und 2020 BGB aushebeln, was den Wertungen des Gesetzes widerspräche.[13] Erbschaftsbesitzer ist auch, wer infolge Anfechtung oder Erbunwürdigkeitsklage rückwirkend sein Erbrecht verliert. Der Vorerbe wiederum ist nur nach der strengeren lex specialis aus § 2130 BGB zur Herausgabe verpflichtet, auch wenn er den Eintritt des Nacherbfalles bestreitet.[14] **18**

Neben der Herausgabe der ursprünglich zum Nachlass gehörenden Gegenstände kann der Erbe auch die Herausgabe der mit Mitteln des Nachlasses erworbenen Surrogate nach § 2019 BGB und die vom Erbschaftsbesitzer gezogenen Nutzungen nach § 2020 BGB verlangen. **19**

Klausurtipp: Typisches Problem ist in der Assessorklausur die Veräußerung eines Nachlassgegenstandes durch den Erbschaftsbesitzer. Verkauft und übereignet dieser einen beweglichen Gegenstand, verfügt ein Nichtberechtigter und die Verfügung ist in der Regel wegen Abhandenkommens der Sache nach § 935 BGB unwirksam. Der Erbe kann also wählen: entweder er verlangt nach § 816 I 1 BGB den Veräußerungserlös vom Erbschaftsbesitzer – unter konkludenter Genehmigung der Verfügung – oder er verlangt nach § 985 BGB den Gegenstand vom Erwerber heraus. Diese Wahlmöglichkeit ist in der Anwaltsklausur herauszuarbeiten und im Mandantensinne zu würdigen.

Der Erbschaftsanspruch verjährt in 30 Jahren nach § 197 I Nr. 2 BGB. Trotz des Gesamtanspruches muss der Erbe im Klagantrag jeden einzelnen Nachlassgegenstand hinreichend bestimmt bezeichnen, um ein stattgebendes Urteil auch vollstrecken zu können. Er kann aber im Wege der Stufenklage zunächst nach § 2027 I BGB Auskunft über den Bestand der Nachlassgegenstände verlangen und sodann seinen Herausgabeanspruch entsprechend anpassen. Es ist der besondere Gerichtsstand des § 27 I ZPO zu beachten. **20**

II. Schadensersatzansprüche §§ 2023 ff. BGB

Während die Frage für den Herausgabeanspruch ohne Bedeutung ist, differenziert die Haftung des Erbschaftsbesitzers hingegen danach, ob er gut- oder bösgläubig, verklagt oder unverklagt ist. Insoweit besteht eine Gemeinsamkeit mit den Wertungen des EBV nach §§ 987 ff. BGB. **21**

Der gutgläubige und unverklagte Erbschaftsbesitzer haftet nach § 2021 BGB nur nach den Vorschriften über eine ungerechtfertigte Bereicherung. Es handelt sich um einen Rechtsfolgenverweis auf die §§ 818 ff. BGB, sodass Wertersatz nur nach § 818 II BGB geschuldet ist und im Falle der Entreicherung nach § 818 III BGB der Anspruch erlischt. Wird der Erbschaftsbesitzer allerdings aufgrund dieser Anspruchsgrundlage verklagt, gilt § 818 IV BGB. **22**

11 Palandt/*Weidlich* BGB § 2018 Rn. 8.
12 BGH NJW 1983, 3068 (3070).
13 *Brox/Walker* ErbR § 33 Rn. 3
14 Palandt/*Weidlich* BGB § 2018 Rn. 9 mwN.

23 Ab Rechtshängigkeit des Erbschaftsanspruchs haftet der Erbschaftsbesitzer nach § 2023 BGB wie ein verklagter Besitzer im Rahmen eines Eigentümer-Besitzer-Verhältnisses nach §§ 987 II, 989 BGB und zwar sowohl für die Herausgabe des ursprünglich Erlangten und der Surrogate (§ 2023 I BGB) als auch hinsichtlich der Nutzungen (§ 2023 II BGB).

24 Der bösgläubige Erbschaftsbesitzer haftet nach § 2024 S. 1 BGB wie der verklagte. Bösgläubig ist er, wenn er bei Erlangung des Erbschaftsbesitzes weiß oder in Folge grober Fahrlässigkeit nicht weiß, dass er nicht Erbe ist. Eine spätere Kenntnis steht dem nach § 2024 S. 2 BGB gleich. Eine weitere Haftungsverschärfung regelt § 2024 S. 3 BGB für den Eintritt des Verzuges. Befindet sich der Erbschaftsbesitzer mit der Herausgabe des Nachlasses in Verzug, haftet er nach § 287 S. 2 BGB auch für den zufälligen Untergang von Nachlassgegenständen.

25 Hat der Erbschaftsbesitzer Erbschaftsgegenstände durch eine Straftat oder durch verbotene Eigenmacht erlangt, haftet er aufgrund der Rechtsgrundverweisung in § 2025 BGB nach den Deliktsvorschriften der §§ 823 ff. BGB. Voraussetzung sind insbesondere ein Verschulden und ein Schaden, der jedoch wegen dem Surrogatsanspruch aus § 2019 BGB ausgeschlossen oder reduziert sein kann.

III. Verwendungsersatzansprüche des Erbschaftsbesitzers

26 Wegen der gemachten Verwendungen auf Nachlassgegenstände stehen dem Erbschaftsbesitzer Rechte gegen den Erben zu. Dabei ist vom üblichen Verwendungsbegriff auszugehen, der dann erfüllt ist, wenn es sich um vermögenswerte Maßnahmen handelt, die einer Sache zugutekommen sollen, indem sie diese erhalten, wiederherstellen oder verbessern.[15]

27 Nach § 2022 BGB kann der gutgläubige und unverklagte Erbschaftsbesitzer den Ersatz sämtlicher Verwendungen verlangen, die nicht durch Anrechnung auf eine eventuell nach § 2021 BGB geschuldete Bereicherung gedeckt werden. Unerheblich ist, ob es sich um notwendige, nützliche oder überhaupt werterhöhende Verwendungen handelt.[16] Nach § 2022 I 2 BGB kann er ein Zurückbehaltungsrecht gem. § 1000 BGB bezüglich des gesamten Nachlasses geltend machen. Ein Zahlungsanspruch steht ihm hingegen nur unter den zusätzlichen Voraussetzungen des § 1001 BGB zu.

28 Der verklagte und bösgläubige Erbschaftsbesitzer kann hingegen Verwendungsersatz nur nach den Vorschriften für das Eigentümer-Besitzer-Verhältnis beanspruchen gem. §§ 2023 II, 2024 BGB, §§ 994–1003 BGB. Es muss sich also um notwendige Verwendungen handeln, und die Voraussetzungen einer Geschäftsführung ohne Auftrag müssen vorliegen.

29 Zuletzt kann der deliktische Erbschaftsbesitzer seine Verwendungen nur nach §§ 850, 994 ff. BGB ersetzt verlangen. Im Falle einer vorsätzlichen unerlaubten Handlung entfällt nach § 1000 S. 2 BGB das Zurückbehaltungsrecht.

Klausurtipp: Die §§ 2018 ff. BGB werden selten den Kern einer Anwaltsklausur bilden. Häufig dürften Sie im Rahmen einer umfassenden Begutachtung der Möglichkeiten des Mandanten gegen einen vermeintlichen Erben zu prüfen sein. In der Regel dürfte die Aufgabe durch sorgfältige Gesetzeslektüre, einen Blick in den *Palandt* und die Darstellung der konkurrierenden Ansprüche einfach in den Griff zu bekommen sein. Spezialprobleme sind in diesem Bereich sehr selten.

D. Die Miterbengemeinschaft

30 Da in der Mehrzahl der Erbfälle mehrere Erben vorhanden sind, insbesondere bei gesetzlicher Erbfolge, sind die Regelungen zur **Miterbengemeinschaft** von großer praktischer Bedeutung. Sie entfalten daher auch Relevanz in der Assessorklausur, indem die relevanten Fragestellungen entweder den Kern der Aufgabenstellung im Rahmen einer Anwaltsklausur bilden, oder als zusätzliches Einzelproblem (zB bei der Frage des richtigen Beklagten, der Prozessfähigkeit etc) in jeder Klausurkonstellation eingebaut werden können.

15 BGHZ 10, 171 (177) = NJW 1953, 1466.
16 *Brox/Walker* ErbR § 33 Rn. 13.

I. Rechtsstellung der Erbengemeinschaft

Auch im Falle der Erbenmehrheit gilt das Prinzip der Universalsukzession. Die Erben werden mit dem Tode des Erblassers Inhaber des gesamten Vermögens. Nach § 2032 I BGB wird der Nachlass gemeinschaftliches Vermögen, es handelt sich um den seltenen Fall einer Gesamthandsgemeinschaft. 31

Klausurtipp: Im BGB gibt es nur noch zwei weitere Gesamthandsgemeinschaften, die BGB-Gesellschaft nach § 718 BGB und die Gütergemeinschaft, § 1416 BGB.

Der einzelne Erbe ist Gesamthandsberechtigter, ihm gehört also das gesamte Vermögen und er ist nur durch die Mitberechtigung der anderen beschränkt. Jedem Erben gehört damit neben seinem Privatvermögen zusätzlich die gesamthänderische Beteiligung am Nachlass als Sondervermögen.[17] Er kann seine Beteiligung am Nachlass nach § 2033 I 1 BGB nur im Ganzen veräußern, nicht hingegen seine Beteiligung an einzelnen Nachlassgegenständen (zB an einer Immobilie oder einem Unternehmen) nach § 2033 II BGB. Mit Zustimmung der anderen Miterben kann er jedoch nach § 2040 BGB über einzelne Nachlassgegenstände im Ganzen verfügen. Im Falle der Veräußerung des Erbanteils steht den Miterben nach § 2034 BGB ein Vorkaufsrecht zu. 32

Klausurtipp: Im Falle einer (form-)wirksamen Übertragung des Erbteils im Ganzen tritt der Erwerber unmittelbar in die vermögensrechtliche Position des Erben ein. Er wird Gesamthänder am Nachlass und damit auch Miteigentümer an den Nachlassgegenständen. Er haftet für die Nachlassverbindlichkeiten und hat alle Rechte des Erben im Rahmen der Verwaltung und der Auseinandersetzung. Er kann allerdings keinen Erbschein beantragen, da dieser nur an diejenigen ausgestellt wird, die Erben kraft Erbfalls sind. Der Erwerber kann nur einen Erbschein im Namen des veräußernden Erben erwirken.

Die Erbengemeinschaft ist nicht rechtsfähig und damit nicht parteifähig. Der BGH lehnt eine Übertragung der Grundsätze zur BGB-Gesellschaft[18] und zur WEG[19] auf die Erbengemeinschaft ab, da diese nicht auf dauerhafte Teilnahme am Rechtsverkehr, sondern auf Auseinandersetzung gerichtet ist und keine handlungsfähigen Organe besitzt. Die Miterbengemeinschaft kann demnach weder Vertragspartei noch Partei eines Rechtsstreits sein. Gesamthandsansprüche müssen deshalb grundsätzlich in materiell notwendiger Streitgenossenschaft von allen Erben gemeinsam geltend gemacht werden.[20] § 2039 S. 1 BGB durchbricht diesen Grundsatz zugunsten einer gesetzlichen Prozessstandschaft für jeden Miterben.[21] Er kann im eigenen Namen auf Leistung an die Erbengemeinschaft klagen. Allerdings erstreckt sich die Rechtskraft eines durch jeden einzelnen Miterben erwirktes Urteil nicht auf die nicht am Prozess beteiligten Miterben.[22] Auch auf Beklagtenseite besteht im Falle einer Gesamthandsklage nach § 2059 II BGB eine notwendige Streitgenossenschaft der Miterben.[23] Es müssen also grundsätzlich alle verklagt werden. Ausnahmen sind zulässig, wenn der nicht mitverklagte Miterbe vor Klageerhebung erklärt hat, zur Leistung verpflichtet und erfüllungsbereit zu sein.[24] 33

II. Verwaltung des Nachlasses

Unter Verwaltung versteht man alle Handlungen, die der Erhaltung, Nutzung und Mehrung des Nachlasses dienen, gleichgültig, ob diese Maßnahmen nur im Innenverhältnis oder auch nach außen wirken.[25] Hinsichtlich der Befugnis eines Miterben zur Vornahme solcher Handlungen ist zwischen **Innen-** und **Außenverhältnis** zu unterscheiden. 34

17 Vgl. dazu *Brox/Walker* ErbR § 29 Rn. 2 f.
18 BGH NJW 2002, 3389 (3390).
19 BGH NJW 2006, 3715.
20 Zöller/*Vollkommer* ZPO § 62 Rn. 13.
21 BGHZ 167, 150 (152) = BeckRS 2006, 6028.
22 BGHZ 167, 150 (153) = BeckRS 2006, 6028.
23 Vgl. die Beispiele aus der Rechtsprechung bei Zöller/*Vollkommer* ZPO § 62 Rn. 18.
24 Vgl. BGH NJW 1992, 1101 (1102).
25 *Brox/Walker* ErbR § 30 Rn. 3.

35 Im Innenverhältnis genügt für Maßnahmen ordnungsmäßiger Verwaltung (richtet sich nach § 745 BGB) die einfache Stimmenmehrheit nach § 2038 II BGB. Hierbei ist zu beachten, dass unter »Gegenstand« iSd § 745 III 1 BGB nicht der konkrete Einzelgegenstand sondern der gesamte Nachlass zu verstehen ist, da andernfalls jede Verfügung über einen Nachlassgegenstand eine wesentliche Veränderung und damit nicht eine Handlung ordnungsgemäßer Verwaltung darstellen würde[26]. Maßnahmen, die eine ordnungsmäßige Verwaltung überschreiten, erfordern nach § 2038 I 1 BGB Einstimmigkeit. Notwendige Maßnahmen zur Erhaltung des Nachlasses kann hingegen jeder Erbe nach § 2038 I 2 Hs. 2 BGB allein treffen. Eine notwendige Erhaltungsmaßnahme liegt aber nur vor, wenn im Falle der Untätigkeit nach der Lebenserfahrung zu erwarten ist, dass der Nachlassgegenstand untergeht oder verschlechtert wird und wenn ein wirtschaftlich vernünftig denkender Erbe die Erhaltungsmaßnahme vornehmen würde.[27] Außerdem muss eine bedeutsame Maßnahme so dringlich sein, dass vorher die Zustimmung der Miterben nicht eingeholt werden kann.[28]

36 Im Außenverhältnis ist zwischen Verpflichtungs- und Verfügungsgeschäften zu unterscheiden. Mangels gesetzlicher Regelung gilt für Verpflichtungsgeschäfte der Grundsatz der gemeinsamen Vertretung der Miterbengemeinschaft durch alle Erben. Um einen Gleichlauf in Bezug auf die Verwaltungskompetenzen im Innenverhältnis zu erreichen, gilt auch hier, dass notwendige Erhaltungsmaßnahmen allein und ordnungsmäßige Verwaltungsmaßnahmen durch die Mehrheit auch im Außenverhältnis wirksam vorgenommen werden können.[29] In Bezug auf Verfügungsgeschäfte regelt § 2040 BGB, dass diese grundsätzlich gemeinsam vorgenommen werden müssen. Die neuere Rechtsprechung erkennt hiervon aber dann Ausnahmen an, wenn das zugrunde liegende Verpflichtungsgeschäft wirksam von einem Erben allein oder von der Mehrheit der Erben abgeschlossen werden konnte.[30] § 2038 BGB schränkt § 2040 BGB ein. Ein Auseinanderfallen von Verpflichtungs- und Verfügungsbefugnis ist auch nicht sinnvoll.

37 § 2041 BGB ordnet eine dingliche Surrogation für dasjenige an, was aufgrund eines zum Nachlass gehörenden Rechts oder als Ersatz für die Zerstörung, Beschädigung oder Entziehung eines Nachlassgegenstandes oder durch ein Rechtsgeschäft erworben wird, das sich auf den Nachlass bezieht. Sind die Voraussetzungen erfüllt, fällt der Gegenstand direkt in den Nachlass und wird damit Gesamthandsvermögen. Wann sich ein Geschäft auf den Nachlass bezieht ist umstritten. Nach hM ist es dann der Fall, wenn das Geschäft objektiv mit Mitteln des Nachlasses erfüllt worden ist, ohne Rücksicht auf den Willen des Handelnden, oder bei einem Erwerb mit Fremdmitteln, wenn das Geschäft nach dem subjektiven Willen des handelnden Miterben für den Nachlass getätigt werden sollte und außerdem objektiv ein innerer Zusammenhang zwischen Nachlass und Erwerb besteht.[31]

III. Auseinandersetzung des Nachlasses

38 Die **Auseinandersetzung** des Nachlasses, also die Liquidation der Miterbengemeinschaft, spielte bis jetzt keine signifikante Rolle im Assessorexamen. Zur Frage der Teilungsanordnung → § 1 Rn. 16 sowie zur Ausgleichungspflicht → § 2 Rn. 12.

Klausurtipp: Sollten im Examen tatsächlich einmal Fragen zur Auseinandersetzung auftreten, *keep calm and keep reading*! Einfach die §§ 2042 ff. BGB und die einschlägige *Palandt*-Kommentierung lesen und den Fall anhand der gegebenen Informationen lösen. Es werden mit Sicherheit keine Details verlangt werden!

26 BGHZ 164, 181 (186) = BeckRS 2005, 13668.
27 BGHZ 6, 76 = NJW 1952, 1252.
28 BGHZ 6, 76 (83) = NJW 1952, 1252.
29 BGHZ 56, 47 = NJW 1971, 1265.
30 BGHZ 183, 131 Rn. 26 = BeckRS 2009, 87677 Rn. 26; OLG Frankfurt a.M. ZEV 2012, 258 und OLG Brandenburg NJW-RR 2012, 336.
31 Vgl. hierzu und zum Meinungsstreit: Palandt/*Weidlich* BGB § 2041 Rn. 2.

E. Rechtsstellung des Vor- und Nacherben

Nacherbe ist derjenige, der erst Erbe wird, nachdem zunächst ein anderer Erbe geworden ist (§ 2100 BGB). Der **Vorerbe** ist derjenige, der zeitlich vor dem Nacherben Erbe des Erblassers geworden ist. Beide sind Erben. Keiner ist enterbt. Es kann sowohl eine Vorerben- als auch eine Nacherbengemeinschaft geben. In dieser Konstellation kann auch ein Vorerbe Mitnacherbe sein. **39**

Ob Vor- und Nacherbfolge angeordnet wurde, ergibt sich aus der letztwilligen Verfügung des Erblassers. Dabei sind die oben dargestellten (→ § 1 Rn. 4) Auslegungsgrundsätze und subsidiär die Auslegungsregeln der §§ 2101 ff. BGB zu beachten. Es gibt keinen Fall der gesetzlichen Vor- und Nacherbfolge. **40**

Der Erblasser kann den Zeitpunkt des Nacherbfalles bestimmen. Tut er dies nicht, ist der Nacherbfall der Tod des Vorerben nach § 2106 I BGB. Nach § 2109 I BGB ist die Anordnung der Vor- und Nacherbfolge nur über einen Zeitraum von 30 Jahren wirksam. **41**

I. Beschränkungen des Vorerben und Befreiung (→ Rn. 43)

Grundsätzlich kann der Vorerbe unbeschränkt frei über den Nachlass verfügen gem. § 2112 BGB. Allerdings schränkt das Gesetz die Verfügungsmöglichkeiten des Vorerben zugunsten des Nacherben ein, um ihm den Nachlass möglichst ungeschmälert zu erhalten: **42**

Klausurtipp: Die Verfügungen sind bis zum Eintritt des Nacherbfalls wirksam! Sie werden erst mit dem Eintritt des Nacherbfalls unwirksam!

- Nach § 2113 I BGB werden Verfügungen über ein zur Erbschaft gehörendes Grundstück oder Recht an einem **Grundstück** im Falle des Eintritts der Nacherbfolge insoweit unwirksam, als sie das Recht des Nacherben vereiteln oder beeinträchtigen würden. Bei der Frage der Beeinträchtigung ist eine rein rechtliche Betrachtungsweise anzulegen, wirtschaftliche Gesichtspunkte und damit auch eine eventuell vereinnahmte Gegenleistung sind unerheblich.[32] § 2113 I BGB bewirkt eine absolute, also gegenüber jedermann wirkende Unwirksamkeit des Verfügungsgeschäfts.[33]

  Klausurtipp: Nach der Rechtsprechung des BGH (BGHZ 171, 350 ff. = BeckRS 2007, 6300) findet § 2113 I BGB aber keine (analoge) Anwendung, wenn zum Nachlass, für den Vor- und Nacherbschaft angeordnet ist, wiederum ein Anteil an einer (anderen) Miterbengemeinschaft gehort, zu deren Gesamthandsvermögen ein Grundstück zählt.

- Außerdem werden nach § 2113 II BGB **unentgeltliche Verfügungen** des Vorerben bei Eintritt des Nacherbfalles absolut unwirksam. Eine Verfügung ist unentgeltlich in diesem Sinne, wenn objektiv die durch die Verfügung eintretende Verringerung des Nachlasses nicht durch Zuführung eines entsprechenden Vermögensvorteils aufgewogen wird und der Vorerbe dies weiß oder zumindest hätte erkennen können.[34] Unter § 2113 II BGB fallen auch gemischte Schenkungen und rechtsgrundlose Verfügungen.[35] Hier ist also eine wirtschaftliche Betrachtungsweise maßgeblich.
- Nach § 2113 III BGB finden aber die Vorschriften über einen gutgläubigen Erwerb entsprechende Anwendung, also §§ 932 ff. BGB für bewegliche Sachen und §§ 892 ff. BGB für Immobilien. Weiß der Erwerber nichts von der Verfügungsbeschränkung (und ist ihm im Falle des § 932 II BGB auch keine grob fahrlässige Unkenntnis vorzuwerfen), wird er zulasten des Nacherben geschützt.

  Klausurtipp: Findet ein gutgläubiger Erwerb statt, ist immer an gesetzliche Ansprüche gegenüber dem Erwerber oder dem Vorerben zu denken, insbesondere § 816 I 2 BGB.

32 *Brox/Walker* ErbR § 25 Rn. 20.
33 BGHZ 52, 269 (270) = NJW 1969, 2043.
34 BGH NJW 1991, 842 (843).
35 *Brox/Walker* ErbR § 25 Rn. 21.

43 Gemäß § 2136 BGB kann der Erblasser den Vorerben von den meisten der in §§ 2113 ff. BGB angeordneten Beschränkungen befreien. Dies gilt aber insbesondere nicht für unentgeltliche Verfügungen nach § 2113 II BGB.

44 Der Vorerbe kann uneingeschränkt Verpflichtungsverträge abschließen. Der Nachlass und damit der Nacherbe haften für diese jedoch nur, wenn sie einer ordnungsgemäßen Verwaltung des Nachlasses entsprechen.[36]

45 Zu beachten ist außerdem die in § 2111 BGB angeordnete dingliche Surrogation.

II. Rechtsstellung des Nacherben

46 Mit dem Eintritt des **Nacherbfalls** fällt der Nachlass dem Nacherben als Ganzes unmittelbar an (§ 2139 BGB). Zum Zeitpunkt des Todes des Erblassers erwirbt der Nacherbe aber bereits eine unentziehbare und gesicherte Rechtsposition in Form eines erbrechtlichen Anwartschaftsrechts.[37] Über dieses Anwartschaftsrecht kann der Nacherbe verfügen und es ist auch im Zweifel vererblich nach § 2108 II 1 BGB, sofern der Erblasserwille nicht entgegensteht. Dabei gilt, dass derjenige, der sich auf den Ausschluss der Vererblichkeit beruft, diesen zu beweisen hat.[38]

47 Der Nacherbe erwirbt mit dem Eintritt des Nacherbfalles einen Herausgabeanspruch gegen den Vorerben nach § 2130 BGB. Daneben haftet der Vorerbe dem Nacherben noch für Schäden aus einer nicht ordnungsgemäßen Verwaltung, die jedoch nach § 2131 BGB auf die eigenübliche Sorgfalt beschränkt ist.

Fall zur Rechtsstellung des Nacherben:

Der BGH hat jüngst (NJW 2015, 2650 ff.) zu einem Spezialproblem judiziert, das sich hervorragend als Klausuraufhänger eignet, da Erb- und Mietrecht verbunden werden können:
Der Vorerbe hat ein zum Nachlass gehörendes Hausgrundstück langfristig vermietet. Der Nacherbe will nach Eintritt des Nacherbfalles den Mietvertrag kündigen und das Hausgrundstück geräumt übergeben bekommen.

Lösung:

Zunächst ist hier § 2135 BGB zu sehen, der für die Kündigung auf § 1056 BGB verweist. Nach § 1056 II BGB besteht ein außerordentliches Kündigungsrecht mit den gesetzlichen Kündigungsfristen. Bei Wohnraum muss allerdings nach §§ 573d I, 573 I 1 BGB ein berechtigtes Interesse des Vermieters bestehen, also insbesondere ein solches nach § 573 II BGB. Hier wäre nun einfaches Wohnraummietrecht zu prüfen.
Das Kündigungsrecht des Nacherben ist außerdem nach § 242 BGB ausnahmsweise ausgeschlossen, wenn er dem Mietvertrag zugestimmt hat oder der Abschluss eines unkündbaren Mietvertrages über den Nacherbfall hinaus ordnungsgemäßer Verwaltung entsprochen hat, sodass der Nacherbe hätte zustimmen müssen.

F. Der Erbschein

48 Der **Erbschein** ist ein auf Antrag erteiltes Zeugnis über die erbrechtlichen Verhältnisse (§ 2353 BGB). Er ermöglicht es dem Erben, seine Gesamtrechtsnachfolge in das Vermögen des Erblassers auf einfachem Wege zu beweisen und insbesondere die erforderlichen Nachweise zu Eintragungen in öffentliche Bücher und Register (zB § 35 GBO) zu erbringen.[39]

49 Im Erbschein sind Erblasser und Erbe so genau zu bezeichnen, dass eine Verwechslung ausgeschlossen ist. Darüber hinaus ist im Erbteil die Erbteilsgröße in Bruchteilen sowie etwaige Beschränkungen (insbesondere Vor- und Nacherbfolge sowie Testamentsvollstreckung) an-

36 BGHZ 110, 176 = NJW 1990, 1237.
37 BGHZ 87, 367 (369) = NJW 1983, 2244.
38 OLG Karlsruhe Rpfleger 2009, 151 (152).
39 Für eine schnelle Übersicht zu den examensrelevantesten Problemfeldern vgl. *Kaiser/Kaiser/Kaiser* MatZivilR 189 ff.

zugeben. Sind weitere Angaben im Erbschein enthalten, nehmen sie nicht an den Wirkungen der §§ 2365–2367 BGB teil.[40]

Mit Wirkung zum 17.8.2015 wurde durch die Art. 63 ff. EuErbVO[41] das **Europäische Nachlasszeugnis** eingeführt. Bisher musste ein Erbe, Vermächtnisnehmer oder Testamentsvollstrecker in jedem Mitgliedsstaat der EU einen Erbschein nach nationalem Recht erwirken. Mit der Einführung des Europäischen Nachlasszeugnisses wird dies nun obsolet, es gilt unmittelbar in allen Mitgliedstaaten. Das Europäische Nachlasszeugnis ersetzt aber nicht den nationalen Erbschein (Art. 62 III EuErbVO) und seine Verwendung ist auch nicht obligatorisch (Art. 62 II EuErbVO). Das Europäische Nachlasszeugnis wird auf Antrag einer der berechtigten Personen ausgestellt (Art. 63 I, 65 I EuErbVO). Die hierzu erforderlichen Angaben werden von Amts wegen geprüft (Art. 66 I EuErbVO). Haben sich die Angaben als zutreffend erwiesen, stellt die Behörde das Zeugnis aus. Das Original verbleibt bei der ausstellenden Behörde und der Berechtigte kann eine für sechs Monate gültige Abschrift erhalten (Art. 70 I EuErbVO). Zuständig ist ein Gericht oder eine andere nationale Behörde des international zuständigen Mitgliedstaates (Art. 64 EuErbVO), vorrangig das zuständige Gericht des Staates, in dem der Erblasser bis zu seinem Tod seinen gewöhnlichen Aufenthaltsort hatte (Art. 21 I EuErbVO). Nach § 68 EuErbVO enthält das Europäische Nachlasszeugnis Angaben zur ausstellenden Stelle, zum Antragsteller, zum Erblasser, zu den Erben und gegebenenfalls ihren Erbquoten, zu Vermächtnisnehmern und Testamentsvollstreckern/Nachlassverwaltern, außerdem zum anwendbaren Recht, dem Berufungsgrund und eventuellen Beschränkungen der Erben oder Vermächtnisnehmern. Die Wirkungen des Zeugnisses regelt Art. 69 II–V EuErbVO. Sie entsprechen im Wesentlichen denjenigen eines nationalen Erbscheins (§§ 2365–2367 BGB → § 3 Rn. 51), wobei allerdings die Gutglaubenswirkungen nicht nur bei positiver Kenntnis von der Unrichtigkeit des Zeugnisses, sondern auch bei grob fahrlässiger Unkenntnis entfallen. 50

Klausurtipp: Die Regeln über das Europäische Nachlasszeugnis dürften geringe Klausurrelevanz haben, da es noch keine Entscheidungen und Erfahrungen hierzu gibt. Sollte es dennoch einmal Gegenstand einer Klausur sein, dürften die reine Gesetzeslektüre und die Angaben im Sachverhalt genügen. »Heiß« dürfte das Thema allerdings für die mündliche Prüfung sein, in BW etwa im Wahlfach »Justiz«!

I. Rechtswirkungen des Erbscheins §§ 2365–2367 BGB

Der Erbschein hat doppelte Wirkung. Er entfaltet eine **Vermutung** für das im Erbschein ausgewiesene Erbrecht des dort Bezeichneten und er schützt gutgläubige Dritte bei Verfügungsgeschäften mit dem **Scheinerben**. Diese Wirkungen des Erbscheins beginnen mit seiner Ausstellung und enden mit dessen Einziehung, Kraftloserklärung oder Herausgabe (§§ 2361, 2362 BGB). Bei Existenz mehrerer sich inhaltlich widersprechender Erbscheine entfällt für jeden Erbschein, soweit der Widerspruch reicht, die Vermutung der Richtigkeit und damit der öffentliche Glaube nach §§ 2366 f. BGB.[42] 51

Nach § 2365 BGB entfaltet der Erbschein die positive Vermutung, dass demjenigen, der im Erbschein als Erbe bezeichnet ist, auch das angegebene Erbrecht zusteht und die negative Vermutung, dass er nicht durch andere Anordnungen als die im Erbschein angegebenen, beschränkt ist. In Verbindung mit § 857 BGB wird auch vermutet, dass der Besitz an den Nachlassgegenständen auf denjenigen übergegangen ist, der im Erbschein als Erbe bezeichnet ist.[43] Die Vermutung beschränkt sich auf den gesetzlichen Inhalt des Erbscheins und umfasst nicht andere, zusätzlich aufgenommene Angaben.[44] Die Vermutung gilt zugunsten und zulasten des im Erbschein Bezeichneten. Im Prozess hat er nur die Voraussetzungen der Vermutung zu 52

40 *Brox/Walker* ErbR § 35 Rn. 6.

41 VO (EU) Nr. 650/2012 des Europäischen Parlaments und des Rates vom 4. Juli 2012 über die Zuständigkeit, das anzuwendende Recht, die Anerkennung und Vollstreckung von Entscheidungen und die Annahme und Vollstreckung öffentlicher Urkunden in Erbsachen sowie zur Einführung eines Europäischen Nachlasszeugnisses (ABl. 2012 L 201, 107).

42 BGHZ 58, 105 (108) = NJW 1972, 582.

43 *Brox/Walker* ErbR § 35 Rn. 8.

44 Palandt/*Weidlich* BGB § 2365 Rn. 1.

beweisen, nämlich Erbscheinserteilung und Identität mit dem im Erbschein Genannten. Sodann greift § 292 ZPO analog und die Beweislast geht auf den Gegner über, der das Gegenteil zu beweisen hat.[45]

53 Der Erbschein entfaltet nach § 2366 und § 2367 BGB einen öffentlichen Glauben zugunsten desjenigen, der vom im Erbschein als Erbe Bezeichneten durch Rechtsgeschäft einen Erbschaftsgegenstand, ein Recht an einem solchen Gegenstand oder die Befreiung von einem zur Erbschaft gehörenden Recht erwirbt oder andere Verfügungsgeschäfte über Erbschaftsgegenstände abschließt bzw. an den Erbscheinserben eine Leistung aufgrund eines Nachlassrechts bewirkt. § 2366 BGB greift nur bei rechtsgeschäftlichen Verfügungen über einzelne Nachlassgegenstände. Außerdem muss der Erwerber davon ausgehen, dass der Veräußerer als Erbe über einen Nachlassgegenstand verfügt. Dann ist unerheblich, ob der Erbschein vorgelegt, erwähnt oder dem Dritten anderweitig zur Kenntnis gebracht wird.[46] Darüber hinaus muss der Erwerber gutgläubig sein. Dabei schadet nur die positive Kenntnis von der Unrichtigkeit des Erbscheins oder vom Rückgabeverlangen des Nachlassgerichts aufgrund vermeintlicher Unrichtigkeit.

Klausurtipp: §§ 2366, 2367 BGB ersetzen nur das fehlende Erbrecht des Ausgewiesenen und damit die Verfügungsbefugnis, nicht aber die Zugehörigkeit des Gegenstandes zum Nachlass. Der im Erbschein Ausgewiesene wird so behandelt, als hätte er das Erbrecht als wirklicher Erbe vorgenommen. War also der Erblasser nicht Eigentümer des Gegenstandes, sind neben den §§ 2366, 2367 BGB auch noch andere Bestimmungen über den gutgläubigen Erwerb zu prüfen (zB §§ 923 ff., 892 f. BGB).

Fälle zum Erbschein:

1. Bewegliche Sachen:

Im Nachlass des E befindet sich eine teure Armbanduhr, die dem E gehörte. Alleinerbe ist der A, zugunsten des S wurde jedoch ein Erbschein als Alleinerbe ausgestellt. Dieser veräußert die Uhr an D.

Lösung:

D erwirbt Eigentum an der Uhr nach § 2366 iVm § 929 BGB. Der fiktive Erbenbesitz des A (§ 857 BGB) wird von § 2366 BGB überwunden, auch insoweit gilt der S als Erbe.

Abwandlung 1: Die Uhr hatte der E von F geliehen.

Lösung:

Der D erwirbt Eigentum nach § 2366 iVm §§ 929, 932 BGB, das fehlende Eigentum des E wird von § 932 BGB überwunden.

Abwandlung 2: Der E hatte die Uhr dem F gestohlen.

Lösung:

D erwirbt kein Eigentum. § 935 BGB sperrt den gutgläubigen Erwerb, § 2366 BGB hilft hier nicht, da auch der wahre Erbe nicht wirksam über die Uhr hätte verfügen können.

2. Grundstücke:

Im Nachlass des E befindet sich ein Grundstück, das dem E gehörte und als dessen Eigentümer er im Grundbuch eingetragen war. Alleinerbe ist der A, zugunsten des S wurde jedoch ein Erbschein als Alleinerbe ausgestellt. S wird auch im Grundbuch als Eigentümer eingetragen. Dieser veräußert das Grundstück an D.

Lösung:

Der D erwirbt direkt über §§ 873, 925, 892 BGB, da die Grundbucheintragung als Anknüpfungspunkt für den Gutglaubensschutz vorgeht. § 2366 BGB spielt keine Rolle.

45 Palandt/*Weidlich* BGB § 2365 Rn. 2.
46 BGHZ 33, 314 (317) = NJW 1961, 605.

Abwandlung 1: S veräußert das Grundstück, ohne im Grundbuch eingetragen zu sein.

Lösung:

D wird nach § 2366 BGB so gestellt, als erwerbe er vom wahren Erben, dessen Voreintragung nach § 40 GBO nicht notwendig ist. Er erwirbt nach § 2366 iVm §§ 873, 925 BGB.

Abwandlung 2: Das Grundstück gehörte in Wahrheit dem F, E war nur Bucheigentümer. S veräußert ohne Voreintragung an D.

Lösung:

D erwirbt nach §§ 2366, 873, 925, 892 BGB. Ist ein Widerspruch eingetragen, scheidet ein gutgläubiger Erwerb allerdings aus.

3. Forderungen:

Der Scheinerbe S tritt eine zum Nachlass gehörende Forderung an den gutgläubigen D ab.

Lösung:

D erwirbt die Forderung über § 2366 iVm § 398 BGB, da er so gestellt wird, als erwerbe er vom wahren Erben.

Abwandlung: Die Forderung existiert nicht.

Lösung:

D erwirbt die Forderung nicht. § 2366 BGB stellt ihn so, als erwerbe er vom wahren Erben. Da auch von diesem ein gutgläubiger Forderungserwerb nicht möglich ist, scheitert er auch vom Scheinerben.

II. Das Erbscheinsverfahren

Der Erbschein wird auf Antrag vom Nachlassgericht (in Baden-Württemberg die Notariate 54
nach Art. 147 EGBGB, §§ 1 I, II, 38 LFGG) im Verfahren über die Angelegenheiten der Freiwilligen Gerichtsbarkeit (§ 23a GVG, § 343 FamFG) ausgestellt. Die Antragsberechtigung ergibt sich aus § 2353 BGB, die notwendigen Angaben aus § 352 FamFG. Voraussetzung ist in jedem Fall, dass die Erbschaft angenommen worden ist (§ 352 I Nr. 7 FamFG). Außerdem hat der Antragsteller die in § 352 III FamFG genannten Urkunden und Beweismittel beizubringen. Das Nachlassgericht hat nach § 352e iVm §§ 23, 26, 29 FamFG die Angaben von Amts wegen zu überprüfen und die geeigneten Beweise zu erheben. Nur wenn es von der Richtigkeit der Angaben überzeugt ist, darf es den Erbschein erteilen.

Das Nachlassgericht entscheidet nach § 38 FamFG durch Beschluss. Ist das Gericht von der 55
Begründetheit des Antrages überzeugt, erlässt es nach § 352e I 1 FamFG einen Feststellungsbeschluss mit dem Inhalt: »Die zur Erteilung eines Erbscheins erforderlichen Tatsachen werden für festgestellt erachtet.« Sodann wird der Erbschein ausgefertigt und übergeben oder übersandt. Widerspricht der Beschluss dem erklärten Willen eines Beteiligten, setzt das Gericht die sofortige Wirksamkeit des Beschlusses aus und stellt die Erteilung des Erbscheins bis zur Rechtskraft des Beschlusses zurück (§ 352e II FamFG). Dies wird im Tenor ausgesprochen, und sodann wartet das Gericht die Beschwerdefrist ab. Erachtet das Nachlassgericht den Antrag für unbegründet, weist es diesen durch zu begründenden und mit einer Rechtsmittelbelehrung zu versehenden Beschluss (§§ 38 III 1, 39 FamFG) zurück.

III. Unrichtiger Erbschein und Rechtsmittel

Gegen den Feststellungsbeschluss ist nach §§ 58, 63 FamFG die auf einen Monat befristete 56
Beschwerde vorgesehen. In vermögensrechtlichen Sachen muss der Beschwerdewert 600 EUR übersteigen oder vom erstinstanzlichen Gericht zugelassen sein nach § 61 FamFG. Das Ausgangsgericht kann abhelfen oder dem Beschwerdegericht (nach § 119 I Nr. 1b GVG das OLG) zur Entscheidung vorlegen.

57 Nach Erteilung des Erbscheins kann der Beschluss nicht mehr mit der Beschwerde angegriffen werden, da das Nachlassgericht die Wirkungen des Erbscheins nach §§ 2365 ff. BGB nicht durch einfache Aufhebung oder Änderung des Erbscheins rückgängig machen kann.[47] Wegen der Pflicht des Nachlassgerichts zur Einziehung oder Kraftloserklärung eines unrichtigen Erbscheins (§ 2361 BGB), ist aber eine Beschwerde mit dem Antrag auf Einziehung des Erbscheins zulässig (§ 352e III FamFG). Ein Rechtsmittel gegen den Feststellungsbeschluss ist in der Regel entsprechend umzudeuten.[48] Die Beschwerdeberechtigung ergibt sich aus § 59 I FamFG, nämlich für jeden, der im Falle der Unrichtigkeit der angefochtenen Entscheidung in seinen Rechten betroffen wird.

58 Ein unrichtiger Erbschein ist außerdem von Amts wegen einzuziehen und für kraftlos zu erklären. Das Nachlassgericht hat auf Anlass von Amts wegen tätig zu werden. Dabei ist ein Erbschein unrichtig, wenn dessen Inhalt der wahren Rechtslage nicht oder nicht mehr entspricht; unerheblich ist, ob die Unrichtigkeit bereits bei Erteilung des Erbscheins vorlag oder erst später entstand.[49] Sowohl gegen die Verweigerung der Einziehung als auch die Einziehungsanordnung ist wiederum die Beschwerde nach §§ 58 ff. FamFG statthaft.

59 Zusätzlich zum Einziehungsverfahren steht dem wahren Erben gegen den Besitzer eines unrichtigen Erbscheins ein Anspruch auf Herausgabe an das Nachlassgericht zu nach § 2362 BGB. Daneben hat er nach § 2362 II iVm § 260 BGB einen Auskunftsanspruch. Darüber hinaus wird der Nachlassrichter durch eine der Rechtskraft fähigen Entscheidung des Prozessgerichts innerhalb der sachlichen und persönlichen Grenzen (§§ 322, 325 ZPO) gebunden.[50] Hierher gehören insbesondere Feststellungsurteile hinsichtlich des Erbrechts. Umgekehrt wird das Prozessgericht durch Entscheidungen im Erbscheinsverfahren nicht gebunden.

G. Die Haftung des Erben

60 Von einiger Bedeutung ist außerdem die Frage, für welche Verbindlichkeiten der oder die Erben mit welchem Vermögen haften.

I. Erblasser-, Erbfall- und Erbschaftsverwaltungsschulden

61 **Erblasserschulden** sind all diejenigen Verbindlichkeiten, die bereits vor dem Erbfall in der Person des Erblassers nach Grund und Höhe voll entstanden waren sowie diejenigen, deren wesentliche Entstehungsgrundlage zu diesem Zeitpunkt schon gegeben war, auch wenn die Verpflichtung erst nach dem Tod des Erblassers durch Hinzukommen weiterer Umstände (zB Eintritt eines Schadens) entsteht. Erbfallschulden sind all die Verbindlichkeiten, die mit dem Erbfall entstehen, wie Beerdigungskosten, Erbschaftssteuer, Zugewinnausgleich, Vermächtnisse, Pflichtteilsansprüche und Auflagen. Erbschaftsverwaltungsschulden sind wiederum solche Verbindlichkeiten, die aus der reinen Verwaltung des Nachlasses oder durch die Verwaltung des Nachlasses durch einen Dritten entstanden sind, wie Handwerkerrechnungen, Bankgebühren etc. Erblasser-, Erbfall- und Erbschaftsverwaltungsschulden stellen die Nachlassverbindlichkeiten dar.

II. Haftung des Erben für Nachlassverbindlichkeiten

62 Dem Grundsatz nach **haftet** der Erbe als Gesamtrechtsnachfolger des Erblassers mit seinem gesamten Vermögen – seinem Privatvermögen und dem Nachlass – für die Nachlassverbindlichkeiten. Von dieser unbeschränkten Haftung gibt es relevante Ausnahmen.

1. Beschränkte Haftung des vorläufigen Erben

63 Vor der Annahme der Erbschaft haftet der (vorläufige) Erbe den Nachlassgläubigern nur mit dem Nachlass, nicht mit seinem Privatvermögen. Eine Klage gegen den Erben persönlich ist nach § 1958 BGB unzulässig. Die Vermögensmassen werden vom Gesetz getrennt behandelt.

47 *Brox/Walker* ErbR § 35 Rn. 13.
48 BayObLG NJW-RR 1996, 1094.
49 OLG Rostock NJW-RR 2012, 1356.
50 *Brox/Walker* ErbR § 35 Rn. 15.

2. Haftungsbeschränkungen nach Annahme der Erbschaft

Nach der Annahme kann der Erbe der unbeschränkten Haftung für begrenzte Zeiträume entgehen. Ihm werden Schonfristen eingeräumt, um sich einen Überblick über den Nachlass und die Verbindlichkeiten zu verschaffen. Dazu gehören die Dreimonatseinrede des § 2014 BGB und die Aufgebotseinrede nach § 2015 BGB. 64

Nach Ablauf dieser Schonfristen bestehen nur noch wenige Haftungsbeschränkungen: 65

- Der Erbe kann nach §§ 1970 ff. BGB iVm §§ 433 ff., 454 ff. FamFG ein Aufgebotsverfahren durchführen. In diesem werden die Gläubiger aufgefordert, ihre Forderungen innerhalb eines bestimmten Zeitraums anzumelden. Ist dieser Zeitraum vorbei, ergeht ein Ausschließungsbeschluss, sodass allen Gläubigern, die ihre Forderung nicht rechtzeitig angemeldet haben, die Ausschließungseinrede nach § 1973 I 1 BGB entgegengehalten werden kann. Die Haftung ist im Ergebnis auf den Nachlass beschränkt. Nicht betroffen sind nach §§ 1971 f. BGB dinglich Berechtigte, Pflichtteilsberechtigte, Vermächtnisnehmer und Auflagenbegünstigte.
- Wer seine Forderung mehr als fünf Jahre nach dem Erbfall geltend macht, steht den im Aufgebotsverfahren ausgeschlossenen Gläubigern nach § 1974 BGB gleich.
- Der Erbe kann die Eröffnung der Nachlassverwaltung bzw. in bestimmten Fällen des Nachlassinsolvenzverfahrens beantragen (§§ 1981 ff. BGB). Mit deren Eröffnung tritt die Trennung der Vermögensmassen des Erben, also Privatvermögen und Nachlass, ein. Nach Abschluss des Verfahrens haftet der Erbe weiterhin nur mit dem Nachlass (§ 1975 BGB).
- In zwei Konstellationen kann der Erbe außerdem noch die Dürftigkeitseinrede nach § 1990 BGB erheben, nämlich wenn der Nachlass noch nicht einmal ausreichend ist, um die Kosten der Nachlassverwaltung bzw. der Nachlassinsolvenz zu tragen oder diese mangels Kostendeckung eingestellt oder aufgehoben worden ist.
- Bis zur Auseinandersetzung kann der Erbe die Zwangsvollstreckung in sein Privatvermögen wegen einer Nachlassverbindlichkeit nach § 2059 I BGB verweigern. Dies gilt auch im Falle der Aufrechnung mit einer gegen den Nachlass gerichteten Forderung.[51]

H. Grundzüge der Testamentsvollstreckung

Die **Testamentsvollstreckung** nach §§ 2197 ff. BGB ist nur selten in der Assessorklausur von Bedeutung und falls doch, dann im Wesentlichen im prozessualen Rahmen. Daher werden hier nur die Grundzüge und die prozessualen Besonderheiten dargestellt. 66

Testamentsvollstreckung kann nach § 2197 I BGB nur durch einseitige Verfügung von Todes wegen angeordnet werden, also nicht als vertragliche oder wechselbezügliche Verfügung. Die Ernennung zum Testamentsvollstrecker erfolgt in der Regel durch den Erblasser im Testament, andernfalls durch das Nachlassgericht (§ 2200 BGB) oder einen ermächtigten Dritten (§ 2198 I BGB). Testamentsvollstrecker kann jede natürliche oder juristische Person sein, die voll geschäftsfähig und für die kein Betreuer in Vermögensangelegenheiten bestellt ist (§ 2201 BGB). Die Testamentsvollstreckung beginnt üblicherweise mit dem Erbfall und endet in der Regel mit der Erfüllung der ihm übertragenen Aufgaben (Auseinandersetzung des Nachlasses oder Ablauf der für die Dauervollstreckung angeordneten Zeitspanne, höchstens 30 Jahre nach § 2210 S. 1 BGB). 67

Der Testamentsvollstrecker hat den Nachlass zu verwalten und die ihm durch den Erblasser übertragenen Aufgaben auszuführen, also Abwicklungsvollstreckung oder Dauervollstreckung. Er ist berechtigt den Nachlass in Besitz zu nehmen und über Nachlassgegenstände zu verfügen (§ 2205 S. 2 BGB). Für das Eingehen von Verbindlichkeiten für den Nachlass hält § 2206 BGB Regelungen bereit. 68

Klausurtipp: In der Klausur gilt einmal mehr, ruhig bleiben! Gesetzes- und kursorische *Palandt*-Lektüre genügen in der Regel, um etwaige – mit Sicherheit ausdrücklich im Sachverhalt angesprochene – Probleme zu lösen!

51 OLG Celle ZEV 2016, 37.

69 Der Testamentsvollstrecker ist Partei kraft Amtes und prozessiert im eigenen Namen.[52] Die Erben werden also nicht Partei und können als Zeugen vernommen werden. Der Testamentsvollstrecker ist aktiv prozessführungsbefugt nach § 2212 BGB, sofern das geltend gemachte Recht der Testamentsvollstreckung unterliegt. Das ergehende Urteil wirkt nach § 327 I ZPO für und gegen die Erben. Der Erbe selbst kann kein der Testamentsvollstreckung unterliegendes Recht einklagen, es sei denn, es liegt ein Fall der gewillkürten Prozessstandschaft vor. Nach § 2213 BGB kann ein Gläubiger des Nachlasses wählen, ob er den Testamentsvollstrecker, die Erben oder beide verklagt. Ein gegen den Testamentsvollstrecker und die Erben ergangener Titel birgt den Vorteil, auch in deren Privatvermögen vollstrecken zu können (beachte §§ 780 f. ZPO). Eine Vollstreckung in den Nachlass ist hingegen nur mit einem Titel gegen den Testamentsvollstrecker möglich. Pflichtteilsansprüche müssen hingegen nach § 2213 I 3 BGB immer und ausschließlich gegen die Erben eingeklagt werden.

70 Im Rahmen der Zwangsvollstreckung ist zu unterscheiden:

- Liegt beim Erbfall bereits ein auf den Erblasser lautender Vollstreckungstitel vor und hat die Zwangsvollstreckung gegen den Erblasser vor dem Erbfall begonnen, wird sie nach § 779 ZPO gegen den Nachlass fortgesetzt. Eine Umschreibung der Klausel bedarf es nicht, auch wenn ein Testamentsvollstrecker bestellt ist.
- Liegt beim Erbfall bereits ein auf den Erblasser lautender Vollstreckungstitel vor und hat die Zwangsvollstreckung gegen den Erblasser vor dem Erbfall noch nicht begonnen, muss die Vollstreckungsklausel gegen den Testamentsvollstrecker nach §§ 749, 727 ZPO umgeschrieben werden. Beachte noch § 748 ZPO bei Teiltestamentsvollstreckung.
- Soll für den Testamentsvollstrecker aus einem bestehenden Titel vollstreckt werden, muss die Klausel auf ihn nach § 749 S. 1 ZPO umgeschrieben werden.

71 Während der Testamentsvollstreckung sind die Erben hinsichtlich der der Testamentsvollstreckung unterliegenden Nachlassgegenstände nicht verfügungsbefugt. Verfügt ein Erbe dennoch, ist die Verfügung gegenüber jedermann schwebend unwirksam und kann vom Testamentsvollstrecker genehmigt werden. Außerdem finden nach § 2211 II BGB die jeweiligen Gutglaubensvorschriften Anwendung, also §§ 932 ff. BGB für bewegliche Sachen und §§ 892 ff. BGB für Immobilien.

52 BGHZ 13, 203 = NJW 1954, 1036.

2. Teil. Familienrecht

§ 4 Scheidungsrecht

Das Scheidungsrecht wird für sich genommen nie den Schwerpunkt einer Examensklausur 1
darstellen, da es vor allem in materieller Hinsicht keinen erhöhten Schwierigkeitsgrad aufweist. Dennoch wurden in den bisher gestellten Klausuren im Familienrecht fast immer zumindest kleine Probleme aus dem Scheidungsrecht eingebaut, die erkannt werden sollten. Die verfahrensrechtlichen Besonderheiten des familienrechtlichen Verbundverfahrens eignen sich zudem in besonderer Weise, das Verständnis und Erfassen der Gesetzessystematik abzuprüfen.

A. Materielles Scheidungsrecht

Für die Scheidung der Ehe bedarf es des Antrags mindestens eines der Ehegatten, § 1564 S. 1 2
BGB. Gemäß § 1565 I 1 BGB ist die Ehe ohne Rücksicht auf ein Verschulden eines der Ehegatten zu scheiden, wenn sie **gescheitert** ist. Grundsätzlich gibt es dabei vier mögliche Varianten, die an die Dauer des Getrenntlebens anknüpfen.

Die **Voraussetzungen des Getrenntlebens** nennt § 1567 BGB: Ehegatten leben getrennt, 3
wenn zwischen ihnen keine häusliche Gemeinschaft besteht ***und*** ein Ehegatte sie erkennbar nicht herstellen will, weil er die eheliche Lebensgemeinschaft ablehnt. Für die volle Punktzahl müssen Sie in der Klausur also sauber zwischen den **objektiven Anforderungen** – Nichtbestehen der häuslichen Gemeinschaft, was auch innerhalb der Ehewohnung möglich ist, § 1567 I 2 BGB! – und dem in subjektiver Hinsicht festzustellenden **Trennungswillen** unterscheiden. Gerade Fragen zum Trennungswillen kommen in Klausuren gerne einmal vor (etwa »unfreiwillige« Trennung über längere Zeit durch Beruf, Krankheit etc).[1]

Hinweis: Wie der BGH gerade erst entschieden hat, kommt es bei der Feststellung des Getrenntlebens nicht darauf an, ob die Ehegatten überhaupt vorher zusammengelebt und die Trennung durch Aufhebung der häuslichen Gemeinschaft herbeigeführt haben oder ob sie von Anfang an getrennt gelebt haben.[2]

Abhängig von der Trennungszeit sind nun **vier Konstellationen möglich**: 4

Variante 1: Bei mindestens **dreijährigem Getrenntleben** wird das Scheitern der Ehe unwiderlegbar vermutet, § 1566 II BGB.

Variante 2: Bei mindestens **einjährigem Getrenntleben** und Einverständnis beider Ehegatten mit der Scheidung wird das Scheitern der Ehe unwiderlegbar vermutet, § 1566 I BGB (»Normalfall«).

Variante 3: Bei mindestens **einjährigem Getrenntleben** (grundsätzlich einzuhaltendes Trennungsjahr folgt aus § 1565 II BGB) **im Fall der streitigen Scheidung** wird die Ehe geschieden, wenn die eheliche Lebensgemeinschaft nicht mehr besteht (**Diagnose**) und der Richter unter Würdigung aller Umstände die **Prognose** trifft, dass die Wiederherstellung derselben auch nicht mehr zu erwarten ist.

1 Vgl. die Kommentierung im Palandt/*Brudermüller* BGB § 1567 Rn. 5. **An dieser Stelle ein wichtiger Hinweis:** Im gesamten Skriptteil zum Familienrecht wird fast ausschließlich auf Kommentierungen im *Palandt* und im *Thomas/Putzo* verwiesen, da dies Ihre Arbeitswerkzeuge sind, auf die Sie im Assessorexamen zurückgreifen dürfen und auch sollten. Schlagen Sie angegebene Fundstellen unbedingt auf, wenn Sie hier im Skript genannt werden. Was dort kommentiert ist, brauchen Sie nicht auswendig zu lernen – aber das nützt Ihnen nur etwas, wenn Sie im Eifer des Gefechts schnell die Stellen finden, auf die es ankommt.

2 **Heißer Examenstipp:** BGH FamRZ 2020, 918 zum ungewöhnlichen Fall von Trennungsunterhalt bei Ehe ohne Zusammenleben.

Hierfür reicht es aber, dass der Antragsteller sich endgültig vom anderen Ehepartner abgewendet hat und die Ehe nur einseitig als **zerrüttet** angesehen wird.

Variante 4: Sog. **Härtefallscheidung** vor Ablauf des Trennungsjahres, § 1565 II BGB. Wichtiger **Standardsatz** für die Klausur: Die unzumutbare Härte muss sich auf das **Eheband**, also auf das »Weiter-miteinander-verheiratet-Sein« und nicht auf die Fortsetzung des ehelichen Zusammenlebens beziehen![3]

5 Mehr »Spezialwissen« zum materiellen Scheidungsrecht brauchen Sie im Assessorexamen nicht. Üblicherweise erwartet der Klausurersteller an dieser Stelle einfach nur, dass Sie den Sachverhalt ausschöpfen und ein bisschen was schreiben.[4]

B. Verfahrensrecht in Scheidungssachen

Merke: Gegenüber dem kompakten Abschnitt zum materiellen Scheidungsrecht sind die nun folgenden Ausführungen zum Verfahrensrecht umfangreicher, weil Sie viele allgemeine Erläuterungen zum FamFG enthalten, die auch für die nachfolgenden Familienstreitsachen (Unterhalt, Güterrecht und sonstige Familiensachen) Geltung haben. Lernen Sie effizient!

I. Verfahrensrecht nach FamFG

6 Der besondere Reiz einer familienrechtlichen Klausur im Assessorexamen (zumindest für den Klausurersteller) liegt darin, dass mit dem FamFG eine **besondere Verfahrensordnung** vorliegt, die der Referendar in Kombination mit der ZPO anzuwenden hat und dabei juristisch sauberes Arbeiten am Gesetzestext demonstrieren muss. Keine Sorge – dieses Skript wird Ihnen zu jedem der fünf Kapitel verständlich erklären, welche Verfahrensregeln zu beachten sind.

7 Wissen müssen Sie, dass es grundsätzlich **zwei Arten von Verfahren** gibt:

- **Familiensachen »im engeren Sinne«**, zB Kindschaftssachen – auf diese sind der Allgemeine Teil (§§ 2 ff. FamFG) des FamFG und die jeweiligen Spezialvorschriften (zB bei Kindschaftssachen §§ 151 ff. FamFG) anwendbar. Hier gilt weitgehend der Amtsermittlungsgrundsatz (§ 26 FamFG).
- **Familienstreitsachen** (Unterhalt, Güterrecht und »sonstige Familiensachen«) und Ehesachen (vor allem Scheidung) – auf diese sind über § 113 I FamFG die Vorschriften der ZPO und die jeweiligen FamFG-Spezialvorschriften (zB bei Unterhaltssachen §§ 231 ff. FamFG) anwendbar. Hier gilt fast ausnahmslos der Beibringungsgrundsatz.

Klausurtipp: Familienrecht im Assessorexamen bedeutet in der Regel: **Scheidung, Unterhalt, Güterrecht** (und zuletzt bisweilen auch »sonstige Familiensachen«). Sie werden sich also **fast ausschließlich mit der zweiten Gruppe beschäftigen** und deshalb ein modifiziertes ZPO-Verfahren anzuwenden haben (Beibringungsgrundsatz, Dispositionsmaxime etc.). Lediglich falls der »Exot« Sorgerecht drankommen sollte, hätten Sie einmal eine Familiensache im engeren Sinne zu bearbeiten (s. dazu den letzten Abschnitt im Skript).

8 Unbedingt achten müssen Sie auf die richtige verfahrensrechtliche **Terminologie!** § 113 V FamFG ordnet an, dass Sie trotz Anwendung der ZPO

- »**Verfahren**« statt »Prozess/Rechtsstreit«
- »**Antrag**« statt »Klage«
- »**Antragsteller**« statt »Kläger«
- »**Antragsgegner**« statt »Beklagter«
- »**Beteiligter**« statt »Partei«

3 Einzelfälle im Palandt/*Brudermüller* BGB § 1565 Rn. 9–12.

4 An dieser Stelle noch ein allgemeiner Tipp, der für sämtliche Klausuren im Assessorexamen gilt: Mehr noch als im Ersten Staatsexamen kommt es weniger auf auswendig gelerntes Einzelwissen, sondern viel mehr auf die richtige Schwerpunktsetzung und die eigenständige Argumentation an. Das müssen Sie von Beginn Ihrer Examensvorbereitung (vor allem durch Klausurschreiben) üben!

schreiben müssen. Und es geht weiter – die §§ 38 und 116 FamFG, die §§ 49 ff. FamFG und die §§ 58 ff. FamFG gelten für alle Familiensachen, sodass Sie

- »**Beschluss**« statt »Urteil«
- »**sofortige Wirksamkeit**« statt »vorläufige Vollstreckbarkeit«
- »**einstweilige Anordnung**« statt »einstweilige Verfügung«
- »**Beschwerde**« statt »Berufung«

schreiben.

Merke: Die Bedeutsamkeit der **richtigen Terminologie** kann nicht genug hervorgehoben werden! Die Musterlösungen der Prüfungsämter sprechen bei diesbezüglichen Fehlern regelmäßig von einem »grundlegenden Fehler«. Natürlich ist es albern – aber wenn Sie in Ihrer Klausurlösung erst ein paar Mal vom »Beklagten« geschrieben und ein »Urteil« erlassen haben, können Sie im Idealfall nur noch hoffen, die Klausur irgendwie zu bestehen.

Klausurtipp: Beachten Sie bei einer Examensklausur aus Richtersicht unbedingt, dass sich der **Aufbau eines Beschlusses** vom Aufbau eines Urteils unterscheidet! Hier können Sie Ihr Wissen insbesondere aus dem Öffentlichen Recht nutzen. So gibt es keinen »Tatbestand« und keine »Entscheidungsgründe«, sondern nur »Gründe«. Unterschätzen Sie niemals, wie wichtig solche Förmlichkeiten für den korrigierenden Praktiker bei der Punktevergabe sind! Im Kurs wird der richtige Beschlussaufbau – auch für den insoweit etwas anspruchsvolleren Scheidungsverbund – noch einmal anschaulich mit Ihnen besprochen.

II. Ehesachen

In Ehesachen (klausurrelevant sind Scheidungssachen, § 121 Nr. 1 FamFG) finden grundsätzlich die **Vorschriften der ZPO** Anwendung (§ 113 I 2 FamFG), die durch Sondervorschriften in den §§ 111 ff. FamFG und §§ 121 ff. FamFG ergänzt werden. Für den Klausurersteller im Examen sind vor allem die Abweichungen von den ZPO-Regeln von Interesse. 9

Im Auge sollten Sie insbesondere folgende Besonderheiten behalten: 10

1. Zuständigkeit

Sachlich sind gem. § 23a I 1 Nr. 1 GVG iVm § 111 Nr. 1 FamFG für Familiensachen die Amtsgerichte zuständig, die gerichtsinterne **funktionale** Zuständigkeit des Familiengerichts ergibt sich aus § 23b GVG. Für die **örtliche (ausschließliche!)** Zuständigkeit gibt es für Ehesachen in § 122 FamFG eine Rangfolgenregelung, die im Klausurfall einfach durchzuprüfen ist.[5] 11

Bei sachlicher oder örtlicher Unzuständigkeit des Gerichts wird das Verfahren auf Antrag des Antragstellers an das zuständige Gericht verwiesen, § 113 I 2 FamFG iVm § 281 ZPO. 12

Merke: Wurde das Verfahren hingegen fälschlicherweise beim Zivilgericht anhängig gemacht und muss an das funktional zuständige Familiengericht verwiesen werden, gilt *nicht* § 281 ZPO, sondern **§ 17a VI iVm II 1 GVG**! Es bedarf zur Verweisung also keines Antrags des Antragstellers, vielmehr hört das Gericht die Beteiligten lediglich zur beabsichtigten Verweisung an. Allerdings ist der Verweisungsbeschluss nach § 17a IV 3 GVG anfechtbar (anders als nach § 281 II 2 ZPO). Beliebtes Thema in der Mündlichen Prüfung!

2. Postulationsfähigkeit/Anwaltszwang

Vor den Familiengerichten besteht in Ehesachen und Folgesachen Anwaltszwang, § 114 I FamFG. Beachten Sie aber die praxisbedeutsame Ausnahmevorschrift des § 114 IV FamFG und dort die Nr. 3: Für die Zustimmung zur Scheidung (und deren Widerruf) sowie die Rücknahme des Scheidungsantrages wird kein Rechtsanwalt benötigt. 13

5 Lesen Sie sich die Norm einfach einmal durch – lernen brauchen Sie hierzu nichts. In der Klausur müssen Sie dann einfach sauber Schritt für Schritt durchprüfen, bis Sie das zuständige Gericht gefunden haben.

Klausurtipp: Fragen zum Umfang des Anwaltszwangs sind äußerst beliebte »Mandantenfragen« in Assessorexamensklausuren, mit denen der Klausurumfang gerne ein bisschen angedickt wird! Beachten Sie, dass vom Anwaltszwang wirklich nur bei den ausdrücklich normierten Handlungen Ausnahmen bestehen.

3. Inhalt der Antragsschrift

14 § 133 I FamFG stellt an den Inhalt eines Scheidungsantrags besondere Anforderungen, die nach der Rechtsprechung **zwingende Zulässigkeitsvoraussetzungen** für das Scheidungsverfahren sind.[6] Lesen Sie die Vorschrift! Das Beachten dieser Vorschrift ist für den Praktiker selbstverständlich – Fehler werden hier regelmäßig mit deutlichem Punktabzug bestraft.

4. Kosten

15 Die **Kosten** der Scheidungssache **hebt das Gericht gegeneinander auf,** § 150 I FamFG – es kommt also nicht auf das Obsiegen/Unterliegen an. Anders nur bei Rücknahme, § 150 II 1 FamFG.

Klausurtipp: Stirbt ein Ehegatte, bevor Ehescheidung rechtskräftig ist, gilt das Verfahren gem. § 131 FamFG *kraft Gesetzes* als in der Hauptsache erledigt (keine Erledigterklärung, kein Feststellungsbeschluss). Das bedeutet, dass das Gericht nur noch über die Kosten entscheidet – entsprechend § 150 II 2 FamFG in Form der Kostenaufhebung – es sei denn, der überlebende Ehegatte ist Alleinerbe.[7] **Auch das war im Assessorexamen schon dran!**

III. Verbundverfahren

16 Die Beteiligten haben die Möglichkeit, mit der Scheidungssache weitere sog. **Folgesachen** anhängig zu machen, wenn eine **Entscheidung für den Fall der Scheidung** zu treffen ist. Von den in § 137 II FamFG genannten möglichen Folgesachen sind Kindes- und Ehegattenunterhalt (Nr. 2) und Güterrecht (Nr. 4) von Examensrelevanz. Im Fall der Scheidung wird über sämtliche im Verbund stehenden Familiensachen **durch einheitlichen Beschluss** entschieden, § 142 I FamFG. Nach der Scheidung geltend gemachte Anträge nach § 137 II FamFG werden allein dadurch zu Folgesachen, dass sie während der noch laufenden Scheidungssache anhängig werden, es bedarf also keines gesonderten Antrags hierfür.[8]

Klausurtipp: Wird die Scheidung ausgesprochen, werden die **Kosten** auch bezüglich der Folgesachen gegeneinander aufgehoben, unabhängig vom anteiligen Obsiegen/Unterliegen der Beteiligten (§ 150 I FamFG)!

17 Für die **Antragstellung bzw. Tenorierung** in der Examensklausur darf § 148 FamFG nicht übersehen werden: Vor Rechtskraft des Scheidungsausspruchs werden die Entscheidungen in Folgesachen nicht wirksam.

Tenorierungsbeispiel:

1. Die am … vor dem Standesbeamten des Standesamtes …, Heiratsregisternummer …, geschlossene Ehe der beteiligten Ehegatten wird geschieden.
2. [Versorgungsausgleich][9]
3. Der Antragsgegner wird verpflichtet, an die Antragstellerin für das Kind …, geboren am …, **ab Rechtskraft der Scheidung** einen monatlichen, jeweils monatlich im Voraus fälligen Kindesunterhalt in Höhe von …% des jeweiligen Mindestunterhalts gemäß § 1612a Abs. 1 BGB der jeweiligen Altersstufe, derzeit … Altersstufe, gemindert um das hälftige Kindergeld für ein … Kind, derzeit … EUR, damit derzeit … EUR, zu bezahlen.

6 Die Angaben nach § 133 I Nr. 1 FamFG braucht der Richter etwa, um die örtliche Zuständigkeit zu klären (§ 122 Nr. 1 und 2 FamFG).
7 Thomas/Putzo/*Hüßtege* FamFG § 131 Rn. 4.
8 Anders ist dies grundsätzlich bei Kindschaftssachen nach § 137 III FamFG (Sorgerecht, Umgangsrecht), bei denen ein Ehegatte die Einbeziehung in den Verbund beantragen muss.
9 Das Versorgungsausgleichsrecht ist in keinem Bundesland Prüfungsstoff.

4. Der Antragsgegner wird verpflichtet, **ab Rechtskraft der Scheidung** an die Antragstellerin einen Zugewinnausgleich in Höhe von ... EUR nebst Zinsen in Höhe von 5 Prozentpunkten über dem jeweiligen Basiszinssatz **ab Rechtskraft der Scheidung** zu zahlen.
5. Im Übrigen wird der Antrag abgewiesen.
6. Die Kosten des Verfahrens werden gegeneinander aufgehoben.
7. Die sofortige Wirksamkeit des Beschlusses in Ziff. 3 und 4 **ab Rechtskraft des Scheidungsausspruchs** wird angeordnet.
8. Der Verfahrenswert wird auf .... EUR festgesetzt.

Beachten Sie, dass **für die Folgesachen jeweils unterschiedliche Verfahrensvorschriften** gelten können! 18

Wichtiges (Klausur-)**Beispiel:** Wie wir gesehen haben, braucht der Antragsgegner in einem Scheidungsverfahren, wenn er der beantragten Scheidung lediglich zustimmen möchte, keinen Anwalt (§ 114 IV Nr. 3 FamFG). Hingegen gilt bei Unterhalts- oder Güterrechtssachen Anwaltszwang (§ 114 I FamFG) mit der Folge, dass gegen einen Ehegatten, der in der letzten mündlichen Verhandlung nicht durch einen Anwalt vertreten ist, auf Antrag des Gegners eine Versäumnisentscheidung nach § 113 I 2 FamFG iVm § 331 ZPO ergeht.[10] Dies hat zur Folge, dass in einem Verbundverfahren – Scheidung mit Unterhalt etwa – ein Teilversäumnis- und Endbeschluss ergeht, § 142 I 2 FamFG![11] Wird in diesem Fall gegen die Versäumnisentscheidung Einspruch und gegen den Beschluss im Übrigen ein Rechtsmittel eingelegt, ist zunächst über den Einspruch und die Versäumnisentscheidung zu verhandeln und zu entscheiden, § 143 FamFG.[12]

Bereits mehrfach Gegenstand von Assessorexamensklausuren war die Frage nach der Zulässigkeit der **Abtrennung einer Folgesache** wegen außergewöhnlicher Verfahrensverzögerung gem. § 140 II Nr. 5 FamFG. Eine hierfür ausreichende Verzögerung wird regelmäßig ab zwei Jahren angenommen. Die zusätzlich erforderliche unzumutbare Härte wird bejaht, wenn das Interesse eines Ehegatten an einer alsbaldigen Scheidung vorrangig ist vor dem Interesse des anderen Ehegatten an einer gleichzeitigen Entscheidung auch über die Folgesachen (Interessenabwägung im konkreten Einzelfall). 19

Merke: Die Verfahrensverzögerung für sich genommen begründet noch keine unzumutbare Härte, es bedarf vielmehr weiterer hinzutretender Umstände, zB dass ein aus der neuen Beziehung des Ehegatten erwartetes Kind ehelich zur Welt kommt.[13]

Die Entscheidung über die Abtrennung erfolgt durch gesonderten Beschluss und ist nicht selbstständig anfechtbar, § 140 VI FamFG. 20

Klausurtipp: Dennoch lässt sich die **Wiederherstellung des Scheidungsverbunds** mit einer Beschwerde gegen die Scheidung erreichen – Lesen Sie zu diesem »Trick«, der ebenfalls bereits Gegenstand einer Examensklausur war (hierzu sogleich im nächsten Abschnitt)!

IV. Rechtsmittel in Ehesachen (und Familienstreitsachen)

Gerade im Assessorexamen ist es beliebt, Zivil- und auch Familienrechtsklausuren aus Sicht des Rechtsmittelgerichts zu stellen.[14] 21

Beispiele aus den letzten Jahren: Mal schrieb der Klausurbearbeiter aus Sicht eines Rechtsreferendars oder Berichterstatters beim OLG, mal waren die Erfolgsaussichten einer

10 Eine Versäumnisentscheidung gegen den Antragsgegner ist in Ehesachen hingegen ausdrücklich nicht möglich, § 130 II FamFG.
11 Thomas/Putzo/*Hüßtege* FamFG § 142 Rn. 6 f.
12 S. dazu BGH NZFam 2015, 762 = FamRZ 2015, 1277.
13 Zu weiteren Härtefällen können Sie die Kommentierung im Thomas/Putzo/*Hüßtege* § 140 FamFG Rn. 23 heranziehen.
14 Spitzenreiter ist dabei Baden-Württemberg, wo Berufungs- und Beschwerdeklausuren in zumindest einer Klausur pro Termin inzwischen fast schon zum Standardrepertoire gehören.

einzulegenden Beschwerde aus Anwaltssicht zu begutachten. Dabei wurde auch immer wieder der Entwurf einer Tenorierung für die zweite Instanz gefordert!

22 Wie bereits beschrieben, werden Sie sich in Ihren Klausuren nahezu ausschließlich mit Ehesachen und Familien**streit**sachen beschäftigen. Gegen Endentscheidungen in diesen Sachen ist das zulässige Rechtsmittel die **Beschwerde** gem. § 117 iVm §§ 58 ff. FamFG. Über § 117 FamFG wird auf zahlreiche Regelungen aus dem ZPO-Berufungsrecht verwiesen. Sie können deshalb ressourcensparend weitgehend auf Ihr dortiges Wissen zurückgreifen!

1. Zulässigkeit

23 Zuständiges Beschwerdegericht ist das OLG, § 119 I Nr. 1a GVG.

24 Die Beschwerde ist gem. § 58 FamFG statthaft gegen die in erster Instanz ergangenen **End**entscheidungen. Sie kennen das aus dem Berufungsrecht – gegen erste Versäumnisbeschlüsse ist nicht die Beschwerde, sondern nur der Einspruch statthaft, § 117 II 1 FamFG iVm § 514 I ZPO; gegen zweite Versäumnisbeschlüsse kann die Beschwerde nur darauf gestützt werden, dass ein Fall der Säumnis nicht vorlag (§ 514 II ZPO).

25 Der Beschwerdeführer muss weiterhin durch die angefochtene Entscheidung beschwert sein – in Familienstreitsachen als vermögensrechtliche Angelegenheiten iSv § 61 I FamFG muss der Wert des Beschwerdegegenstandes 600 EUR überschreiten (oder die Beschwerde zugelassen sein, § 61 II und III FamFG). In Ehesachen ist demgegenüber keine formelle Beschwer notwendig, solange der Beschwerdeführer eindeutig und vorbehaltlos das Ziel verfolgt, die Ehe aufrechtzuerhalten.[15]

Klausurtipp: Der BGH lässt es bei Statthaftigkeit und Beschwer ausreichen, wenn der Beschwerdeführer sich nicht gegen die Scheidung als solche, sondern nur gegen die Abtrennung einer Folgesache wendet – also die Wiederherstellung des Scheidungsverbunds erreichen möchte.[16] Grund: Der Abtrennungsbeschluss als solcher ist nach § 140 VI Hs. 2 BGB nicht selbstständig anfechtbar! Dies war bereits Gegenstand einer Examensklausur!

26 Die Rechtsmittelfristen ergeben sich aus § 63 FamFG. Achten Sie darauf, dass für die Beschwerde**begründung** in Ehe- und Familien**streit**sachen nach § 117 I 3 FamFG eine Zweimonatsfrist gilt, während bei Familiensachen eine solche Frist nur besteht, wenn sie durch das Beschwerdegericht gesetzt wird, § 65 II FamFG.

Klausurtipp: Auch diese Unterscheidung war schon Gegenstand einer Examensklausur. Hierzu hat der BGH entschieden, dass die Versäumung der Beschwerdebegründungsfrist auch dann nicht unverschuldet ist, wenn das Erstgericht unter seinem Beschluss eine falsche Rechtsbehelfsbelehrung (die keine Begründungsfrist vorsieht) gegeben hat – ein Anwalt müsse das trotzdem wissen![17]

27 Beachten Sie, dass die Formvorschrift des § 64 FamFG in Ehe- und Familienstreitsachen durch besondere Begründungserfordernisse in § 117 I FamFG ergänzt wird. Der Beschwerdeführer hat einen »**bestimmten Sachantrag zu stellen und diesen zu begründen**«. Nach dem BGH muss der Beschwerdeführer in der Beschwerdebegründung darlegen, in welchem Umfang er die erstinstanzliche Entscheidung angreifen will und wie er den Angriff begründet.[18] Da § 117 FamFG keine speziellen Regelungen zum Inhalt der Beschwerdebegründung beinhaltet, beurteilt es sich nach den allgemeinen Grundsätzen, ob ein Beschwerdeantrag hinreichend bestimmt und ausreichend begründet ist. Deshalb können für den notwendigen Inhalt der Beschwerdebegründung im Wesentlichen die Anforderungen herangezogen werden, die für eine Berufungsbegründung nach § 520 III 2 ZPO gelten, auch wenn § 117 I 4 FamFG nicht auf § 520 III ZPO verweist.

15 BGH NJW 2013, 2662 Rn. 11.

16 Vgl. BGH NJW 2013, 3722.

17 BGH NJW-RR 2018, 385 = FamRZ 2018, 699 Rn. 8: »Die Unterteilung in Familienstreit- und Ehesachen einerseits und Familiensachen der freiwilligen Gerichtsbarkeit andererseits gehört ebenso zu den verfahrensrechtlichen Grundkenntnissen eines im Familienrecht tätigen Rechtsanwalts.«

18 BGH NJW 2017, 1883 Rn. 25.

Klausurtipp: Auch die Anforderungen des § 117 I FamFG wurden in Assessorklausuren schon ausdrücklich thematisiert! Im Sachverhalt versäumt es der Beschwerdeführer dann fast immer, einen formalen Beschwerdeantrag zu stellen (Klassiker auch im ZPO-Berufungsrecht!). Die Klausur ist dann aber keineswegs »vorbei« – vielmehr müssen Sie die **wichtige Ausnahme** kennen, dass es nach ständiger Rechtsprechung reicht, wenn sich aus der Beschwerdebegründung eindeutig ergibt, **dass der erstinstanzliche Antrag weiterverfolgt werden soll**, weil sich insoweit das Sachbegehren konkludent aus dem Zusammenhang ergibt.[19]

2. Begründetheitsprüfung

Das Beschwerdeverfahren ist auch deshalb so gut **als Klausuraufhänger geeignet**, weil das OLG in Familiensachen eine »richtige« zweite Tatsacheninstanz ist und nicht primär Fehlerkontrolle der amtsgerichtlichen Entscheidung betreibt. § 65 III FamFG bestimmt ausdrücklich, dass die Beschwerde auf neue Tatsachen und Beweismittel gestützt werden kann. Beachten Sie in diesem Zusammenhang auch, dass wegen § 115 FamFG die weitaus strengeren Präklusionsvorschriften der ZPO (§§ 296 ff. ZPO in erster Instanz und § 530 ZPO, § 531 ZPO sowie § 533 ZPO im Beschwerdeverfahren) nicht über § 113 I FamFG anwendbar sind. 28

Hinweis: Das soll reichen – auch in den Klausuren, die beschwerderechtlich eingekleidet waren, wurden keine Fragen gestellt, die Sie nicht mit einfachem Lesen und Subsumieren des Gesetzes hätten beantworten können.

Tenorierungsbeispiel:

1. Auf die Beschwerde der Antragstellerin wird der Beschluss des AG ... vom ..., Az. ... abgeändert und wie folgt neu gefasst:

   [hier »ganz normalen« Tenor einfügen]
2. Im Übrigen wird die Beschwerde zurückgewiesen.
3. Von den Kosten des Verfahrens in beiden Instanzen tragen ...[20]

Fall zum Scheidungsrecht:

Uli (U) und Susi (S) sind seit 40 Jahren verheiratet, als U im Zusammenhang mit diversen Aktienspekulationen wegen Steuerhinterziehung zu einer Freiheitsstrafe von dreieinhalb Jahren verurteilt wird, die er im Mai 2017 in der JVA Landsberg antritt. S besucht U in den Folgejahren regelmäßig im Gefängnis und freut sich, als er unter Erlassung der Reststrafe bereits am 1.7.2019 entlassen wird. Wenige Tage nach seiner Rückkehr in die Ludwigsburger Ehewohnung gesteht U seiner Frau eine Affäre mit der Gefängnisärztin. Die Ehegatten schlafen fortan in getrennten Betten, essen nicht mehr gemeinsam und gehen sich auch sonst aus dem Weg. Am 1.3.2020 zieht S nach Stuttgart und reicht am 5.6.2020 über einen Verfahrensbevollmächtigten beim Familiengericht Ludwigsburg die Scheidung ein. Auch U hat inzwischen einen Anwalt und beantragt Abweisung des Scheidungsantrags, weil er die Ehe gerne retten möchte. S erklärt, dass dies für sie keinesfalls in Betracht komme und sie zudem bereits einen neuen Partner gefunden habe. Wird die Ehe im Termin am 5.8.2020 geschieden werden?

Lösung:

Die Ehe wird geschieden, wenn der Scheidungsantrag beim zuständigen Familiengericht gestellt wurde und die Ehe gescheitert ist.

1. Zulässigkeit

Das Familiengericht Ludwigsburg ist sachlich und funktional gem. § 23 a I 1 GVG iVm § 111 FamFG zuständig. Die örtliche Zuständigkeit folgt aus § 122 Nr. 3 FamFG, da U weiterhin in Ludwigsburg wohnt, also in dem Bezirk, in dem die Ehegatten ihren letzten gemeinsamen gewöhnlichen Aufenthalt hatten.

19 Vgl. etwa BGH NJW 2017, 1883.
20 Bei Scheidungs- oder Verbundentscheidungen denken Sie an § 150 FamFG (Kostenaufhebung).

Die Beteiligten sind auch entsprechend § 114 I FamFG jeweils durch einen Anwalt vertreten. Insbesondere gilt für U die Ausnahme vom Anwaltszwang nach § 114 IV Nr. 3 FamFG nicht, da er die Abweisung des Scheidungsantrags begehrt.

2. Begründetheit

a) Die unwiderlegbare Vermutung für das Scheitern der Ehe nach § 1566 II BGB ist nicht gegeben, da die Ehegatten nicht seit drei Jahren getrennt leben. Zwar bestand in objektiver Hinsicht seit Haftantritt im Mai 2017 die häusliche Gemeinschaft nicht mehr, und es spricht auch einiges dafür, dass die wenigen Tage zwischen Haftentlassung und Trennung innerhalb der Wohnung diese nicht hinreichend wiederhergestellt haben. Jedenfalls aber fehlt es für die Haftzeit in subjektiver Hinsicht am **notwendigen Trennungswillen**, da die Ehegatten die häusliche Gemeinschaft nur unfreiwillig aufgegeben haben, die Ehe aber fortsetzen wollten.

b) Auch ist die unwiderlegbare Vermutung für das Scheitern der Ehe nach § 1566 I BGB nicht gegeben, da U die Scheidung nicht selbst beantragt und ihr auch **nicht zugestimmt** hat.

c) Eine **Härtefallscheidung** nach § 1565 II BGB scheidet ebenfalls aus, da die bloße Verletzung der ehelichen Treuepflicht ohne das Hinzutreten besonderer Umstände nicht dazu führt, dass dem anderen das »Weiter-miteinander-verheiratet-Sein« bis zum Ablauf des Trennungsjahres nicht mehr zuzumuten ist.

d) Dennoch ist die Ehe als gescheitert iSv § 1565 I BGB anzusehen. Das **Trennungsjahr** ist bis zum Termin am 5.8.2020 abgelaufen, da die Ehegatten bereits im Juli 2019 die häusliche Gemeinschaft aufgelöst haben. Dabei ist es unschädlich, dass die Trennung zunächst innerhalb der Ehewohnung stattfand, da kein gemeinsamer Haushalt mehr bestand und es zu keinen vermeidbaren Gemeinsamkeiten mehr kam, § 1567 I 2 BGB. **Prognostisch** kann unter Würdigung aller Umstände die **Wiederherstellung der ehelichen Lebensgemeinschaft nicht mehr erwartet** werden. Zwar hat U erklärt, die Ehe retten zu wollen. Die **einseitige Zerrüttung** auf Seiten der Antragstellerin reicht aber aus, weil aus ihrem Verhalten und ihren glaubhaften Bekundungen zu entnehmen ist, dass sie unter keinen Umständen bereit ist, die Ehe fortzusetzen, wofür insbesondere auch der Umstand spricht, dass sie einen neuen Lebensgefährten gefunden hat.

Klausurtipp: Wie gesagt – die Frage nach der Scheidung der Ehe lässt sich in der Klausur am besten in einen Verbundantrag einbauen (also etwa: Antragstellung aus Anwaltssicht oder Beschlussfassung aus Richtersicht). Einzelaspekte aus diesem Abschnitt können aber auch in anderem Zusammenhang eine Rolle spielen – so ist etwa das Getrenntleben iSv § 1567 BGB Voraussetzung für einen Anspruch auf Trennungsunterhalt nach § 1361 BGB (dazu noch später)!

§ 5 Unterhaltsrecht

A. Kindesunterhalt

Der Kindesunterhalt ist der in der Praxis und vor allem auch in den Klausursachverhalten mit Abstand am häufigsten anzutreffende Fall des Verwandtenunterhalts nach §§ 1601 ff. BGB.[1] 1

Klausurtipp: Verwenden Sie für jede Unterhaltsprüfung das folgende **einfache Schema**, welches Ihrer Klausurlösung automatisch Struktur verschafft:

1. **Anspruchsgrundlage**
2. **Bedarf des Unterhaltsberechtigten**
3. **Bedürftigkeit des Unterhaltsberechtigten**
4. **Leistungsfähigkeit des Unterhaltsverpflichteten**
5. **Ausnahmen/Einschränkungen/Besonderheiten**

Dieser Rat erscheint vielleicht banal, hätte aber in der Vergangenheit vielen Kandidaten einige Punkte retten können![2]

I. Unterhaltsanspruch des minderjährigen Kindes

1. Anspruchsgrundlage

Zu § 1601 BGB sind im Fall des Kindesunterhaltes in der Regel *keine* weiteren Ausführungen angezeigt. 2

a) Verwandtschaft/Abstammung

Eine Ausnahme besteht allerdings dann, wenn der Klausurersteller (wie in der Vergangenheit gelegentlich geschehen) explizit ein Problem zur Abstammung einbaut. Werden Sie in diesem Fall aber nicht nervös – allein aus klausurtaktischen Erwägungen wird es sich hierbei in der Regel um eine »Nebelkerze« handeln. So wird der Vater (die Mutterschaft ist für die Klausur uninteressant, § 1591 BGB) etwa behaupten, das Kind, welches in der Ehezeit geboren wurde, sei gar nicht von ihm, er sei also nicht der **leibliche Vater**. Hier reicht aber ein Blick ins Gesetz: Die **rechtliche Vaterschaft** (und allein auf die kommt es für die Unterhaltspflicht an[3]) folgt trotzdem aus § 1592 Nr. 1 BGB. In einer **Anwaltsklausur** könnte dann noch ein Hinweis auf die **Anfechtungsmöglichkeiten** nach §§ 1599 ff. BGB gefragt sein – dass eine vertiefte Auseinandersetzung gewollt sein sollte, ist hingegen kaum vorstellbar.[4] 3

b) Vertraglicher Unterhaltsanspruch bei heterologer Insemination

Eine Besonderheit insoweit und zugleich einen tollen Klausuraufhänger bildet die Entscheidung des BGH zur vertraglichen Unterhaltspflicht des »Wunschvaters« bei einer heterologen (dh Samenspender ist ein Dritter) künstlichen Befruchtung.[5] 4

Schon in der Vergangenheit[6] hatte der BGH entschieden, dass eine Vereinbarung zwischen Eheleuten, mit welcher der Ehemann sein Einverständnis zu einer heterologen Insemination erteilt, regelmäßig zugleich einen **von familienrechtlichen Besonderheiten geprägten berechtigenden Vertrag zugunsten des zu zeugenden Kindes enthält (Vertrag zugunsten Dritter, § 328 BGB!)**, aus dem sich für den Ehemann dem Kind gegenüber die Pflicht ergibt, für dessen **Unterhalt wie ein leiblicher Vater** zu sorgen. In diesem älteren Fall hatte der 5

1 Sonstiger Verwandtenunterhalt – etwa die in der Praxis gar nicht so seltenen Unterhaltsansprüche der (gealterten) Eltern gegenüber ihren Kindern (Elternunterhalt) – war bislang kein Thema in Assessorklausuren. Sollte dieser unwahrscheinliche Fall in der Zukunft einmal eintreten, bleiben Sie ruhig und verfahren im Grundsatz wie nachfolgend erläutert. Sie müssen dann lediglich alle Vorschriften weglassen, die sich explizit auf (minderjährige) Kinder beziehen.

2 **Zum Merken**: Palandt/*Brudermüller* BGB vor § 1569 Rn. 7.

3 So nun auch noch einmal ausdrücklich BGH NJW 2020, 925 Rn. 27 f.

4 Eher für die Mündliche Prüfung: Der BGH hat aktuell entschieden (NZFam 2020, 525), dass ein rechtsgeschäftlicher Ausschluss des Rechts auf Anfechtung der Vaterschaft nicht möglich ist, sodass ein Verzicht auf das Anfechtungsrecht wirkungslos ist.

5 BGH NJW 2015, 3434; s. auch Palandt/*Brudermüller* BGB § 1600 Rn. 14.

6 Brauchen Sie aber nicht zu lesen: BGH NJW 1995, 2028.

»Wunschvater« die Nichtehelichkeit des Kindes feststellen lassen und sich geweigert, Unterhalt zu zahlen. Einem solchen Vorgehen hat der Gesetzgeber zwischenzeitlich allerdings durch Einführung des § 1600 IV BGB einen Riegel vorgeschoben: Erfolgte die heterologe Befruchtung mit Einwilligung des Ehemannes, ist die Anfechtung der (rechtlichen) Vaterschaft iSv § 1592 Nr. 1 BGB von vornherein ausgeschlossen – sodass der Wunschvater auf diesem Wege nicht länger seine Unterhaltspflicht vermeiden kann.

6 In der aktuellen Entscheidung waren die Wunscheltern allerdings **nicht miteinander verheiratet** – und da eine Vaterschaft auch nicht nach § 1592 Nr. 2 oder 3 BGB bestand, half § 1600 IV (damals noch: Abs. 5) BGB unmittelbar nicht weiter. Dennoch ist die alte Rechtsprechung insoweit natürlich übertragbar, sodass auch hier ein Vertrag zugunsten Dritter zustande kommt. Der BGH hat betont, dass die Einwilligung in die Befruchtung insoweit der nach **§ 1600 IV BGB entspreche** und sich – wenigstens mittelbar – auf die Begründung einer der Vaterschaft entsprechenden Verantwortung richte.

7 Der für den Vertragsschluss notwendige **Rechtsbindungswillen**, dass der einwilligende Mann die Stellung als Vater übernehmen will, ist nach dem BGH im Zweifel gegeben, wenn die Frau die Durchführung der Insemination vom Einverständnis des Mannes abhängig gemacht habe. Die **bloße Kenntnis** des Mannes von der heterologen Insemination führe hingegen zu keiner entsprechenden Willenserklärung. Klargestellt wurde, dass die Einwilligung gegenüber der Frau erklärt werden müsse, was aber auch dadurch geschehen könne, dass der Mann beim Arzt eine entsprechende Mustererklärung zur Insemination unterzeichne.

8 Die Vertragserklärungen (Mann und Frau) seien **formfrei** möglich. Es handele sich bei der Unterhaltsvereinbarung um eine Vereinbarung eigener Art, die sich insbesondere von der formbedürftigen Leibrente (§ 761 S. 1 BGB) schon dadurch unterscheide, dass sie von der Bedürftigkeit des Unterhaltsberechtigten und der Leistungsfähigkeit des Unterhaltsverpflichteten abhänge. Auch der Übereilungsschutz rechtfertige keine Formbedürftigkeit.

9 Unproblematisch ist, dass das begünstigte Kind zur Zeit des Vertragsschlusses noch nicht einmal gezeugt ist (also **keine Rechtsfähigkeit iSv § 1 BGB** besitzt!). Es ist allgemein anerkannt, dass auch dem noch nicht erzeugten Kind für den Fall seiner Lebendgeburt Rechte zugewendet werden können, insbesondere auch durch einen Vertrag zugunsten Dritter.

Klausurtipp: In diesem Fall folgt die **Anspruchsgrundlage** also ausnahmsweise nicht aus Gesetz (§ 1601 BGB), sondern **aus dem Vertrag zugunsten Dritter**! Die Entscheidung eignet sich **wunderbar** als Klausurgrundlage, weil die Unterhaltsprüfung im Übrigen in gewohnten Bahnen läuft!

2. Bedarf des unterhaltsberechtigten Kindes

a) Art der Unterhaltsgewährung

10 Der Kindesunterhalt ist durch Zahlung einer **monatlich im Voraus** zu zahlenden Geldrente zu erbringen, § 1612 I 1, III 1 BGB. Allerdings haben Eltern gem. § 1612 II 1 BGB ein Bestimmungsrecht, in welcher Form sie den Unterhalt erbringen, namentlich durch Natural- statt Barunterhalt. Nach § 1606 III 1 BGB haften beide Eltern gleichrangig und anteilig nach ihren Erwerbs- und Vermögensverhältnissen, was aber bei der Gewährung von ausschließlich Naturalunterhalt keine praktische Bedeutung hat.

11 Leben die Eltern allerdings getrennt – so der übliche Klausurfall – kann nur der betreuende Elternteil den **Naturalunterhalt** leisten, der andere ist zum **Barunterhalt** verpflichtet. Der betreuende Elternteil erfüllt seine Unterhaltsverpflichtung gegenüber dem minderjährigen Kind gem. § 1606 III 2 BGB in der Regel durch Erziehung und Pflege des Kindes.

b) Maß des Unterhalts, § 1610 BGB

12 Gemäß § 1610 I BGB bestimmt sich das Maß des zu gewährenden Unterhalts nach der Lebensstellung des Bedürftigen, also hier des unterhaltsberechtigten Kindes. Umfasst ist der gesamte Lebensbedarf.

13 aa) Allerdings hat ein Minderjähriger **keine eigene Lebensstellung**, sondern **leitet diese vielmehr von seinen Eltern ab**. Konkret wird deshalb zur Bemessung des Bedarfs das Einkom-

men des barunterhaltspflichtigen Elternteils herangezogen.[7] Wichtig: Mangels eigener Lebensstellung nimmt das Kind an allen Einkommensveränderungen unmittelbar teil – **Einkommensverbesserungen** kommen ihm zugute, **Einkommensverschlechterungen** muss es aber ebenso mittragen.

In der Praxis wird zur Bedarfsbestimmung die sog. **Düsseldorfer Tabelle** (jährlich aktualisiert) herangezogen. Diese besteht aus zehn Einkommensgruppen und vier Altersstufen, in die der jeweilige Einzelfall einsortiert werden kann. In Baden-Württemberg ist die Düsseldorfer Tabelle Bestandteil der »**Unterhaltsrechtlichen Leitlinien der Familiensenate in Süddeutschland (SüdL)**«. Hierbei handelt es sich um regelmäßig[8] aktualisierte Rechtsprechungsleitlinien, die gemeinsam von den Oberlandesgerichten Bamberg, Karlsruhe, München, Nürnberg, Stuttgart und Zweibrücken »als Orientierungshilfe für den Regelfall unter Beachtung der Rechtsprechung des Bundesgerichtshofs« herausgegeben werden. In Hessen gibt es die entsprechenden »**Unterhaltsgrundsätze des OLG Frankfurt**« und etwa in Sachsen die »**Unterhaltsleitlinien des OLG Dresden**«, die ebenfalls die Düsseldorfer Tabelle enthalten. 14

Klausurtipp: In einigen Bundesländern ist der **Ergänzungsband zum Schönfelder**, der die Düsseldorfer Tabelle und die Leitlinien der Oberlandesgerichte enthält als Hilfsmittel zum Assessorexamen zugelassen. Soweit dies (namentlich in Baden-Württemberg) nicht der Fall ist, werden die Düsseldorfer Tabelle und die Leitlinien (auszugsweise) mit der Klausur ausgeteilt, wenn die Referendare diese anwenden sollen (so etwa im Dezembertermin 2019). **Machen Sie sich deshalb mit dem Aufbau dieser wichtigen Hilfsmittel vertraut!** Hier helfen die Erläuterungen im Palandt/*Brudermüller* BGB Einf v. § 1601 Rn. 12 ff.; zudem **wird die Tabelle im Präsenzkurs besprochen**.

Beachten Sie, dass die Tabellensätze der Düsseldorfer Tabelle auf den Fall zugeschnitten sind, dass der Unterhaltspflichtige zwei Unterhaltsberechtigten Unterhalt zu gewähren hat. Bei einer größeren oder geringeren Anzahl an Unterhaltsberechtigten sind in der Regel Ab- oder Zuschläge in eine niedrigere oder höhere Einkommensgruppe vorzunehmen (Leitlinien jeweils Ziff. 11.2).

Zu beachten ist § 1612a I BGB, der den das sozial- und steuerrechtliche Existenzminimum abdeckenden Mindestunterhalt unter dynamischer Anknüpfung an § 32 VI EStG festschreibt und damit auch den Ausgangspunkt der Düsseldorfer Tabelle vorgibt (die Altersstufen und die unterste Einkommensstufe »bis 1.900 EUR«). 15

bb) In der Praxis wird regelmäßig am meisten darüber gestritten, **welches monatliche Einkommen beim Unterhaltsverpflichteten zugrunde zu legen ist** – nicht nur beim Kindesunterhalt, sondern auch beim Ehegattenunterhalt. Zur Berechnung finden Sie im Palandt/*Brudermüller* BGB § 1603 Rn. 4 ff. und vor allem Palandt/*Brudermüller* BGB § 1361 Rn. 28 ff. sehr umfangreiche Kommentierungen. 16

Beachte: Fangen Sie bitte dennoch in der Klausur *nicht* an, sich diese Randnummern »mal durchzulesen«! Das ist mit an Sicherheit grenzender Wahrscheinlichkeit Ihr Untergang – und ein gutes Beispiel dafür, warum Sie sich mit der examensgerechten Benutzung der Kommentare rechtzeitig vertraut machen müssen. Es handelt sich um äußerst umfangreiches »Case Law«, welches für die Praxis bedeutsam ist, aber in der Klausur vernünftigerweise schon aus Zeitgründen keine Rolle spielen darf. Lediglich ein paar Grundzüge sollten Sie kennen, die im Folgenden erklärt werden.

In der Examensklausur hingegen werden hier allenfalls mit gesundem Menschenverstand ohne weiteres handhabbare Probleme auf Sie warten, schon weil Sie keinen Taschenrechner oder gar ein Berechnungsprogramm (wie die Familiengerichte) benutzen dürfen. 17

Wissen müssen Sie, dass **für die Einordnung in die Düsseldorfer Tabelle das sog. bereinigte Nettoeinkommen** maßgeblich ist. Zur Ermittlung des Nettoeinkommens sind zunächst vom Bruttoeinkommen Steuern, Sozialabgaben und gegebenenfalls tatsächliche Aufwendungen für Altersvorsorge abzuziehen. Das Nettoeinkommen würde Ihnen in der Klausur aus oben genannten Gründen üblicherweise vorgegeben werden. Kindergeld ist kein Einkommen der Eltern, sondern deckt teilweise den Barbedarf des Kindes, § 1612b BGB (→ § 5 Rn. 25). 18

7 Vgl. BGH NJW 2017, 1881.
8 Fast immer jährlich.

19 Sollte der Unterhaltsverpflichtete seine Arbeitskraft im Interesse des Unterhaltsgläubigers nicht so gut wie möglich einsetzen, also eine ihm zumutbare Erwerbstätigkeit unterlassen, kann ihm ein **fiktives Erwerbseinkommen** anzurechnen sein. Insbesondere gegenüber minderjährigen Kindern treffen die Eltern gesteigerte Unterhaltsverpflichtungen, § 1603 II 1 BGB.

Klausurtipp: Bejahen Sie **fiktive Erwerbseinkünfte**, wenn folgende Voraussetzungen kumulativ gegeben sind (s. auch Palandt/*Brudermüller* BGB § 1603 Rn. 24 ff. mit Anwendungsbeispielen):
- Fehlende Einkünfte sind Folge eines unterhaltsrechtlichen Fehlverhaltens
- Vorwerfbares Verhalten ist kausal für fehlende Einkünfte
- Geforderte Erwerbstätigkeit ist nicht unzumutbar.

In der Klausur muss Ihnen der Sachverhalt insoweit natürlich die notwendigen Daten vorgeben.

Beachten Sie als klausurgeeignetes Beispiel exemplarisch die Rechtsprechung des BGH zum Rollenwechsel (sog. Hausmann-Rspr.), die anschaulich im Palandt/*Brudermüller* BGB § 1603 Rn. 30 zusammengefasst wird. Hier geht es um Fälle, in denen sich der Unterschuldner in der neuen Ehe (oder neuen Lebensgemeinschaft) nicht länger einer Erwerbstätigkeit nachgeht, sondern die Haushaltsführung übernimmt.

20 Für **Altersvorsorge** kann der Unterhaltsverpflichtete bis zu 23% des Bruttoeinkommens einsetzen, allerdings einschließlich der Gesamtbeiträge von Arbeitnehmer und Arbeitgeber zur gesetzlichen Rentenversicherung.[9] Die führt dazu, dass bei einem unselbstständig Beschäftigten – also dem typischen Klausurfall – ein Abzug von **zusätzlichen 4% des Bruttoeinkommens** zugelassen wird.[10] Mehr als die Anwendung dieser groben Richtschnur aus der Praxis (eigentlich betragen die Gesamtbeiträge zur gesetzlichen Rentenversicherung zur Zeit »nur« 18,6%) kann von Ihnen in der Klausur nicht verlangt werden. Geprüft wird deshalb immer nur der offensichtliche Fall, also zB eine Zahlung 100 EUR monatlich für eine kapitalbildende Lebensversicherung bei einem monatlichen Bruttoeinkommen von 4.000 EUR.

21 Die **»Bereinigung« des Nettoeinkommens** findet nun dadurch statt, dass bestimmte monatliche Ausgaben des Unterhaltsschuldners abgezogen werden. Der unselbstständig Tätige kann für **berufsbedingte Aufwendungen eine Pauschale von 5%** beim Nettoeinkommen abziehen, mehr nur bei konkreter Darlegung (in der Klausur nahezu nie der Fall).

Beachte: In einigen Bundesländern (etwa Hessen und Sachsen) beträgt die Pauschale zwar auch 5%, der Betrag ist aber auf maximal 150 EUR gedeckelt (Ziff. 10.2.1 der dortigen Leitlinien)!

22 Inwieweit **sonstige Verbindlichkeiten**, also zB irgendwelche Ratenzahlungsverpflichtungen unterhaltsrechtlich in Abzug zu bringen sind, richtet sich nach einer Interessenabwägung nach billigem Ermessen. Abzustellen ist auf Zweck, Art und Zeitpunkt der Entstehung sowie aufgrund und Höhe. Solange Kinder ihre Lebensstellung von den Eltern ableiten, sind Verbindlichkeiten, die bereits die Lebensverhältnisse der Familie bis zur Trennung **geprägt** haben, in der Regel zu berücksichtigen. Einen Abzug wird man aber regelmäßig ablehnen müssen, wenn für das Kind sonst nicht einmal der Mindestunterhalt (1. Einkommensstufe) bezahlt werden könnte.

Klausurtipp: Der Abzug dieser sonstigen Verbindlichkeiten ist es, weswegen sich die Beteiligten in der Praxis die Köpfe einschlagen – und auch in der Klausur werden hier regelmäßig ein paar Fragen aufgeworfen werden. Keine Angst: Im Rahmen der dabei anzustellenden Interessenabwägung können Sie hier meistens alles vertreten. Der Grundtenor sollte allerdings sein, dass die **Kindesinteressen vor allem Luxusaufwendungen vorgehen** (etwa den hohen Monatsraten für den Porsche).

23 Als (praxisnahes) Problem wird in Assessorklausuren gerne ein zum Einkommen addierender Wohnvorteil eingebaut. Der **Wohnvorteil durch mietfreies Wohnen im eigenen Heim** ist als wirtschaftliche Nutzung unterhaltsrechtlich wie Einkommen zu behandeln (Leitlinien Ziff. 5). In der Sache handelt es sich hierbei um fiktive Einkünfte (nicht: fiktive Erwerbsein-

9 Leitlinien Ziff. 10.1.

10 Vgl. Palandt/*Brudermüller* BGB § 1361 Rn. 47.

künfte[11]). Zur Bestimmung des Wohnvorteils müssen Sie vom objektiven Wohnwert (= die bei einer Fremdvermietung erzielbare objektive Marktmiete; in der Klausur vorgegeben) die Finanzierungslasten sowie sonstige bei einer Vermietung nicht umlagefähigen Kosten abziehen. Abzugsfähige Finanzierungslasten meint beim Kindesunterhalt dabei grundsätzlich Zins- und Tilgungsanteil, soweit der Wohnwert nicht überschritten und der Mindestunterhalt des Kindes (= 1. Stufe Düsseldorfer Tabelle) nicht gefährdet wird.

Beachte: Um bei der Bestimmung des bereinigten Nettoeinkommens auf das richtige Ergebnis zu kommen, ist es entscheidend, dass Sie bei der Berechnung der Pauschale für betriebsbedingte Aufwendungen nicht den Wohnvorteil und auch nicht die sonstigen Verbindlichkeiten miteinbeziehen!
Halten Sie sich einfach an folgende Checkliste:

1. Nettoeinkommen (+ fiktives Erwerbseinkommen)
2. **Minus** zusätzliche Altersvorsorge
3. **Minus** berufsbedingte Aufwendungen (also regelmäßig: 5% vom bisherigen Ergebnis)
4. **Plus** Wohnvorteil Eigenheim
5. **Minus** sonstige berücksichtigungsfähige Verbindlichkeiten

3. Bedürftigkeit des unterhaltsberechtigten Kindes, § 1602 BGB

Nach § 1602 I BGB ist unterhaltsberechtigt nur, wer außerstande ist, sich selbst zu unterhalten. **Eigenes Einkommen und Vermögen** wären vorrangig einzusetzen. Minderjährige Kinder müssen gem. § 1602 II BGB ihr eigenes Vermögen jedoch nicht einsetzen – nur die Erträge hieraus (vor allem Zinsen). Eigenes Einkommen liegt bei minderjährigen Kinder ebenfalls selten vor – sollten sie aber tatsächlich schon ein **Lehrlingsgehalt** beziehen, wäre dieses anzurechnen, allerdings ebenfalls nur bereinigt, wobei als »ausbildungsbedingter Aufwand« pauschal 100 EUR abzuziehen sind (so jedenfalls SüdL Ziff. 10.2.3; *anders* UG FFM Ziff. 10.2.3: 5% von der Ausbildungsvergütung). 24

Beachte: Die Anrechnung erfolgt gegenüber jedem Elternteil jeweils zur Hälfte, das heißt zB eine aufwandsbereinigte Ausbildungsvergütung in Höhe von 400 EUR vermindert die Unterhaltsverpflichtung des barunterhaltsverpflichteten Elternteils nur um 200 EUR!

Schließlich ist § 1612b BGB zu beachten: Das auf das betreffende Kind entfallende **Kindergeld** ist zur Deckung seines Barbedarfs zu verwenden. Es mindert seinen Barbedarf **zur Hälfte**, wenn ein Elternteil seine Unterhaltspflicht durch Betreuung des Kindes erfüllt, § 1612b I 1 Nr. 1 BGB. Es wird also letztlich wie eigenes Einkommen des Kindes behandelt. 25

Tenorierungsbeispiel:

Der Antragsgegner wird verpflichtet, an die Antragstellerin für das Kind ..., geboren am ..., ab ... einen monatlichen, jeweils monatlich im Voraus fälligen Kindesunterhalt in Höhe von ...% des jeweiligen Mindestunterhalts gemäß § 1612a Abs. 1 BGB der jeweiligen Altersstufe, derzeit ... Altersstufe, **gemindert um das hälftige Kindergeld für ein erstes Kind, derzeit 102 EUR**, damit derzeit ... EUR, zu bezahlen.

Merke: Aktuell beträgt das **Kindergeld** für ein erstes Kind **204 EUR**.[12] Zum ersten Januar 2021 soll sich das Kindergeld auf 219 EUR erhöhen.

4. Leistungsfähigkeit des Unterhaltsverpflichteten, § 1603 BGB

a) Selbstbehalt

Die Unterhaltsverpflichtung findet entsprechend § 1603 I BGB ihre Grenze in der Leistungsfähigkeit des Verpflichteten. Der Verpflichtete darf durch die Leistung von Unterhalt nicht selbst sozialhilfebedürftig werden, sodass das **Existenzminimum** nicht unterschritten werden darf. Zur Umsetzung dieser Grundsätze gibt es den sog. **Selbstbehalt**. 26

11 Warum ist dieser Unterschied für Sie wichtig? Weil Sie die 5%-Pauschale nur von den Erwerbseinkünften abziehen dürfen! S. dazu auch den nachfolgenden Kasten.

12 Für ein zweites Kind auch 204 EUR, für ein drittes Kind 210 EUR und ab dem vierten Kind 235 EUR.

27 Gegenüber minderjährigen Kindern gilt lediglich der **notwendige** Selbstbehalt. Er beträgt beim erwerbstätigen Unterhaltsschuldner **1.160 EUR**, beim nichterwerbstätigen **960 EUR**.

Hinweis: Unterscheiden Sie die **verschiedenen Selbstbehaltsgrenzen**, die in den späteren Kapiteln noch behandelt werden (dazu Palandt/*Brudermüller* BGB § 1603 Rn. 14 ff.; Leitlinien Ziff. 21):

- notwendiger Selbstbehalt gegenüber minderjährigen Kindern und privilegierten volljährigen Schülern: 960 EUR bzw. 1.160 EUR (→ § 5 Rn. 65).
- angemessener Selbstbehalt gegenüber sonstigen Verwandten: 1.400 EUR (gegenüber nicht privilegierten volljährigen Kindern) bzw. 2.000 EUR (gegenüber Eltern).
- eheangemessener Selbstbehalt gegenüber Ehegatten: zwischen angemessenem und notwendigem Selbstbehalt, in der Regel 1.280 EUR (1.180 EUR beim nichterwerbstätigen UH-Schuldner).

Bislang wurden die einschlägigen Selbstbehaltssätze im Bearbeitervermerk der Klausuren aber mit angegeben bzw. wurden Auszüge aus den Leitlinien ausgegeben, denen diese zu entnehmen waren.

28 Die Selbstbehaltssätze sind allerdings nicht verbindlich. Eine **Herabsetzung der Selbstbehaltsgrenzen** kann etwa in Betracht kommen, wenn der Unterhaltsschuldner mit einem leistungsfähigen Partner zusammenlebt – im Fall der Wiederheirat hat er gegen diesen sogar einen Anspruch auf Familienunterhalt gem. §§ 1356, 1369 BGB.[13] Üblicherweise wird der Selbstbehalt dann um bis zu 10% gesenkt. In der Klausur wird Sie der Klausurbearbeiter »mit der Nase darauf stoßen«, wenn derartige Ausführungen gewünscht sind.

b) Mangelfall

29 Übersteigt das bereinigte Nettoeinkommen des Unterhaltsverpflichteten seinen Selbstbehalt nicht so weit, dass die Ansprüche aller Unterhaltsberechtigten befriedigt werden können, ist der Verpflichtete nur eingeschränkt leistungsfähig und es liegt ein Mangelfall vor. In diesem Fall ist **§ 1609 BGB** zu beachten, der im Rahmen einer gesetzlichen Billigkeitswertung die **Rangfolge der Unterhaltsberechtigten** festlegt. Minderjährige unverheiratete Kinder und privilegierte volljährige Kinder (dazu später) stehen allein auf dem ersten Rang nach § 1609 Nr. 1 BGB und sind vorrangig aus den vorhandenen Mitteln zu bedienen – etwa gegenüber den eigenen Elternteilen.

Klausurtipp: Vorrangigkeit bedeutet, dass die Unterhaltsansprüche des Höherrangigen in *voller* Höhe zu bedienen sind. In der Klausur wird häufig ein Verfahrensbeteiligter suggerieren, dass die Erstrangigen erstmal nur Anspruch auf den Mindestunterhalt hätten, dann die Nachrangigen ihren Mindestunterhalt bekämen und der Rest wiederum im ersten Rang verteilt würde. Das ist aber *gerade falsch*!

30 Reicht die Verteilungsmasse nicht einmal für die vorrangig Berechtigten aus, liegt ein sog. **absoluter Mangelfall** vor. In diesem Fall ist das Vorhandene proportional zwischen den Berechtigten gleicher Rangstufe zu verteilen (solch eine einfache Berechnung kann von Ihnen in der Klausur – trotz *iudex non calculat* und fehlendem Taschenrechner – verlangt werden).

5. Ausnahmen/Einschränkungen/Besonderheiten

31 Die im Folgenden behandelten Prüfungspunkte sind in der Klausur nur bei entsprechendem Anlass zu erörtern. Je nach Einzelfall kann ihr Platz im Prüfungsaufbau dabei variieren.[14]

a) Verwirkung für die Zukunft, § 1611 BGB

32 Gegenüber minderjährigen unverheirateten Kindern gilt die – ohnehin eng auszulegende – Verwirkungsvorschrift des § 1611 BGB nicht, s. § 1611 II BGB.

---

13 Zu Modifikationen des Selbstbehalts s. auch Palandt/*Brudermüller* BGB § 1603 Rn. 20.

14 ZB kann bei dem in diesem Abschnitt erläuterten Scheinvaterregress – ein gesetzlicher Forderungsübergang – je nach Klausurtyp und Fallgestaltung Sinn machen, den Forderungsübergang vor dem Unterhaltsanspruch zu prüfen. Kein Richter würde in seinem Beschluss seitenweise einen Unterhaltsanspruch durchprüfen, der ohnehin nicht auf den Antragsteller übergegangen ist, weil es bereits an den Voraussetzungen nach § 1607 III 2 BGB fehlt.

Klausurtipp: Mehrfach dran war in Familienrechts-Klausuren aber schon die »**normale**« **Verwirkung (§ 242 BGB)** für bislang nicht geltend gemachte Unterhaltsansprüche aus der Vergangenheit! Sie erinnern sich: Zu prüfen sind **Zeit- und Umstandsmoment**. Beim Zeitmoment besteht die **unterhaltsrechtliche Besonderheit**, dass gerade von einem Unterhaltsgläubiger, der lebensnotwendig auf Leistungen angewiesen ist, eher noch als von einem sonstigen Gläubiger erwartet werden kann, dass er sich zeitnah um die Durchsetzung des Anspruchs bemüht. Andernfalls können die Unterhaltsrückstände zu einer erdrückenden Schuldenlast anwachsen.[15]

b) Rückständiger und rückwirkender Unterhalt, § 1613 BGB

Üblicherweise werden Klausuren vom Bearbeiter verlangen, dass – wie auch in der Praxis – nicht nur laufender, sondern auch **rückständiger Unterhalt** zu beantragen bzw. zu tenorieren ist. § 1613 I BGB sieht drei Varianten vor, nach denen rückständiger Kindesunterhalt verlangt werden kann. 33

Merke: Über § 1612 I 2 BGB erfolgt eine **Rückbeziehung auf den Monatsersten**, dh wenn zB am 31.11.2020 Auskunft über die Einkünfte verlangt wurde, kann Unterhalt ab dem 1.11.2020 verlangt werden. Voraussetzung ist selbstverständlich, dass Unterhalt überhaupt für den ganzen Monat geschuldet wurde (**Klausurfalle:** Das Kind wurde erst am 15.11.2020 geboren).

Variante 1: Der Unterhaltsgläubiger kann rückständigen Unterhalt zu dem Zeitpunkt fordern, zu welchem der Unterhaltsschuldner zum Zwecke der Geltendmachung des Unterhaltsanspruchs aufgefordert worden ist, über sein Vermögen und seine Einkünfte **Auskunft** zu erteilen. Diese Aufforderung zur **Auskunftserteilung nach § 1605 BGB** kann auch außergerichtlich erfolgen. Wie das Gesetz ausdrücklich vorschreibt, muss der Unterhaltsberechtigte in der Auskunftsaufforderung hinreichend deutlich machen, dass er die Auskunft braucht, um seinen Unterhaltsanspruch zu beziffern. **In Anwaltsklausuren** im Assessorexamen kann es deshalb erforderlich sein, den Mandanten auf diese anspruchswahrende Maßnahme hinzuweisen (sicherheitshalber unter Vollmachtsvorlage nach § 174 BGB). 34

Hinweis: Im Zusammenhang mit Auskunftsverlangen nach § 1605 BGB sind die praxisrelevanten **Stufenanträge nach § 113 I 2 FamFG iVm § 254 ZPO** zu beachten. Sollte es in der Klausur einmal um die Formulierung konkreter Auskunftsanträge gehen, ziehen Sie Palandt/*Brudermüller* BGB § 1605 Rn. 8 ff. zu Rate.

Variante 2: Unterhalt wird ab dem Zeitpunkt geschuldet, zu welchem der Unterhaltsschuldner **in Verzug** gekommen ist. Dies richtet sich nach § 286 BGB und erfordert deshalb insbesondere eine eindeutige und bestimmte **Mahnung** gem. § 286 I BGB.[16] Selbstverständlich kann das Mahnungserfordernis auch beim Unterhalt nach § 286 II BGB entfallen, aber beachten Sie (Klausurfalle!), dass ein Fall des § 286 II Nr. 1 BGB nicht allein wegen § 1612 III BGB (Unterhalt ist monatlich im Voraus zu zahlen) vorliegt! Notwendig wäre etwa eine kalendermäßige Festlegung in einer Jugendamtsurkunde oder einer Vereinbarung zwischen den Beteiligten. Ansonsten entfällt das Mahnungserfordernis häufiger wegen Zahlungsverweigerung (§ 286 II Nr. 3 BGB) oder einer sog. Selbstmahnung durch Versprechen der Zahlung einer bestimmten Unterhaltssumme (§ 286 II Nr. 4 BGB). 35

Klausurtipp: Verzugsprobleme sind immer ein beliebtes Klausurthema! Arbeiten Sie gründlich und mit dem Gesetz, dann kann kaum etwas passieren!

Variante 3: Ab Rechtshängigkeit des Anspruchs kann Unterhalt nachverlangt werden. 36

Beachte: Unterscheiden Sie vom rück**ständigen** unbedingt den rück**wirkenden** Unterhalt nach § 1613 II BGB! Rückwirkender Unterhalt kann nämlich auch ohne die besonderen Voraussetzungen (kein Verzug oder Ähnliches) des Abs. 1 geltend gemacht werden. Für die Examensklausur wird allenfalls einmal ein **Sonderbedarf** nach § 1613 II Nr. 1 BGB in Betracht kommen, also ein unregelmäßiger außergewöhnlich hoher Bedarf wie zB eine Baby-Erstausstattung (idR pauschal 1.000 EUR).

15 Gutes Lesebeispiel: BGH NJW 2018, 1013.
16 Vgl. dazu Palandt/*Brudermüller* BGB § 1613 Rn. 4 und Palandt/*Grüneberg* BGB § 286 Rn. 16 ff.

Hinweis: Schwierig ist das alles nicht. Die größte Gefahr im Zusammenhang mit dem rückwirkenden Unterhalt liegt darin, dass Sie in der Klausur **terminologisch** unsauber arbeiten und »rückständig« schreiben, wenn Sie »rückwirkend« meinen.

c) Verzicht, § 1614 BGB

37 Ein Verzicht auf *zukünftigen* Kindesunterhalt ist **nicht zulässig,** § 1614 I BGB. In der Klausur kann dies von Bedeutung sein, wenn die Beteiligten etwa eine Scheidungsfolgenvereinbarung geschlossen haben/schließen wollen (Anwaltsklausur!), die einen Ausschluss des Kindesunterhalts enthält. Fangen Sie hier bloß nicht mit Ausführungen zur Sittenwidrigkeit oder Ähnliches an – der Ausschluss ist schlicht und einfach unzulässig.

d) Formen der Geltendmachung, § 1612a I BGB

38 Grundsätzlich kann Kindesunterhalt in zweierlei Form geltend gemacht und zugesprochen werden. Beim **»statischen Unterhalt«** fordert das Kind seinen Unterhalt als monatlichen Festbetrag entsprechend § 1612 I 1, III BGB.

Tenorierungsbeispiel statischer Unterhalt:

Der Antragsgegner wird verpflichtet, an die Antragstellerin für das Kind ..., geboren am ... ab dem ... einen monatlichen, jeweils monatlich im Voraus fälligen Kindesunterhalt in Höhe von 445 EUR zu bezahlen.

39 Im Fall des »dynamisierten Unterhalts« wird der geschuldete Unterhalt entsprechend § 1612a I 1 und 2 BGB als Prozentsatz des jeweiligen Mindestunterhalts einer Altersstufe ausgewiesen. Dies hat für den Unterhaltsgläubiger den **großen Vorteil,** dass bei Erreichen der nächsten Altersstufe, Anpassung des sächlichen Existenzminimums (geänderte Tabellenbeträge) oder der Kindergeldhöhe kein Abänderungsantrag gem. § 238 FamFG (kommt später) gestellt werden muss.

Tenorierungsbeispiel dynamisierter Unterhalt:

Der Antragsgegner wird verpflichtet, an die Antragstellerin für das Kind ..., geboren am ... ab dem ... einen monatlichen, jeweils monatlich im Voraus fälligen Kindesunterhalt in Höhe von 110% des jeweiligen Mindestunterhalts gemäß § 1612a I BGB der jeweiligen Altersstufe, derzeit dritte Altersstufe (547 EUR), gemindert um das hälftige Kindergeld für ein erstes Kind, derzeit 102 EUR, damit derzeit 445 EUR, zu bezahlen.

In der **Anwaltsklausur** wird dem Mandanten wegen der beschriebenen Vorteile **immer** zur dynamisierten Antragstellung zu raten sein. Prägen Sie sich die Formulierung ein!

e) Mehrbedarf

40 **aa)** Als Mehrbedarf ist der Teil des Lebensbedarfs anzusehen, der regelmäßig während eines längeren Zeitraums anfällt und das Übliche derart übersteigt, dass er beim Kindesunterhalt **mit den Tabellensätzen nicht oder zumindest nicht vollständig erfasst** werden kann, andererseits aber kalkulierbar ist und deshalb bei der Bemessung des laufenden Unterhalts berücksichtigt werden kann (so die BGH-Definition[17] – **zum Abschreiben in der Klausur** findet sich der Satz auch im Palandt/*Brudermüller* BGB § 1610 Rn. 13).

41 Mehrbedarf können zB Kosten für Nachhilfeunterricht, Klavier- oder Reitstunden sein; weitere Beispiele finden Sie im Palandt/*Brudermüller* BGB § 1610 Rn. 13.

Achtung: Verwechseln Sie Mehrbedarf nicht mit **Sonderbedarf** gem. § 1613 II Nr. 1 BGB – das ist ein unregelmäßiger, außergewöhnlich hoher Bedarf, der seinem Wesen nach nicht über einen längeren Zeitraum, sondern vielmehr einmalig auftritt, zB hohe Kosten einer kieferorthopädischen Behandlung. Die Besonderheit bei Sonderbedarf ist vor allem, dass der Unterhaltsberechtigte die Kosten auch noch ohne Inverzugsetzung nachträglich geltend machen kann.

17 BGH NJW 2008, 2337 Rn. 24 (brauchen Sie nicht nachzulesen).

Klausurtipp: Der »Klassiker« zum Mehrbedarf ist die Rechtsprechung des BGH betreffend **Kosten für Kindergarten, Kindertagesstätte und Hort** (gut: Palandt/*Brudermüller* BGB § 1610 Rn. 11). Der BGH hat entschieden, dass die für den Kindergartenbesuch anfallenden Kosten keine berufsbedingten Aufwendungen des betreuenden Elternteils sind, sondern zum Bedarf des Kindes rechnen, unabhängig davon, ob der Besuch halbtags oder ganztags erfolgt. Die erzieherischen Aufgaben des Kindergartenbesuchs stünden derart im Vordergrund, dass dem Gesichtspunkt der Ermöglichung einer Erwerbstätigkeit nur die Bedeutung eines Nebeneffekts zukomme. Es handele sich dabei um **Mehrbedarf**, weil die Kindergartenbeiträge (bzw. vergleichbare Kosten) in den Unterhaltsbeträgen der Unterhaltstabellen nicht enthalten seien.

Aber: Wird die Betreuung **allein durch Berufstätigkeit des betreuenden Elternteils erforderlich**, stellen Betreuungskosten **keinen Mehrbedarf des Kindes** dar, sondern gehören zur allgemeinen Betreuung, die der betreuende Elternteil im Gegenzug zur Barunterhaltspflicht des anderen Elternteils allein zu leisten hat. Dies hat der BGH kürzlich noch einmal in einer Entscheidung zur Nachmittagsbetreuung durch eine Tagesmutter hervorgehoben.[18]

bb) Für Mehrbedarf gilt die Privilegierung des betreuenden Elternteils nach § 1606 III 2 BGB nicht, vielmehr **haften beide Eltern anteilig** entsprechend ihrem einzusetzenden Einkommen gem. § 1606 III 1 BGB. **Deshalb prüfen Sie ihn auch keinesfalls zusammen mit dem (oben behandelten) Regelbedarf, sondern in einem gesonderten Prüfungspunkt!**

Die Quotelung erfolgt dabei unter **Berücksichtigung des jeweiligen Selbstbehaltes.** 42

Keine Angst: Haben Sie die bereinigten Nettoeinkommen, den Kindesbedarf und den richtigen Selbstbehalt (im nachfolgenden Beispiel 1.160 EUR) ermittelt, können Sie Haftungsquoten der Eltern unkompliziert berechnen (vgl. auch Leitlinien Ziff. 13.3): 43

Berechnungsbeispiel: Bereinigtes Nettoeinkommen eines Elternteils (E1 oder E2) abzüglich 1.160 EUR mal Mehrbedarf des Kindes (M), geteilt durch die Summe der bereinigten Nettoeinkommen beider Eltern (E1+E2) abzüglich 2.320 EUR (das sind 2 x 1.160 EUR).

Oder einfach: Haftungsanteil Elternteil 1 = (E1 – 1.160 EUR) x M : (E1 + E2 – 2.320 EUR).

Und mit Zahlen: Bereinigtes Nettoeinkommen E1 sind 5.160 EUR und bei E2 2.160; der Mehrbedarf beträgt 100 EUR.

$$\text{Haftungsanteil E1:} \quad \frac{(5.160\text{ EUR} - 1.160\text{ EUR}) \times 100\text{ EUR}}{(7.320\text{ EUR} - 2.320\text{ EUR})} = 80\text{ EUR}$$

f) Scheinvaterregress, § 1607 III 2 BGB

aa) Nach § 1607 III 1 BGB geht der Unterhaltsanspruch des Kindes gegen einen Elternteil im Wege der **Legalzession** auf einen nichtunterhaltspflichtigen Dritten über, wenn dieser anstelle des Unterhaltsschuldners Unterhalt leistet. Nach § 1607 III 2 BGB gilt dies auch, wenn dem Kind ein Dritter »als Vater« Unterhalt gewährt. 44

Prüfen Sie in Ihrer Klausur folgende **zwei Voraussetzungen der cessio legis:** 45

- Zum einen muss nach dem Gesetzeswortlaut der Zessionar (= der, auf den der Anspruch übergegangen ist) »**Dritter**« **sein.** Dies ist *nicht* der Fall, solange er (noch) rechtlicher Vater des Kindes iSv § 1592 Nr. 1 oder Nr. 2 BGB ist. Erst nach rechtskräftiger Anfechtung seiner Vaterschaft (§§ 1599 ff. BGB) steht rückwirkend auf den Zeitpunkt der Geburt fest, dass er dem Kind den gesetzlichen Kindesunterhalt nicht schuldet und mithin »Dritter« iSd § 1607 III 2 BGB ist. Die Legalzession ist daneben auch möglich, wenn der Scheinvater die Vaterschaft nie anerkannt hat bzw. diese nie gerichtlich festgestellt wurde, er aber trotzdem Unterhalt in der Annahme geleistet hat, der Vater des Kindes zu sein. Schließlich ist der Rückgriff auf den biologischen Vater auch möglich, wenn der Unterhalt in Kenntnis der fehlenden Vaterschaft geleistet wurde.
- Zum anderen muss wegen der **Rechtsausübungssperre des § 1600d V BGB** (lesen!) der Anspruchsgegner die Vaterschaft wirksam anerkannt haben oder seine **Vaterschaft rechts-**

18 BGH NJW 2017, 3786.

kräftig festgestellt sein. Für die Durchführung eines solchen Statusverfahrens sind jedoch nur die Kindsmutter und der (vermeintliche) Erzeuger antragsberechtigt. Der BGH hilft dem Scheinvater aber in einer solchen Situation, indem er **ausnahmsweise** die sog. **Inzidentfeststellung** der Vaterschaft im Regressverfahren zulässt, wenn davon auszugehen ist, dass eine Vaterschaftsfeststellung in absehbarer Zeit nicht zu erwarten ist und schützenswerte Kindesinteressen der inzidenten Feststellung nicht entgegenstehen. Darüber hinaus muss die Vaterschaft des Regressschuldners unstreitig sein, oder es müssen von dem Scheinvater zumindest die Voraussetzungen dargelegt werden, an die § 1600d II BGB (lesen!) die Vermutung der Vaterschaft knüpft.

Klausurtipp: Diese cessio legis ist **aufgrund mehrerer aktuellen Entscheidungen des BGH ein ganz heißer Examenstipp!**[19] Glauben Sie ja nicht, dass diese Materie »zu speziell« ist. Legalzessionen sind für den Klausurersteller zudem immer reizvoll, weil sie sich im Baukastensystem wunderbar mit anderen Klausurbestandteilen kombinieren lassen.

46 Die Höhe des im Wege der Legalzession geltend gemachten Anspruchs ist natürlich **durch den vom Erzeuger geschuldeten Unterhalt begrenzt** (meint: der reiche Scheinvater kann sich vom armen Erzeuger nicht den gesamten Unterhalt zurückholen; hier bleibt ihm allenfalls ein Bereicherungsanspruch gegen den Unterhaltsempfänger). Auf der anderen Seite geht der Anspruch auf den Scheinvater natürlich auch nur in dem Umfang über, in dem dieser Unterhalt geleistet hat; darüber hinaus ist nur das Kind selbst anspruchsberechtigt.[20] Trotz dieser Begrenzungen können die Folgen für den Anspruchsgegner gewaltig sein: Der Regressanspruch umfasst grundsätzlich den **gesamten Unterhaltszeitraum**; die dreijährige Verjährungsfrist nach § 199 I BGB beginnt erst mit Entstehen des Anspruchs! Auch aus § 1613 I BGB ergeben sich im Regelfall, dass die Vaterschaft des Scheinvaters erfolgreich angefochten und anschließend die Vaterschaft des Anspruchsgegners gerichtlich festgestellt worden ist, bei der rückwirkenden Geltendmachung wegen § 1613 II Nr. 2a BGB keine Einschränkungen (allerdings kommt gegebenenfalls eine unbillige Härte in Betracht, § 1613 III BGB![21]).

47 **bb)** In einigen Fällen wird der Scheinvater das Problem haben, dass ihm die Person des Erzeugers nicht bekannt ist und die Mutter nicht bereit ist, dessen Identität mitzuteilen. Auch in diesem Zusammenhang sind in den vergangenen Jahren wichtige bundesgerichtliche Entscheidungen ergangen, aus denen sich eine Examensklausur basteln lässt.[22]

48 Zunächst hatte der BGH entschieden, dass **die Kindsmutter dem Scheinvater nach § 242 BGB zur Auskunft darüber verpflichtet sei, wer ihr während der Empfängniszeit beigewohnt habe.** Weiter sollte auch die mit dem Scheinvater verheiratete Mutter nach erfolgreicher Vaterschaftsanfechtung zur Auskunft verpflichtet sein können. Außerdem befand der BGH, dass der Auskunftsanspruch nach § 242 BGB stets die **Zumutbarkeit der Auskunftserteilung** voraussetze und das allgemeine Persönlichkeitsrecht der Mutter sowie der Anspruch des Scheinvaters auf effektiven Rechtsschutz im Einzelfall gegeneinander abzuwägen seien.[23]

49 In seiner Entscheidung vom 24.2.2015 hat das BVerfG[24] aber festgestellt, dass durch diese Rechtsprechung des BGH **die Grenzen gerichtlicher Rechtsfortbildung überschritten** wurden. Der Regressanspruch des Scheinvaters sei in § 1607 III BGB mangels flankierenden Auskunftsanspruchs einfachrechtlich durchsetzungsschwach ausgestaltet. Auch aus § 1605 BGB oder § 1353 I BGB ergebe sich kein solcher Auskunftsanspruch. Demgegenüber stelle es einen **schwerwiegenden Eingriff in das allgemeine Persönlichkeitsrecht der Mutter** dar, in der geforderten Form Einblick in ihre Intimsphäre und das eigene Geschlechtsleben zu gewähren. Hierbei handele es sich um eine in Art. 2 I iVm Art. 1 I GG verfassungsrechtlich ge-

19 **Lesetipps:** BGH NJW 2017, 1954; BGH NJW 2018, 3648 und nachfolgend OLG Celle NJW-RR 2019, 776.
20 BGH NJW 2018, 3648 Rn. 30.
21 OLG Celle NJW-RR 2019, 776 Rn. 40 ff.
22 Vgl. dazu auch das Kaiser Klausurenpaket Nr. 26: Erb- und Familienrecht.
23 BGH NJW 2012, 450; 2013, 2108; 2014, 2571.
24 BVerfG NJW 2015, 1506.

schützte Rechtsposition. Wenn der Regressanspruch des Scheinvaters gestärkt werden solle, müsse der Gesetzgeber tätig werden.[25]

Klausurtipp:

1. Wenn es Ihnen die Examensvorbereitung zeitlich erlaubt, sollten Sie die **Entscheidung des BVerfG ruhig einmal lesen.** Die sehr interessanten Ausführungen zu den Grenzen gerichtlicher Rechtsfortbildung können gerade in der mündlichen Prüfung – auch ohne originär familienrechtliche Fragestellungen – gut abgefragt werden! Ansonsten hilft auch Palandt/*Brudermüller* BGB § 1607 Rn. 16.
2. In der bereits zitierten Entscheidung[26] hat der BGH auch weitere wichtige Feststellungen getroffen: Weder ein von der Ehefrau begangener Ehebruch, noch das bloße Verschweigen der hieraus folgenden möglichen Nichtvaterschaft gegenüber dem Ehemann führt zu einer **Schadensersatzpflicht der (geschiedenen) Ehefrau** hinsichtlich des von ihm geleisteten Unterhalts für das scheineheliche Kind. Grundsätzlich verdränge das Ehe- und Familienrecht das allgemeine Deliktsrecht; allerdings könne bei Hinzukommen weiterer schädigender Umstände gegebenenfalls die besondere Deliktsregel des **§ 826 BGB** zur Anwendung kommen – zB wenn sie aufgekommene Zweifel an der Vaterschaft durch ausdrückliches Leugnen des Ehebruchs zerstreut.

Grundsätzlich denkbar wäre noch ein Schadensersatzanspruch wegen Regressvereitelung infolge einer unzureichenden Auskunft nach **§§ 280, 242 BGB**, der aber nur bezifferbar wäre, wenn die Person des tatsächlichen Vaters und seine Einkommensverhältnisse bekannt wären.[27]

g) Kindesunterhalt im Wechselmodell

Der bislang behandelte Grundfall zum Kindesunterhalt setzt voraus, dass bei einem Elternteil der Schwerpunkt der Betreuung liegt und dieser nach § 1606 III 2 BGB Naturalunterhalt erbringt, während der andere zur Leistung von Barunterhalt verpflichtet ist. Anders stellt sich die Situation im – in den letzten Jahren in Mode gekommenen – **paritätischen Wechselmodell** dar, bei dem das Kind sich zu gleichen zeitlichen Anteilen bei beiden Elternteilen befindet und auch sonst die Betreuung **gleich verteilt** ist (üblicherweise wechselt das Kind dann wöchentlich zwischen den Haushalten hin und her). 50

Hinweis: Passen Sie aber auf! Sobald Sie ein Schwergewicht der Betreuung bei einem Elternteil identifizieren können, liegt kein paritätisches Wechselmodell mehr vor und die nachfolgenden Ausführungen gelten nicht.

Merken Sie sich hierzu Folgendes: Der BGH hat entschieden, dass im Fall eines paritätischen Wechselmodells grundsätzliche **beide Eltern für den Barunterhalt** des Kindes einzustehen haben.[28] Das bedeutet für Sie, dass Sie das Elterneinkommen addieren und unter Berücksichtigung des jeweiligen Selbstbehalts den **jeweiligen Haftungsanteil nach § 1606 III 1 BGB** berechnen – also genau wie beim Mehrbedarf (→ § 5 Rn. 42) und beim Volljährigenunterhalt (kommt noch). Anschließend ermitteln Sie die Differenz zwischen den beiden Ausgleichsansprüchen und halbieren Sie. Diesen Betrag muss der besser verdienende Elternteil als Kindesunterhalt zahlen.

Hinweis: Weitere Einzelheiten können Sie zudem **Palandt/*Brudermüller* BGB § 1606 Rn. 10** entnehmen. Überfrachten Sie Ihren Kopf nicht mit Detailwissen zu einem Thema, von dem man ohnehin nicht sicher sagen kann, ob es Gegenstand einer Examensklausur werden wird! Wichtig wäre dann vor allem, dass Sie zur anteiligen Barunterhaltsverpflichtung kommen.

h) Aufrechnung gegen Unterhaltsansprüche

In Unterhaltsklausuren erklärt der Schuldner gerne einmal, er rechne mit anderen Ansprüchen gegen den Unterhaltsgläubiger auf. Dies ist regelmäßig nur eine Nebelkerze, die der Klausur- 51

25 Der Gesetzgeber hatte nach Entscheidung des BVerfG eigentlich bereits 2016 einen gesetzlichen Auskunftsanspruch vorbereitet, der allerdings – wie es der Palandt/*Brudermüller* BGB § 1607 Rn. 16 so treffend formuliert – der Diskontinuität anheim gefallen ist.
26 BGH NJW 2013, 2108.
27 BGH NJW 2013, 2108 Rn. 26 ff.
28 BGH NJW 2017, 1676; 2015, 331.

ersteller wirft – denn Unterhaltsansprüche sind nach § 120 I FamFG iVm § 850b I Nr. 2 ZPO unpfändbar, sodass nach § 394 BGB keine Aufrechnung **gegen** sie möglich ist. Dies gilt auch für Unterhaltsrückstände. Strittig ist, ob der Unterhaltsschuldner mit Gegenansprüchen wegen zuviel bezahlten Unterhalts aufrechnen kann – dafür spricht, dass eine Notlage des Unterhaltsgläubigers durch Entziehung notwendiger Mittel in der Regel nicht herbeigeführt werden wird, sodass der Schutzzweck des § 394 BGB nicht gestört wäre.

Hinweis: Der Unterhaltsempfänger andererseits kann **mit** seiner Unterhaltsforderung natürlich jederzeit aufrechnen! Die examensrelevanten Probleme rund um die Aufrechnung nach §§ 387 ff. BGB entnehmen Sie bitte *Kaiser/Kaiser/Kaiser* MatZivilR Rn. 14.

Fall zum Kindesunterhalt:

M und F haben sich nach 10-jähriger Ehezeit getrennt. F ist mit dem gemeinsamen 5-jährigen Kind K aus der abbezahlten Eigentumswohnung ausgezogen.
M ist Angestellter und verdient monatlich 3.000 EUR netto (5.500 EUR brutto). Außerdem zahlt sein Arbeitgeber ihm jedes Jahr ein Urlaubs- und Weihnachtsgeld in Höhe von insgesamt 1.800 EUR netto. Als zusätzliche Altersvorsorge leistet er monatlich 150 EUR auf eine kapitalbildende Lebensversicherung. Vor drei Jahren hat er überdies bei seiner Hausbank einen Kleinkredit über 25.000 EUR in Anspruch genommen, um die Familienwohnung renovieren zu lassen. Hierauf zahlt er monatlich 500 EUR zurück. Nachdem er die eheliche Limousine bei der Trennung seiner Frau überlassen hat, kaufte er sich einen (objektiv benötigten) gebrauchten Kleinwagen. Auf den Pkw-Kredit zahlt er monatlich 350 EUR. Auch eine Mauritius-Reise mit seiner neuen Lebensgefährtin finanzierte er über einen Verbraucherkredit in Höhe von 15.000 EUR, auf den er nun monatlich 670 EUR zurückzahlt. Würde M aus der Eigentumswohnung ausziehen, könnte er diese für monatlich 1.000 EUR netto vermieten – er rechnet aber damit, dass er für eine ausreichende Wohnung dann ebenfalls 1.000 EUR Miete bezahlen müsste.
F arbeitet halbtags als Lehrerin und verdient 2.000 EUR netto. Sie erhält das Kindergeld in Höhe von 204 EUR ausbezahlt.
Es ist davon auszugehen, dass außer K keine weiteren Unterhaltsberechtigten des M existieren.
In welcher Höhe kann F von M Kindesunterhalt für K verlangen?

Lösung:

F kann von M für K gem. § 1601 BGB Kindesunterhalt in Höhe von 341 EUR verlangen.

1. Die Anspruchsgrundlage ergibt sich aus § 1601 BGB.
2. Der **Bedarf** des Kindes bestimmt sich gem. § 1610 BGB nach seiner Lebensstellung. Weil K als Minderjähriger noch keine eigene Lebensstellung hat, wird diese von seinen Eltern abgeleitet. Da F jedoch ihrer Unterhaltspflicht durch die Betreuung von K nachkommt, § 1606 III 2 BGB, kommt es allein auf die Einkommensverhältnisse des barunterhaltspflichtigen M an. Dabei errechnet sich der konkrete Unterhaltsbedarf ausgehend vom gesetzlichen Mindestunterhalt nach § 1612a BGB unter Zuhilfenahme der Düsseldorfer Tabelle (Stand: 1.1.2020).
   Für die Anwendung der Düsseldorfer Tabelle kommt es auf das bereinigte Nettoeinkommen des M an. Das jährliche Nettoeinkommen beträgt 12 x 3.000 EUR + 1.800 EUR (Urlaubs- und Weihnachtsgeld) = 37.800 EUR, das Monatseinkommen damit 3.150 EUR.
   Für die Altersvorsorge kann M zusätzlich zu den gesetzlichen Rentenversicherungsbeiträgen jedenfalls bis zur Höhe von 4% seines Bruttoeinkommens (also max. 220 EUR) abziehen. Die Zahlung auf die kapitalbildende Lebensversicherung in Höhe von 150 EUR monatlich ist damit in voller Höhe[29] berücksichtigungsfähig.
   Von den verbleibenden 3.000 EUR kann M weiterhin pauschal 5% für berufsbedingte Aufwendungen abziehen, sodass 2.850 EUR verbleiben.
   Sein Einkommen wird durch den Wohnvorteil der von ihm mietfrei bewohnten Eigentumswohnung in Höhe der objektiven Marktmiete von 1.000 EUR monatlich erhöht. Dabei wird nicht berücksichtigt, welche Ausgaben er bei Anmietung einer anderen Wohnung tätigen müsste, denn eigene Mietausgaben werden bereits bei der Bemessung des Selbstbehaltes zugrunde gelegt. Unterhaltsrechtlich entscheidend ist, dass M mit einer Fremdvermietung weitere Einkünfte

29 Also auch nach den Leitlinien, die eine Deckelung auf 150 EUR vorsehen.

in Höhe der objektiven Marktmiete erzielen könnte. Damit ergibt sich ein Einkommen von 3.850 EUR.
Die Ratenzahlungsverpflichtung in Höhe von 500 EUR monatlich hat die Lebensverhältnisse der Familie bereits vor der Trennung geprägt. Da K seinen Bedarf von seinen Eltern ableitet, ist es deshalb auch gerechtfertigt, diesen monatlichen Abzug bei der Bereinigung des Nettoeinkommens zu berücksichtigen.
Diese Überlegungen gelten zwar nicht für den Pkw-Kredit, den M erst nach der Trennung aufgenommen hat. Jedoch entspricht es im Rahmen der anzustellenden Interessenabwägung billigem Ermessen, auch diese monatlichen Raten zum Abzug zuzulassen, da die Anschaffung nach dem feststehenden Sachverhalt objektiv notwendig war und er den bisherigen Familienwagen seiner Frau zur Nutzung überlassen hat. Es gibt anlässlich der Ratenhöhe von 350 EUR auch keinen Grund zur Annahme, dass M unter Außerachtlassen der Kindesinteressen einen unnötig kostspieligen Wagen angeschafft hätte.
Anderes gilt wiederum für die mit der Mauritiusreise zusammenhängenden Darlehensraten. Zwar bleibt es M unbenommen, derartige Luxusaufwendungen zu tätigen. Zur Wahrung der Interessen des Kindes an einem angemessenen Unterhalt können sie jedoch unterhaltsrechtlich bei der Bereinigung des Nettoeinkommens nicht berücksichtigt werden.
Damit verbleibt ein bereinigtes Nettoeinkommen von 3.000 EUR, mit dem M in die vierte Einkommensgruppe der Düsseldorfer Tabelle fällt (2.701–3.100 EUR). Da die Tabellensätze von zwei Unterhaltsberechtigten ausgehen, M jedoch laut Bearbeitervermerk ausschließlich K zum Unterhalt verpflichtet ist, ist eine Heraufstufung in die fünfte Einkommensgruppe sachgerecht (Leitlinien Ziff. 11.2). Nach der Düsseldorfer Tabelle schuldet M damit Kindesunterhalt in Höhe von 120% des jeweiligen Mindestunterhalts der jeweiligen Altersstufe – für das 5-jährige K also 443 EUR.

3. Das einkommenslose Kind ist **bedürftig** iSv § 1602 I BGB. Allerdings mindert das auf das Kind entfallende Kindergeld, welches die F als Betreuende in voller Höhe erhält, den Barbedarf des Kindes zur Hälfte, § 1612b I 1 Nr. 1 BGB. Es verbleibt eine Barunterhaltspflicht des M in Höhe von 443 EUR – 102 EUR = 341 EUR.
4. M ist insoweit auch **leistungsfähig**, § 1603 BGB. Gegenüber minderjährigen Kindern gilt lediglich der notwendige Selbstbehalt, der bei Erwerbstätigen 1.160 EUR beträgt und hier nicht unterschritten ist (3.000 EUR – 341 EUR = 2.659 EUR).
5. **Ergebnis:** M schuldet Kindesunterhalt in Höhe von 120% des jeweiligen Mindestunterhalts gem. § 1612a I BGB der jeweiligen Altersstufe, derzeit erste Altersstufe, gemindert um das hälftige Kindergeld für ein erstes Kind, derzeit 102 EUR, damit derzeit **341 EUR**.

II. Unterhaltsanspruch des volljährigen Kindes

Geht es in der Klausur um den Unterhaltsanspruch eines volljährigen Kindes, sollten Ihnen einige Besonderheiten bekannt sein, die nachfolgend dargestellt werden. Lesen Sie insbesondere die jeweiligen Gesetzesnormen genau, da sie oft nach Minder- und Volljährigkeit unterscheiden. 52

1. Anspruchsgrundlage

Hier gibt es keine Besonderheiten, es greift § 1601 BGB. 53

2. Bedarf des unterhaltsberechtigten Kindes

Die Bedarfsbestimmung beim volljährigen Kind hängt davon ab, ob es noch im Haushalt mindestens eines Elternteils lebt. **Wohnt es noch bei den Eltern**, wird sein Bedarf weiterhin vom Einkommen der Eltern **abgeleitet**. Achtung: Allerdings ist nun nicht länger das Einkommen eines Elternteils, nämlich des barunterhalspflichtigen, maßgebend, sondern **das zusammengerechnete Einkommen beider Eltern**, weil jetzt (eigentlich, → § 5 Rn. 70) beide Eltern nach § 1606 III 1 BGB barunterhaltspflichtig sind, nachdem § 1606 III 2 BGB nur für Minderjährige gilt. Anhand des addierten bereinigten Nettoeinkommens ist der Unterhaltsbedarf dann mit der 4. Altersstufe der **Düsseldorfer Tabelle (»ab 18«)** zu ermitteln. 54

Demgegenüber wird der angemessene Bedarf eines volljährigen **Kindes mit eigenem Hausstand** in den Unterhaltsrichtlinien mit einem **Festbetrag** taxiert, der grundsätzlich **vom Ein-** 55

kommen der Eltern unabhängig ist – wobei je nach Lebensstellung der Eltern Abweichungen nach oben und unten als zulässig betrachtet werden, was aber auf Ausnahmen beschränkt ist. Nach der Düsseldorfer Tabelle und allen unterhaltsrechtlichen Leitlinien der OLG sind dies zur Zeit **860 EUR** (richtet sich nach dem BAföG-Höchstsatz; darin enthalten sind Kosten für Unterkunft und Heizung in Höhe von bis zu 375 EUR; aber nicht Beiträge zur Kranken- und Pflegeversicherung und Studiengebühren).[30] Das finden Sie auch im Palandt/*Brudermüller* BGB § 1610 Rn. 5!

3. Bedürftigkeit des unterhaltsberechtigten Kindes

56 Im Unterschied zum minderjährigen Kind gilt § 1602 II BGB nicht, der Volljährige müsste neben dem eigenen Einkommen also auch das eigene Vermögen – und nicht nur die Erträge hieraus – vorrangig einsetzen.

57 a) An **dieser** Stelle ist nun gegebenenfalls **§ 1610 II BGB zu prüfen**, der gesetzestechnisch eigentlich beim Bedarf zu verorten ist.[31] Denn das volljährige Kind muss sich nicht darauf verweisen lassen, es könne doch eigene Einkünfte erzielen, solange es noch einen **Anspruch auf eine angemessene Ausbildung** hat.

Merke: Dieser **sog. Ausbildungsunterhalt ist nach wie vor einer der heißesten Examenstipps im Bereich des Familienrechts für das Assessorexamen!** Der BGH hat hier in den letzten Jahren zwei Entscheidungen getroffen[32], die beide perfekt als Klausurgrundlage geeignet sind und noch nicht dran waren! Klausurtypisch aufbereitet finden Sie die beiden Entscheidungen auch noch einmal in dem Aufsatz ***Fabian* JA 2018, 52**.

58 Nach der ständigen Rechtsprechung des BGH schulden die Eltern nach § 1610 II BGB (nur) eine Berufsausbildung (**Erstausbildung**), die der Begabung und den Fähigkeiten, dem Leistungswillen und den beachtenswerten Neigungen des Kindes am besten entspricht und sich in den Grenzen der wirtschaftlichen Leistungsfähigkeit der Eltern hält. Eltern, die ihrem Kind eine solche Berufsausbildung gewährt haben, sind grundsätzlich nicht mehr verpflichtet, Kosten einer weiteren Ausbildung (**keine Zweitausbildung**) zu tragen.

59 Eine fortdauernde Unterhaltspflicht trotz (eigentlich) abgeschlossener Ausbildung besteht jedoch, wenn die Erstausbildung lediglich fortgesetzt wird. Dies ist zu bejahen, wenn die weitere Ausbildung zweifelsfrei als eine bloße **in engem sachlichen und zeitlichen Zusammenhang stehende Weiterbildung** zu dem bisherigen Ausbildungsweg anzusehen ist **und von vornherein angestrebt** war, oder während der ersten Ausbildung eine besondere, die Weiterbildung erfordernde Begabung deutlich wurde.

60 Mit Blick auf das zunehmend geänderte Ausbildungsverhalten der Studienberechtigten kann nach der Rechtsprechung des BGH aber auch dann ein einheitlicher Ausbildungsgang iSd § 1610 II BGB gegeben sein, wenn ein Kind nach Erlangung der Hochschulreife auf dem herkömmlichen schulischen Weg (Abitur) eine praktische Ausbildung (Lehre) absolviert hat und sich erst danach zu einem Studium entschließt (**sog. Abitur-Lehre-Studium-Fälle**). Hierfür müssen die einzelnen Ausbildungsabschnitte in engem zeitlichen und sachlichen Zusammenhang stehen und die praktische Ausbildung und das Studium sich jedenfalls sinnvoll ergänzen. Es reicht jedoch aus – und hierin besteht die entscheidende Privilegierung –, dass der **Studienentschluss nicht bei Ausbildungsbeginn, sondern erst nach Beendigung der Lehre gefasst** wird.[33]

61 Überdies ist der aus § 1610 II BGB folgende Anspruch vom **Gegenseitigkeitsprinzip** geprägt. Der Verpflichtung des Unterhaltsschuldners zur Ermöglichung einer Berufsausbildung steht auf Seiten des Unterhaltsberechtigten die Obliegenheit gegenüber, sie mit Fleiß und der gebo-

30 Palandt/*Brudermüller* BGB § 1610 Rn. 5 sowie jeweils Ziff. 13.1.2 der Leitlinien.

31 Als Hilfestellung: Palandt/*Brudermüller* BGB § 1602 Rn. 6.

32 BGH NJW 2017, 1478; 2017, 2278.

33 **Achtung:** Für den Werdegang »Mittlere Reife-Berufsausbildung-Studium« gilt diese Ausnahme weiterhin **nicht**. Hier wird als entscheidend angesehen, dass sich die Eltern in ihrer eigenen Lebensplanung in etwa darauf einstellen können müssen, wie lange sie mit einer Unterhaltslast zu rechnen haben (so zuletzt wieder OLG Stuttgart NZFam 2019, 177 = FamRZ 2019, 963).

tenen Zielstrebigkeit in angemessener und üblicher Zeit zu beenden. Verletzt das Kind diese Obliegenheit, büßt es seinen Unterhaltsanspruch ein und muss sich darauf verweisen lassen, seinen Lebensunterhalt durch Erwerbstätigkeit selbst zu verdienen.

Feste Alters- oder Zeitgrenzen für die Aufnahme und die Beendigung einer Ausbildung, ab deren Erreichen der Anspruch auf Ausbildungsunterhalt entfällt, gibt es nicht. Maßgeblich hierfür ist vielmehr, ob den Eltern unter Berücksichtigung aller Umstände die Leistung von Ausbildungsunterhalt in den Grenzen ihrer wirtschaftlichen Leistungsfähigkeit noch **zumutbar** ist. An diesem Prüfungspunkt ist in der Klausur nunmehr Arbeiten mit dem Sachverhalt und eigenständige Argumentation gefragt. Eine gewisse Orientierungsphase (gegebenenfalls mit Ausbildungswechsel) ist dem Auszubildenden grundsätzlich zuzubilligen. Je älter er indessen ist und je eigenständiger er seine Lebensverhältnisse gestaltet, desto mehr tritt **an die Stelle der Elternverantwortung die Eigenverantwortung** für seinen Berufs- und Lebensweg. 62

Auf Seiten des Unterhaltsverpflichteten wiederum kann der Zumutbarkeit entgegenstehen, dass er von dem (weiteren) Ausbildungsvorhaben erst zu einem Zeitpunkt erfährt, zu dem er nicht mehr zu weiteren Ausbildungskosten herangezogen zu werden. Zu berücksichtigen kann zudem etwa sein, ob und inwieweit die Eltern ihr Kind im Rahmen einer vorhergehenden Berufsausbildung unterstützen mussten oder ob sie in der gerechtfertigten Erwartung eines früheren Ausbildungsabschlusses anderweitige, sie wirtschaftlich belastende Dispositionen getroffen haben. Auch sonst kann sich aus den Verhältnissen der Eltern wie ihrem Alter oder ihrer Lebensplanung ein zu berücksichtigendes Interesse an einer Entlastung von der Unterhaltspflicht ergeben. 63

Sie prüfen in der Klausur nach folgendem Schema:

1. **Ausbildung (Erstausbildung, Weiterbildung, Zweitausbildung)**
2. **Gegenseitigkeitsprinzip**
3. **Zumutbarkeitsprüfung (Einzelfallabwägung)**

b) Beachten Sie im Zusammenhang mit dem Prüfungspunkt Bedürftigkeit außerdem, dass das auf das volljährige Kind entfallende **Kindergeld** nach § 1612b I 1 Nr. 2 BGB **in voller Höhe** zur Deckung des Barbedarfs des Kindes zu verwenden ist und dementsprechend seinen Barbedarf mindert. Das volljährige Kind hat im Innenverhältnis zum Empfänger des Kindergeldes grundsätzlich einen Anspruch auf Auskehr nach § 1601 BGB analog.[34] 64

4. Leistungsfähigkeit der Unterhaltsverpflichteten

Bei der Bestimmung des Selbstbehaltes ist Vorsicht geboten. Gegenüber »**normalen**« **volljährigen** Kindern gilt der angemessene Selbstbehalt von **1.400 EUR** – gegenüber **sog. privilegierten volljährigen** Kindern jedoch kann lediglich der notwendige Selbstbehalt in Höhe von **960/1.160 EUR** (wie bei Minderjährigen, → § 5 Rn. 27) eingewandt werden. 65

Ob ein **privilegierter Volljähriger** vorliegt, bestimmt sich nach § 1603 II 2 BGB. Den minderjährigen unverheirateten Kindern stehen nach dieser Vorschrift volljährige unverheiratete Kinder gem. § 1603 II 2 BGB gleich, solange sie 66

(1) das 21. Lebensjahr noch nicht vollendet haben,
(2) im Haushalt mindestens eines Elternteils leben und
(3) sich in der allgemeinen Schulausbildung befinden.

Einzig problematische Voraussetzung kann dabei die »**allgemeine Schulausbildung**« sein. Der einfachste Fall ist der angehende **Abiturient**, der noch bei seinen Eltern wohnt, bis das Gymnasium beendet ist. Aber daneben gibt es vielerlei Schulformen, die entsprechend einzuordnen sein können. Nach dem BGH muss Ziel des Schulbesuchs der Erwerb eines allgemeinen Schulabschlusses als Zugangsvoraussetzung für die Aufnahme einer Berufsausbildung oder eines Studiums sein. Der Unterricht muss die Zeit und die Arbeitskraft des Kindes zu- 67

34 OLG Stuttgart NJW 2017, 1184.

mindest überwiegend in Anspruch nehmen, **das heißt mindestens 20 Wochenstunden und Anwesenheitspflicht.**[35]

Hinweis: Schwierig ist das alles nicht – aber Sie müssen im Eifer des Klausurgefechts überblicken können, an welcher Stelle es darauf ankommt, ob ein Fall des § 1603 II 2 BGB vorliegt!

68 Soweit ein **Mangelfall** vorliegt, ist zu beachten, dass nach § 1603 II 2 BGB privilegierte Volljährige auf erster Rangstufe mit minderjährigen Kindern stehe, § 1609 Nr. 1 BGB. Im Übrigen werden volljährige Kinder erst an vierter Stelle eingeordnet, § 1609 Nr. 4 BGB.

5. Besonderheit: Anteilige Haftung beider Elternteile

69 Der für Ihre Klausurbearbeitung wichtige Unterschied zum Minderjährigenunterhalt ist, dass nun **beide** Eltern anteilig barunterhaltspflichtig sind, § 1606 III 1 BGB. Sie müssen also anhand des jeweiligen bereinigten Nettoeinkommens die – wie Sie es bereits vom Mehrbedarf kennen – **Haftungsquoten ermitteln.** Dabei gilt, dass ein Elternteil höchstens den Unterhalt zu leisten hat, der sich allein aus seinem Einkommen nach der Düsseldorfer Tabelle ergibt. Die Quotelung erfolgt unter **Berücksichtigung des jeweiligen Selbstbehaltes.**

Berechnungsbeispiel: Bereinigtes Nettoeinkommen eines Elternteils (E1 oder E2) abzüglich 1.400 EUR mal Mehrbedarf des Kindes (M), geteilt durch die Summe der bereinigten Nettoeinkommen beider Eltern (E1 + E2) abzüglich 2.800 EUR (das sind 2 x 1.400 EUR).

Oder einfach: Haftungsanteil Elternteil 1 = (E1 – 1.400 EUR) x M : (E1 + E2 – 2.800 EUR).

Und mit Zahlen: Bereinigtes Nettoeinkommen E1 sind 5.400 EUR, und bei E2 2.400 EUR; nach Abzug des Kindergeldes ist das volljährige Kind mit eigenem Hausstand noch in Höhe von (860 EUR-204 EUR =) 656 EUR bedürftig.

$$\text{Haftungsanteil E1: } \frac{(5.300 \text{ EUR} - 1.300 \text{ EUR}) \times 656 \text{ EUR}}{(7.800 \text{ EUR} - 2.800 \text{ EUR})} = 525 \text{ EUR}$$

70 Diese Berechnung geht davon aus, dass beide Eltern anteilig barunterhaltspflichtig sind. Nach § 1612 II BGB haben die Eltern aber ein Bestimmungsrecht, in welcher Art sie den Unterhalt gewähren, sofern auf die Belange des Kindes die gebotene Rücksicht genommen wird. Hierbei ist dann immer eine Einzelfallprüfung vonnöten. In der Praxis sieht es dann im Ergebnis häufig so aus, dass das noch bei einem Elternteil lebende Kind von diesem größtenteils Natural- und vom anderen Barunterhalt erhält, obwohl § 1606 III 2 BGB ja nicht gilt.

71 Nachdem ab Volljährigkeit des Kindes beide Eltern nach § 1606 III 1 BGB anteilig haften, kann es passieren, dass ein Elternteil aufgrund seiner fehlenden Leistungsfähigkeit nicht in Anspruch genommen werden kann. Da es sich um eine **sog. echte Ausfallhaftung** handelt, hat in diesem Fall der andere Elternteil für den gesamten Unterhalt aufzukommen![36]

Fall zur anteiligen Haftung beider Elternteile:[37]

Die Eltern M und F der inzwischen 25-jährigen A sind geschieden. Nachdem sie mit 19 Jahren ihr Abitur mit einem Notendurchschnitt von 2,3 erworben hatte, bewarb sie sich im Vergabeverfahren der Zentralstelle für die Vergabe von Studienplätzen (ZVS) um einen Medizinstudienplatz. Nachdem ihr kein solcher zugewiesen wurde, begann sie zunächst eine Lehre als anästhesietechnische Assistentin, die sie nach drei Jahren mit der Gesamtnote 1,0 abschloss. Anschließend arbeitete sie weitere drei Jahre in dem erlernten Beruf. In der gesamten Zeit hat sie sich weiterhin jedes Semester erneut auf einen Studienplatz beworben, der ihr schließlich auch zugewiesen wurde; seitdem studiert sie Medizin. A wohnt in einer eigenen Wohnung. Da sie keinen BAföG-Anspruch hat und neben dem Studium auch nicht mehr arbeiten kann, fragt sie sich, ob und in welcher Höhe sie von ihren Eltern Unterhalt verlangen kann. Beide Eltern arbeiten Vollzeit – F hat ein bereinigtes monatliches Nettoeinkommen von 4.400 EUR, M von 3.400 EUR. Das Kindergeld überweisen die Eltern direkt an A weiter.

35 Im Einzelfall hilft die Kommentierung im Palandt/*Brudermüller* BGB § 1603 Rn. 38.

36 Zum Ganzen Palandt/*Brudermüller* BGB § 1606 Rn. 17.

37 Angelehnt an BGH NJW 2017, 2278.

Lösung:

A kann monatlichen Unterhalt von F in Höhe von 394 EUR und von M in Höhe von 262 EUR verlangen.

1. Die **Anspruchsgrundlage** ergibt sich aus § 1601 BGB.

2. Der **Unterhaltsbedarf** richtet sich gem. § 1610 I BGB nach den Lebensverhältnissen der A. Als volljährige Studentin mit eigenem Hausstand beträgt ihr Regelbedarf nach der Düsseldorfer Tabelle **pauschal 860 EUR**.

3. Die A ist mangels eigener Einkünfte auch **bedürftig** iSv § 1602 I BGB. Lediglich das **Kindergeld mindert ihren Bedarf** gem. § 1612b I 1 Nr. 2 BGB in Höhe von 204 EUR, sodass ein zu deckender Bedarf von 656 EUR verbleibt.
Insbesondere trifft A nach Abschluss der Ausbildung zur anästhesietechnischen Assistentin **keine Erwerbsobliegenheit** mit der Folge, dass ihr fiktive Einkünfte anzurechnen wären, die ihre Bedürftigkeit mindern würden. Zwar umfasst der Wortlaut des **§ 1610 II BGB** nur die Kosten einer angemessenen Vorbildung zu einem Beruf, die Unterhaltsverpflichteten schulden also grundsätzlich nicht die Finanzierung einer **Zweitausbildung** nach abgeschlossener Berufsausbildung.

a) Geschuldet wird aber eine Berufsausbildung, die der Begabung und den Fähigkeiten, dem Leistungswillen und den beachtenswerten Neigungen des Kindes am besten entspricht und sich in den Grenzen der wirtschaftlichen Leistungsfähigkeit der Eltern hält. Eltern, die ihrem Kind eine solche Berufsausbildung gewährt haben, sind grundsätzlich nicht mehr verpflichtet, Kosten einer weiteren Ausbildung zu tragen. Dabei kommt eine fortdauernde Unterhaltspflicht in Betracht, wenn die weitere Ausbildung zweifelsfrei als **eine bloße in engem sachlichen und zeitlichen Zusammenhang stehende Weiterbildung zu dem bisherigen Ausbildungsweg** anzusehen ist und von vornherein angestrebt war. Mit Blick auf das zunehmend geänderte Ausbildungsverhalten der Studienberechtigten kann nach der Rechtsprechung des BGH auch dann ein einheitlicher Ausbildungsgang iSd § 1610 II BGB gegeben sein, wenn ein Kind nach Erlangung der Hochschulreife auf dem herkömmlichen schulischen Weg (Abitur) eine praktische Ausbildung (Lehre) absolviert hat und sich erst danach zu einem Studium entschließt (**sog. Abitur-Lehre-Studium-Fälle**). Hierfür müssen die einzelnen Ausbildungsabschnitte in engem zeitlichen und sachlichen Zusammenhang stehen und die praktische Ausbildung und das Studium sich jedenfalls sinnvoll ergänzen. Es reicht jedoch aus, dass der Studienentschluss nicht bei Ausbildungsbeginn, sondern erst nach Beendigung der Lehre gefasst wird.

b) So liegt der Fall hier. Der notwendige enge **sachliche Zusammenhang** zwischen der Lehre als anästhesietechnische Assistentin und dem Medizinstudium liegt auf der Hand, da die von der A absolvierte Ausbildung eine sinnvolle Vorbildung und Ergänzung für das angestrebte Studium darstellt.
Aber auch der **zeitliche Zusammenhang** ist gewahrt. Dem steht nicht entgegen, dass A nach der dreijährigen Ausbildung zunächst noch drei weitere Jahre in dem erlernten Beruf gearbeitet hat, weil sie sich – ihrem ursprünglichen Ausbildungsziel entsprechend – durchgehend weiter für einen Medizin-Studienplatz beworben hat. Mit der Berufstätigkeit ist sie daher allein ihrer Verpflichtung gerecht geworden, bis zur Aufnahme des Studiums selbst ihren Bedarf zu decken. Die zwischen der praktisch-beruflichen Ausbildung und dem Studienbeginn vergangene Zeit ist auf zwangsläufige, ihr nicht anzulastende Umstände zurückzuführen. Irgendein Verstoß gegen die sie treffenden Obliegenheiten ist nicht festzustellen; vielmehr hat sich die durchgehend weiter bei der der ZVS beworben.
Auch im Hinblick auf die Abiturnote der A sind **Zweifel an der Angemessenheit** des Medizinstudiums nicht angezeigt. Entscheidet sich ein Kind für einen zulassungsbeschränkten Studiengang und entstehen aufgrund der Abiturnote Wartezeiten, so führt das für sich genommen nicht zur Unangemessenheit der angestrebten Ausbildung. Es kann lediglich zur Folge haben, dass das Kind seinen Bedarf während der Wartezeit durch eine eigene Erwerbstätigkeit sicherstellen muss, wie es hier die A getan hat.

c) Nach dem Sachverhalt gibt es zudem keinerlei Hinweise darauf, dass die A ihrer aus dem sog. Gegenseitigkeitsprinzip folgenden Obliegenheit, ihrem Studium mit Fleiß und gebotener Zielstrebigkeit nachzugehen, bislang nicht entsprechen würde.

d) Schließlich ist auch nicht erkennbar, dass es den Eltern aus wirtschaftlichen oder anderen

Gründen nicht im vorliegenden Fall zumutbar wäre, diesen längeren Ausbildungsweg ihrer Tochter zu finanzieren.

4. M und F **haften gem. § 1606 III 1 BGB anteilig** nach ihrem jeweiligen bereinigten Nettoeinkommen. Für die Berechnung der Haftungsanteile ist ein Selbstbehalt beider Elternteile in Höhe von 1.400 EUR zu berücksichtigen. Dies führt zu einem Haftungsanteil der F in Höhe von (4.400 EUR – 1.400 EUR) x 656 EUR : (4.400 EUR + 3.400 EUR – 2.800 EUR) = 3.000 EUR x 656 EUR : 5.000 EUR = 394 EUR (also 60%); dementsprechend haftet M für die übrigen 262 EUR (also 40%).

B. Ehegattenunterhalt

72 Beim Ehegattenunterhalt unterscheiden Sie Trennungsunterhalt (I.) während der Trennungszeit und (II.) nachehelichen Unterhalt nach Rechtskraft der Scheidung. Etwas exotischer ist der Unterhaltsanspruch aus Anlass der Geburt nach § 1615l BGB (III.).

I. Trennungsunterhalt

73 In der Zeit **zwischen Trennung (§ 1567 BGB) und Rechtskraft der Scheidung** besteht ein Anspruch des wirtschaftlich schwächeren Ehegatten auf Trennungsunterhalt nach Maßgabe von § 1361 BGB. Für die im Rahmen der Klausurbearbeitung zu treffenden Wertungen sollten Sie stets berücksichtigen, dass in dieser Zeit trotz der Trennung das Eheband noch besteht und es (zumindest in der Theorie) nicht vorhersehbar ist, ob die Ehe tatsächlich geschieden wird oder es doch noch zur Versöhnung kommt.

74 Dies hat zur Folge, dass beim Trennungsunterhalt – anders als beim nachehelichen Unterhalt – das **Prinzip der ehelichen Solidargemeinschaft** fortgilt. Den Ehegatten sollen durch **Erhaltung des status quo** keine wirtschaftlichen Steine in den Weg gelegt werden, wenn sie die Ehe doch noch fortsetzen möchten. Die Rechtsprechung legt einen strengeren Maßstab an, je länger die Trennungszeit fortdauert (vor allem über das erste Jahr hinaus) und sich das Scheitern der Ehe zunehmend verfestigt, insbesondere ab Rechtshängigkeit eines Scheidungsantrags.[38]

1. Anspruchsgrundlage

75 Zu prüfen ist insoweit lediglich, ob die Ehegatten tatsächlich iSv § 1567 BGB getrennt leben.[39] Zeitlich besteht ein Anspruch nach § 1361 BGB maximal bis zur Rechtskraft der Scheidung, § 1564 S. 2 BGB, § 116 II FamFG.

76 Kürzlich hat der BGH noch einmal seine frühere Auffassung bekräftigt, dass der Anspruch auf Trennungsunterhalt nicht voraussetzt, dass die Ehegatten überhaupt zusammengelebt oder gemeinsam gewirtschaftet haben (Lesetipp!).[40] Entgegen der hieran zum Teil geäußerten Kritik wies er darauf hin, dass weder der Wortlaut noch der Regelungszusammenhang des § 1361 BGB ein vorheriges Zusammenleben erforderten, der getrennt lebende Ehegatte hierdurch auch nicht besser gestellt werde als der zusammenlebende, weil mit der Heirat ohnehin der nicht verzichtbare Anspruch auf **Familienunterhalt (§§ 1360, 1360a BGB)** entstehe und sich der besserverdienende Ehegatte nicht auf bis dato fehelende Beiträge zur gemeinsamen Lebensführung beschränken könne, weil hierdurch der Bedarf des weniger verdienenden Ehegatten nicht beschränkt werde.[41]

2. Bedarf des Unterhaltsberechtigten

77 Der Unterhaltsbedarf bemisst sich gem. § 1361 I BGB »nach den **Lebensverhältnissen und den Erwerbs- und Vermögensverhältnissen der Ehegatten**«. Maßgebend ist stets der aktuelle Stand der wirtschaftlichen Verhältnisse, an deren Entwicklung die Ehegatten bis zur Scheidung teilnehmen, anders ist dies nur bei vom Normalverlauf erheblich abweichenden

38 Vgl. etwa BGH NJW 2012, 2190 Rn. 18.

39 Wie im Abschnitt zum materiellen Scheidungsrecht erläutert, prüfen Sie das Vorliegen der Trennungsvoraussetzungen nach § 1567 BGB in objektiver und subjektiver Hinsicht.

40 Es ging um eine arrangierte Ehe mit indisch kulturellem Hintergrund, die Eheleute lebten auch nach der Eheschließung weiterhin getrennt in Deutschland und Frankreich.

41 BGH NJW 2020, 1674 mit guter Anm. *Born*.

Entwicklungen. Grundsätzlich sind nur die **prägenden** Einkünfte für die Bemessung der ehelichen Lebensverhältnisse relevant, also die Einkünfte, die den Ehegatten bis zur Trennung zur Verfügung standen. Einkommensteile, die schon vor der Trennung nicht der Bedarfsdeckung, sondern der Vermögensbildung dienten, bleiben dabei außer Betracht.

Es gilt bei der Bedarfsbestimmung der sog. **Halbteilungsgrundsatz** – jedem Ehegatten ist die 78
Hälfte des verteilungsfähigen Einkommens zuzubilligen. Vereinfacht gesagt bedeutet dies, dass Sie das (prägende) bereinigte Nettoeinkommen beider Ehegatten addieren und anschließend halbieren, um den jeweiligen Bedarf zu bestimmen.

Die **Ermittlung des bereinigten Nettoeinkommens** wurde bereits im Abschnitt zum Kin- 79
desunterhalt ausführlich erörtert. Beim Ehegattenunterhalt müssen Sie zusätzlich beachten, dass im Rahmen der Bereinigung auch geschuldeter Kindesunterhalt vom Nettoeinkommen abzuziehen ist.

Klausurtipp: Deshalb in der Klausur grundsätzlich immer **Kindesunterhalt vor Ehegattenunterhalt** prüfen!

Als Arbeitsanreiz und Ausgleich für nicht abgrenzbare Aufwendungen wird der Halbtei- 80
lungsgrundsatz dahingehend modifiziert, dass ein **Erwerbstätigenbonus vom bereinigten Nettoeinkommen (erst davon!) abgezogen** wird. Dieser Bonus wird **zusätzlich** zum Abzug berufsbedingter Aufwendungen nichtselbstständig Tätiger (in der Regel die **5%-ige Pauschale**) zugelassen, was der BGH jüngst auch noch einmal ausdrücklich gebilligt hat.[42] Nach den Süddeutschen Leitlinien (Baden-Württemberg, Rheinland-Pfalz und Bayern) beträgt die **Höhe des Erwerbstätigenbonus** 1/10, nach den Leitlinien der übrigen deutschen Oberlandesgerichte hingegen 1/7 (gilt etwa in Hessen und Sachsen; jeweilige Leitlinien Ziff. 15.2).[43]

Hinweis: Den für Ihr Bundesland geltenden Erwerbstätigenbonus finden Sie auch im Palandt/*Brudermüller* BGB § 1578 Rn. 49.

Bei der Ermittlung des bereinigten Nettoeinkommens sollten Sie die Eingangsbemerkung 81
dieses Kapitels im Hinterkopf haben. Der Trennungsunterhalt beruht auf der Grundannahme, dass »alles erst mal so weiter geht«, damit die Ehegatten sich vielleicht doch noch versöhnen können. **Die eheliche Verantwortung und Solidarität sind im Trennungsstadium höher anzusetzen als nach der Scheidung.** Das bedeutet, dass insbesondere Streitigkeiten darüber, ob einer der Ehegatten nicht mehr arbeiten müsste oder ob er bestimmte Schulden wirklich weiterhin unterhaltswirksam abziehen darf, deutlich zurückhaltender zu führen sind, als dies beim Kindesunterhalt oder dem nachehelichen Ehegattenunterhalt der Fall ist. Sollte Trennungsunterhalt in der Klausur drankommen, müssen Sie deutlich machen, dass Sie diesen **Wertungsunterschied** begriffen haben! Aber denken Sie daran: Wenn die Trennung sich so sehr verfestigt hat, dass die Scheidung nur noch eine Frage der Zeit ist (Trennungsjahr abgelaufen, Scheidungsantrag gestellt), besteht für eine großzügige Beurteilung zugunsten des unterhaltsberechtigten Ehegatten immer weniger ein Grund, sodass der Maßstab sich zunehmend dem nachehelichen Unterhalt annähert (vor allem bei der Frage der Erwerbsobliegenheit).

Hinweis: In diesem Zusammenhang wird bei der Berechnung des Wohnvorteils durch mietfreies Wohnen im eigenen Heim anders als beim Kindesunterhalt und beim nachehelichen Unterhalt nicht auf den objektiven Wohnwert (= erzielbare Marktmiete) abgestellt, sondern auf den subjektiven Wohnwert, weil es in dem Ehegatten in der Trennungszeit nicht zumutbar ist, das Objekt aufzugeben oder anderweitig zu vermieten. Beim **subjektiven Wohnwert** wird (nur) die Miete angesetzt, die sich danach bestimmt, welchen Mietzins man auf dem örtlichen Wohnungsmarkt für eine dem ehelichen Lebensstandard entsprechende angemessene kleinere Wohnung zahlen müsste.[44]

42 BGH NJW 2020, 238.

43 Im Mangelfall (der Unterhaltsverpflichtete kann aus seinem Einkommen nicht sämtliche Unterhaltsberechtigten vollständig bedienen) lassen die Familiengerichte den Ansatz des Erwerbstätigenbonus allerdings häufig entfallen.

44 BGH BeckRS 2012, 4471 Rn. 29 = FamRZ 2012, 514.

82 Der Halbteilungsgrundsatz findet keine Anwendung **bei »besonders günstigen Einkommensverhältnissen«**, wenn also das bereinigte Nettoeinkommen so hoch ist, dass die Vermutung nahe liegt, dass nicht sämtliche Einnahmen für den Lebensunterhalt verbraucht werden, sondern ein Teil von ihnen auch der Vermögensbildung zufließt. In diesem Fall ist stattdessen eine **konkrete Bedarfsbemessung** vorzunehmen. Zu diesem Zweck muss das Gericht schätzen, welcher Bedarf abzudecken ist, damit der Berechtigte seinen ehelichen Lebensstandard aufrecht erhalten kann. Der Anspruchsteller muss die einzelnen Positionen in seinem Antrag möglichst detailliert und nachvollziehbar darlegen. Dies können insbesondere auch Luxusaufwendungen sein (zB Gärtner, Reitpferd, Luxusreisen), wenn diese dem ehelichen Standard entsprachen. Eine konkrete Bedarfsberechnung wird in der Regel erforderlich sein, wenn das Familieneinkommen (also das Einkommen beider Ehegatten) **das Doppelte des höchsten Einkommensbetrags der Düsseldorfer Tabelle** (also 11.000 EUR) übersteigt.[45] Die Rechtsprechung zur konkreten Bedarfsbemessung findet nicht nur beim nachehelichen Unterhalt, sondern auch beim Trennungsunterhalt Anwendung.[46]

83 Der BGH erkennt außerdem einen von den ehelichen Lebensverhältnissen losgelösten pauschalen »**Mindestbedarf**« des unterhaltsberechtigten Ehegatten an, der das Existenzminimum erreichen muss und damit dem notwendigen Selbstbehalt eines Nichterwerbstätigen entspricht, also zurzeit 960 EUR (Leitlinien Ziff. 15.1).

3. Bedürftigkeit des Unterhaltsberechtigten

84 Sie finden es im Gesetzestext bei § 1361 BGB zwar nicht ausdrücklich – aber nach allgemeiner Meinung ist auch beim Trennungsunterhalt die Bedürftigkeit des Unterhaltsgläubigers vorausgesetzt. Ein Anspruch besteht nur dann, wenn er mit seinen prägenden und nicht prägenden Einkünften seinen nach dem Halbteilungsgrundsatz ermittelten Bedarf nicht zu decken vermag.

Merke: Additionsmethode

Im Zusammenhang mit der Berechnung von Ehegattenunterhalt kann es passieren, dass Ihnen die sog. Additionsmethode unterkommt. Sie funktioniert zweistufig:

(1) Ermittlung des Bedarfs nach den prägenden ehelichen Lebensverhältnissen, danach
(2) Ermittlung der konkreten Unterhaltshöhe des Berechtigten unter Anrechnung seiner gesamten prägenden und nichtprägenden Einkünfte.

Sie merken – die erste Stufe ist einfach nur die Bedarfsprüfung, die zweite Stufe die Berücksichtigung der Bedürftigkeit. Sie können das Stichwort »Additionsmethode« bei der Klausurbearbeitung also ruhig einmal fallen lassen, **verfahren aber weiterhin nach dem zu Beginn des Unterhaltsabschnitts vorgestellten Prüfungsschema**. Lassen Sie sich insbesondere nicht von der Erklärung im Palandt/*Brudermüller* BGB § 1578 Rn. 55 ff. verwirren!

85 Ansonsten gilt zum Maßstab in der Trennungszeit die bereits erwähnte zurückhaltende Betrachtungsweise. Soweit § 1361 II BGB regelt, dass der Berechtigte sich nur dann auf eine Erwerbstätigkeit verweisen lassen muss, wenn diese von ihm nach den persönlichen Verhältnissen erwartet werden kann, handelt es sich um eine Schutzvorschrift. Der BGH hat mit Blick auf die erhöhte eheliche Solidarität und Verantwortung in der Trennungszeit früh klargestellt, dass der nicht erwerbstätige Ehegatte nur unter wesentlich engeren Voraussetzungen darauf verwiesen werden kann, selbst für seine Bedürfnisse aufzukommen, als dies nach der Regelung des § 1574 II BGB für den nachehelichen Unterhalt der Fall ist.[47] Grundsätzlich wird insbesondere **im ersten Trennungsjahr keine Erwerbsverpflichtung** des bislang nicht arbeitenden Ehegatten zu bejahen sein.

4. Leistungsfähigkeit des Unterhaltsverpflichteten

86 Auch die Leistungsfähigkeit ist ohne ausdrückliche Regelung im § 1361 BGB zu prüfen. Unter Einsatz seines prägenden und nicht prägenden Einkommens muss der Verpflichtete in der Lage bleiben, seinen eigenen Lebensbedarf und den Unterhalt vorrangig Berechtigter (§ 1609 BGB) zu decken.

---

45 Vgl. BGH NJW 2019, 3570.
46 OLG Bremen BeckRS 2015, 8154 = FamRZ 2015, 1395.
47 So bereits BGH NJW 1989, 2809.

Gegenüber Ehegatten gilt grundsätzlich ein **Selbstbehalt**, der zwischen dem notwendigen und dem gegenüber volljährigen Kindern angemessenen Selbstbehalt liegt. Die Leitlinien der Oberlandesgerichte (Ziff. 21.4) gehen zurzeit bei Erwerbstätigen von **1.280 EUR** und bei Nichterwerbstätigen von **1.180 EUR** aus. Auch in diesem Zusammenhang hat der BGH kürzlich noch einmal die Differenzierung zwischen erwerbstätigen und nicht erwerbstätigen Unterhaltspflichtigen als zulässig erachtet.[48] Wie auch beim Kindesunterhalt kommt eine **Herabsetzung** der Selbstbehaltsgrenze im Einzelfall in Betracht, etwa wenn der Schuldner mit einem neuen, leistungsfähigen Partner zusammenlebt (in der Regel bis zu 10%). 87

Im **Mangelfall** beachten Sie, dass Sie gegebenenfalls die **Rangverhältnisse** nach § 1609 BGB zu berücksichtigen haben. Der noch nicht geschiedene Ehegatte steht grundsätzlich **nur noch auf dritter Stufe** – § 1609 Nr. 2 BGB privilegiert demgegenüber aber Ehegatten, die wegen Kinderbetreuung im Fall einer Scheidung unterhaltsberechtigt wären sowie Ehegatten bei langer Ehedauer. Denken Sie daran, dass vorrangige Unterhaltsberechtigte zunächst vollständig zu befriedigen sind. 88

5. Ausnahmen/Einschränkungen/Besonderheiten

a) Unterhaltsausschluss

Mit seiner Verweisung auf § 1579 Nr. 2–8 BGB lässt § 1361 III BGB eine Beschränkung oder Versagung des Unterhaltsanspruchs wegen grober Unbilligkeit zu. Diese **negative Härteklausel** beruht in weiten Teilen auf der Überlegung, dass derjenige sich nicht (uneingeschränkt) mit seinem Unterhaltsverlangen auf die noch fortwirkende eheliche Solidarität berufen kann, der sie selbst vermissen lässt. In der Klausur können vor allem Nr. 2, 7 und 8 einmal vorkommen. Die Prüfung wird jedoch **nur in Ausnahmefällen** zu Beschränkung des Anspruchs führen, da über die in den einzelnen Ziffern genannten Tatbestandsvoraussetzungen hinaus die **grobe Unbilligkeit** einer Inanspruchnahme **positiv festgestellt** werden muss. Außerdem müssen **etwaige Kindesinteressen** gewahrt bleiben, was bedeutet, dass der Unterhaltsgläubiger zumindest seinen Mindestbedarf (Leitlinien Ziff. 15.1: 960 EUR) decken können muss, weil ansonsten zu befürchten ist, dass Pflege und Erziehung des zu betreuenden Kindes nicht mehr gesichert sind. 89

Klausurtipp: Hier müssen Sie im Ernstfall einfach im Palandt/*Brudermüller* BGB § 1579 Rn. 11 ff. nachlesen. Sie sollten wissen, dass § 1361 III BGB gerade **nicht** auf § 1579 Nr. 1 BGB verweist, also eine kurze Ehedauer grundsätzlich kein Ausschlussgrund ist.[49]

b) Rückständiger/rückwirkender Unterhalt

Hier gilt das zum Kindesunterhalt Ausgeführte (→ § 5 Rn. 33) – achten Sie auf die **richtige Verweisungskette**, §§ 1361 IV 4, 1360a III, **1613 BGB**. 90

c) Verzicht

Gerne wird übersehen, dass § 1361 IV 4 BGB über § 1360a III BGB auch auf § 1614 I BGB verweist: Damit kann auf Trennungsunterhalt **für die Zukunft nicht verzichtet** werden. Das ist ein **wichtiger Unterschied zum nachehelichen Unterhalt**, der in § 1585c BGB Vereinbarungen und innerhalb der durch die Rechtsprechung gezogenen Grenzen (dazu später noch ausführlich) auch einen vollständigen Verzicht auf nachehelichen Unterhalt zulässt. 91

In einem gewissen »Angemessenheitsrahmen« wird es Ehegatten allerdings üblicherweise zugestanden, Vereinbarungen über die Höhe des Trennungsunterhalts zu schließen. Die Grenze der Zulässigkeit wird als Faustformel häufig bei 80% des berechtigten Trennungsunterhalts gezogen, wobei es stets auf die Umstände des Einzelfalls ankommt. 92

Auch mit einem sog. **pactum de non petendo**, also der Verpflichtung oder dem Versprechen des unterhaltsberechtigten Ehegatten, Trennungsunterhalt nicht geltend zu machen, kann das gesetzliche Verbot des Verzichts auf Trennungsunterhalt nicht umgangen werden, da dieses ein unzulässiges und daher unwirksames Umgehungsgeschäft darstellt.[50] 93

48 BGH NJW-RR 2020, 1.
49 Noch einmal hervorgehoben vom BGH im bereits genannten Beschluss NJW 2020, 1674 Rn. 20.
50 BGH NJW 2014, 1101.

Hinweis: Die Problematik »Verzicht auf Trennungsunterhalt« war **im Assessorexamen schon mehrfach dran**! So hatten die Ehegatten beispielsweise in einer notariellen Urkunde eine pauschale Unterhaltsabgeltung in Höhe von 5.000 EUR und, sollte dieses unwirksam sein, zusätzlich einen Verzicht auf die Vollstreckung hierüber hinausgehenden Unterhalts vereinbart.

d) Auskunftsanspruch, § 1361 IV 4 BGB

94 Bezüglich des Auskunftsanspruchs nach §§ 1361 IV 4, **1605 BGB** vergleichen Sie ebenfalls die Ausführungen zum Kindesunterhalt.

e) Verfahrenskostenvorschuss

95 Insbesondere in der **Anwaltsklausur** ist der Mandant unter gegebenen Umständen darauf hinzuweisen, dass nach § 1361 IV 4 iVm § 1360a IV 1 BGB ein selbstständiger Unterhaltsanspruch auf Zahlung eines Verfahrenskostenvorschusses bestehen kann. Dieser ist insbesondere der Verfahrenskostenhilfe nach § 113 I FamFG iVm §§ 114 ff. ZPO vorrangig.

Klausurtipp: Sollten hierzu einmal nähere Ausführungen notwendig sein, was unwahrscheinlich ist, hilft der Palandt/*Brudermüller* BGB § 1360a Rn. 7 ff weiter. Beim Verfahrenskostenvorschuss zeigt sich wiederum, dass das **Prinzip der ehelichen Solidargemeinschaft** (noch) fortgilt. *Nach* Ehescheidung besteht dieser Anspruch nicht mehr. In der Praxis werden Streitigkeiten um einen Verfahrenskostenvorschuss mit besonderer Verbitterung geführt – wer streckt schon gerne dem Ehepartner die Kosten eines Verfahrens vor, in welchem dieser Trennungsunterhalt haben möchte?

Fall zum Trennungsunterhalt:

F und M sind seit 10 Jahren verheiratet und haben ein gemeinsames 9-jähriges Kind. Seit Geburt des Kindes haben sie es einvernehmlich so gehalten, dass M in seinem schrecklich langweiligen, aber einigermaßen lukrativen Job beim Finanzamt (3.500 EUR Nettoeinkommen) in Vollzeit berufstätig ist, während sich F um Kind und Haushalt kümmert. Nachdem F herausbekommt, dass M schon längere Zeit eine Affäre mit seiner Finanzamtskollegin A unterhält und diese nun sogar ein Kind von ihm erwartet, trennt F sich von M und zieht mit dem gemeinsamen Kind zu ihren Eltern, die sie bei sich wohnen lassen, verpflegen und monatlich mit 500 EUR Taschengeld unterstützen. Die A, welche kurz darauf das gemeinsame Kind zur Welt bringt, will von M ebenfalls nichts mehr wissen. Allerdings zahlt M fortan Kindesunterhalt in Höhe von 300 EUR an die A. Auch F möchte nun Unterhalt für sich und ihr Kind von M. Der von ihr beauftragte Anwalt verlangt von M am 31.1.2020 Auskunft über seine Einkommensverhältnisse, um den Unterhaltsanspruch berechnen zu können. Als M im März 2020 Auskunft erteilt, stellt sich heraus, dass er sofort nach der Trennung seine Anstellung beim Finanzamt gekündigt hat und nun stattdessen als Automechaniker tätig ist, wodurch sich sein monatliches Einkommen auf 2.800 EUR reduziert hat. In welcher Höhe und ab wann kann F Unterhalt für sich beanspruchen, wenn M für das gemeinsame Kind Kindesunterhalt in Höhe von 360 EUR monatlich bezahlt? M meint, mit einem neunjährigen Kind könne F doch zumindest mal halbtags arbeiten gehen, da sich ja nun auch seine Schwiegereltern um das Kind kümmern könnten. F wiederum weist darauf hin, dass es ja wohl nicht zulasten ihres Unterhaltsanspruchs gehen könne, wenn M nach der Trennung seinen Job wechsele und mit irgendwelchen Finanzbeamtinnen Kinder in die Welt setze. Hinweis: Die Höhe des an K und F gezahlten Kindesunterhalts ist als der Düsseldorfer Tabelle entsprechend anzusehen.

Lösung:

F hat ab 1.1.2020 einen Anspruch auf Trennungsunterhalt nach § 1361 I BGB in Höhe von 720 EUR monatlich.

1. Die **Anspruchsgrundlage** ergibt sich aus § 1361 I BGB. M und F sind verheiratet, leben jedoch getrennt iSv § 1567 BGB.

2. Der **Unterhaltsbedarf** der F bemisst sich gem. § 1361 Abs. 1 BGB nach den (aktuellen) Lebensverhältnissen und den Erwerbs- und Vermögensverhältnissen der Ehegatten. Für die Bedarfsbestimmung gilt der sog. **Halbteilungsgrundsatz**, nach welchem jedem Ehegatten die Hälfte des verteilungsfähigen Einkommens zuzubilligen ist. Vorliegend stand während der Ehezeit prägend allein das Einkommen des M in Höhe von monatlich 3.500 EUR zur Verfügung. Maßgebend für den Trennungsunterhalt ist aber der aktuelle Stand der wirtschaftlichen Verhältnisse, an denen die

Ehegatten bis zur Scheidung grundsätzlich noch ohne weiteres teilhaben. Aus diesem Grund ist das nach dem Arbeitsplatzwechsel erzielte Gehalt in Höhe von 2.800 EUR zugrunde zu legen, da auch nicht ersichtlich ist, dass M den Arbeitsplatzwechsel aus unterhaltsrechtlich vorwerfbaren Gründen vollzogen hat [andere Ansicht möglicherweise vertretbar]. Hiervon ist ein pauschaler Abzug in Höhe von **5% für berufsbedingte Aufwendungen** vorzunehmen (140 EUR).
Von dem so bereinigten Nettoeinkommen in Höhe von 2.660 EUR sind noch die Zahlbeträge für Kindesunterhalt an beide Kinder abzuziehen. Dies gilt insbesondere auch für das erst nach der Trennung und außerhalb der Ehe geborene Kind, da die Teilhabe im Rahmen der weiterhin bestehenden ehelichen Solidargemeinschaft auch diese erst nach der Trennung eingetretene Einkommensminderung umfasst. Während beim nachehelichen Unterhalt wegen des aus § 1578 I BGB entnommenen Stichtagprinzips Unterhaltsverpflichtungen für nach Rechtskraft der Scheidung geborene Kinder bei Berechnung des Unterhaltsbedarfs keine Berücksichtigung finden, weil es sich insoweit um nacheheliche Entwicklungen ohne Anknüpfungspunkt in der Ehe handelt, tritt vorliegend diese Unterhaltsverpflichtung des M ja noch während der Ehezeit auf und ist insoweit bei der Bedarfsberechnung für den Trennungsunterhalt zu berücksichtigen. Abzuziehen sind somit 360 EUR und 300 EUR, sodass sich ein bereinigtes Nettoeinkommen des M in Höhe von 2.000 EUR ergibt.
Auf der **ersten Stufe der sog. Additionsmethode** ergibt sich deshalb unter Berücksichtigung eines **Erwerbstätigenbonus in Höhe von 1/10** bei M ein in die Berechnung einzustellendes Nettoeinkommen in Höhe von 2.000 EUR x 9/10 = 1.800 EUR.
Da F keine Einkünfte erzielt[51], beträgt der eheangemessene Bedarf unter Anwendung des **Halbteilungsgrundsatzes** 900 EUR.

Hinweis: Bei Berücksichtigung eines Erwerbstätigenbonus von 1/7 (Hessen, Sachsen) ergäbe sich ein eheangemessener Bedarf der F in Höhe von 2.000 EUR x 6/7 x 1/2 = 857 EUR.

3. F ist zudem in vollem Umfang **bedürftig**. Die monatlichen Taschengeldzahlungen ihrer Eltern, sowie die kostenfreie Unterkunft und Verpflegung sind ohne Rechtsanspruch gewährte, **freiwillige Zuwendungen Dritter**, die nach dem Willen der Zuwendenden allein dem Empfänger zugutekommen sollen und sich deshalb auf das Unterhaltsverhältnis nicht auswirken.
Eine **Erwerbsobliegenheit** der F nach § 1361 II BGB besteht nicht. Während der Trennungszeit, insbesondere innerhalb des ersten Jahres und vor Rechtshängigkeit eines Scheidungsantrags, muss sich der Berechtigte regelmäßig nicht auf eine Erwerbstätigkeit verweisen lassen, wenn er während der Ehezeit nicht gearbeitet hat. [**Hinweis:** Falls es demgegenüber um nachehelichen Betreuungsunterhalt nach § 1570 BGB ginge, wäre die F zur Aufnahme einer Teilzeittätigkeit verpflichtet, nachdem das Kind bereits 9 Jahre alt ist.] Hier entsprach es der **einverständlichen Gestaltung der ehelichen Lebensverhältnisse**, dass F nicht berufstätig war. Nachdem in der Trennungszeit das **Prinzip der ehelichen Solidargemeinschaft fortgilt**, ist dieser status quo bei der Berechnung des Trennungsunterhalts zu erhalten. Auf der **zweiten Stufe der sog. Additionsmethode** erfolgt insofern keine Anrechnung von Einkünften der F.

4. Nachdem M jedoch nur eingeschränkt **leistungsfähig** ist, ist die Höhe des geschuldeten Trennungsunterhaltes auf 720 EUR herabzusetzen. Trotz fehlender ausdrücklicher gesetzlicher Regelung in § 1361 BGB ist die Leistungsfähigkeit des Verpflichteten auch beim Trennungsunterhalt zu prüfen. M würden von seinem bereinigten Nettoeinkommen in Höhe von 2.000 EUR (im Rahmen der Leistungsfähigkeit ist der Erwerbstätigenbonus nicht zu berücksichtigen) nach Zahlung Trennungsunterhaltes in Höhe von 900 EUR [bzw. 857 EUR][52] nur noch 1.100 EUR [bzw. 1.143 EUR] verbleiben. Der **eheangemessene Selbstbehalt** beim Erwerbstätigen beträgt jedoch **1.280 EUR** und wäre damit unterschritten. Nachdem die **Unterhaltsansprüche beider Kinder gem. § 1609 Nr. 1 BGB** gegenüber dem Anspruch der F **vorrangig** sind (§ 1609 Nr. 2 BGB), ist aufgrund des eingetretenen **Mangelfalls** allein der Anspruch auf Trennungsunterhalt zu kürzen, bis der Selbstbehalt gewahrt ist, also auf 720 EUR.

Hinweis: Da ein Erwerbstätigenbonus im Mangelfall keine Berücksichtigung findet, ändert sich das Ergebnis letzten Endes nicht, wenn der Erwerbstätigenbonus in Höhe von 1/7 zugrunde gelegt wird.

51 Hier könnte man natürlich auch schon das bei der Bedürftigkeit thematisierte »Taschengeld« ansprechen.
52 Die in den eckigen Klammern genannten Zahlen ergeben sich bei einem Erwerbstätigenbonus von 1/7.

5. F kann Trennungsunterhalt erstmals ab dem 1.1.2020 beanspruchen. Gemäß §§ 1361 IV 4, 1360a III, 1613 I BGB kann sie **rückständigen Unterhalt** ab dem Monatsersten des Monats fordern, in dem der Unterhaltsverpflichtete aufgefordert worden ist, zum Zwecke der Unterhaltsberechnung Auskunft über Einkünfte und Vermögen zu erteilen.

II. Nachehelicher Unterhalt

96 Anders als der Trennungsunterhalt beruht der in den §§ 1569 ff. BGB geregelte nacheheliche Unterhalt – offensichtlich – nicht länger auf dem Prinzip ehelicher Solidarität. Vielmehr gilt ab Rechtskraft der Scheidung der **Grundsatz der Eigenverantwortung,** den § 1569 BGB den Unterhaltsnormen programmatisch als Auslegungsgrundsatz voranstellt. Nur wenn ein Ehegatte außerstande ist, selbst für seinen Unterhalt zu sorgen, gilt das **Prinzip der nachwirkenden Mitverantwortung** des wirtschaftlich stärkeren Ehegatten für den anderen.

97 Der sich daraus ergebende **Grundsatz der Nichtidentität** von Trennungs- und Scheidungsunterhalt hat nicht nur materiell-rechtliche Implikationen, sondern auch verfahrensrechtliche, auf die später noch eingegangen wird.

Merke: Achten Sie insbesondere in der **Anwaltsklausur** darauf, dass Sie das Unterhaltsbegehren der Mandantschaft möglicherweise auf zwei unterschiedliche Anspruchsgrundlagen vor/nach Rechtskraft der Scheidung stützen müssen! Auch kann nur der nacheheliche Unterhalt im Verbund nach § 137 II Nr. 2 FamFG geltend gemacht werden, da nur über diesen »eine Entscheidung für den Fall der Scheidung zu treffen ist«.

1. Anspruchsgrundlagen

98 Der nacheheliche Unterhaltsanspruch kann auf eine **Vielzahl von Anspruchsgrundlagen** gestützt werden, §§ 1570–1576 BGB. In der Klausur – wie auch in der Praxis – geht es aber üblicherweise um Betreuungsunterhalt gem. § 1570 BGB, bisweilen Aufstockungsunterhalt gem. § 1573 II BGB und gelegentlich Krankheitsunterhalt gem. § 1572 BGB.

a) Betreuungsunterhalt, § 1570 BGB

99 Tatbestandlich setzt § 1570 BGB ein gemeinschaftliches Kind voraus – das Kind ist in der Ehe geboren (§§ 1591, 1592 Nr. 1 BGB), die Vaterschaft wurde anerkannt/festgestellt (§ 1592 Nr. 2, 3 BGB), oder das Kind wurde gemeinsam adoptiert (§ 1754 BGB). Achtung: Beim nach der Ehe geborenen Kind vom (ehemaligen) Ehegatten gilt nur § 1615l (mehr dazu in Abschnitt III.)!

100 Seine eigentliche »Bedeutung« erlangt § 1570 BGB aber über das Tatbestandsmerkmal der **Notwendigkeit von Pflege oder Erziehung des gemeinschaftlichen Kindes** – denn hierdurch ist der Betreuende nicht oder nur eingeschränkt in der Lage, eine Erwerbstätigkeit aufzunehmen.

Hinweis: Wie Sie merken, geht es im Rahmen der Anspruchsgrundlage in der Sache bereits auch schon um die Bedürftigkeit des Unterhaltsgläubigers!

101 Strukturell geht § 1570 I BGB zunächst von einem sog. **Basisunterhalt von drei Jahren** aus. Unabhängig davon, ob andere Betreuungsmöglichkeiten vorhanden wären, besteht hier bis zur Vollendung des dritten Lebensjahres des (jüngsten) Kindes ein Anspruch auf persönliche Betreuung. Ausnahmen sind wirklich nur selten anzunehmen, etwa wenn der betreuende Ehegatte schon vor Trennung und Scheidung Vollzeit gearbeitet hat und das Kind immer schon fremdbetreut wurde.

102 Nach Ende des Basisunterhalts verlangt aber auch die gesetzliche Neuregelung **keinen abrupten Wechsel von der elterlichen Betreuung zu einer Vollzeiterwerbstätigkeit.** Nach Maßgabe der im Gesetz genannten **kindbezogenen** (§ 1570 I 3 BGB) und **elternbezogenen** (§ 1570 II BGB) Gründe ist beim **Billigkeitsunterhalt ab dem vierten Lebensjahr** des Kindes vielmehr ein **schrittweises Ansteigen der Erwerbsobliegenheit** anzunehmen. Hier ist stets eine Einzelfallbetrachtung erforderlich, da es derart viele kind- und elternbezogene Einflusskriterien gibt, dass eine allgemeingültige Regelung nicht aufgestellt werden kann. Das Alter

des Kindes ist dabei natürlich ein wichtiger Gesichtspunkt, aber eben nicht allein ausschlaggebend. Es kommt für den Zeitpunkt und den Umfang (Vollzeit oder Teilzeit) der Erwerbsobliegenheit auf die Betreuungsmöglichkeiten, Freizeitaktivitäten des Kindes, Fahrtwege des Elternteils zur Arbeitsstätte, wirtschaftliche Verhältnisse, Rollenverteilung während der Ehezeit und vieles mehr an.

Hinweis: Passen Sie hier auf! **Bis zur Reform** 2008 wandte die Rechtsprechung ein sehr **starres Altersphasenmodell** an, um die Erwerbsobliegenheit des betreuenden Elternteils zu bestimmen. Der Korrektor möchte in Ihrer Klausurlösung erkennen, dass Sie eben nicht nur auf das Alter des Kindes geschaut haben, sondern eine einzelfallbezogene Abwägung vorgenommen haben. Einzelheiten zum alten Altersphasenmodell im Palandt/*Brudermüller* BGB § 1570 Rn. 8 f. Wenn Sie hier lesen, dass nach dem Altersphasenmodell eine Erwerbstätigkeit grundsätzlich nicht für zumutbar gehalten wurde, bis das Kind acht Jahre alt war, merken Sie übrigens, wie stark sich der Maßstab verschoben hat.

Hier ist in der Rechtsprechung immer vieles im Fluss, was bedeutet, dass Sie im Klausurfall so 103
ziemlich alles vertreten können. Trotz des Grundsatzes der Eigenverantwortung der §§ 1569 ff. BGB ist auf die Belange des Kindes immer in besonderem Umfang Rücksicht zu nehmen. Wie zuvor auch schon die Oberlandesgerichte hat auch der BGH (richtigerweise) seine **zunächst restriktive Rechtsprechung inzwischen gelockert** und lässt eine Verlängerung des Unterhaltsanspruchs vor allem aus kindbezogenen Gründen großzügiger zu. Als Hilfestellung in der Klausur ist die aktuelle Rechtsprechung gut und übersichtlich zusammengefasst im Palandt/*Brudermüller* BGB § 1570 Rn. 10.

Beachten Sie, dass der Wechsel vom Basisunterhalt zum Billigkeitsunterhalt ab Vollendung des 104
dritten Jahres »von selbst« geschieht. Trotz der gesetzgeberischen Unterscheidung dieser zwei Phasen liegt hierin keine tatbestandsimmanente Befristung (wie früher im § 1615l BGB aF). Es handelt sich um einen **einheitlichen Betreuungsunterhaltsanspruch**, sodass der Unterhaltsgläubiger sich nach drei Jahren keinen neuen Titel erstreiten muss, sondern vielmehr der Unterhaltsschuldner gegebenenfalls Abänderung beantragen muss (zu den Abänderungsmöglichkeiten später noch ausführlich).

b) Unterhalt wegen Alter, Krankheit, Erwerbslosigkeit, Ausbildung oder aus Billigkeitsgründen

Die §§ 1571 ff. BGB sehen zahlreiche weitere Unterhaltsansprüche vor, die sie bei Einschlägig- 105
keit anhand des Gesetzes durchprüfen müssen. Wie bereits eingangs erwähnt, ist die Praxis- und insbesondere die Klausurrelevanz dieser Normen aber sehr gering, sodass Sie die Vorschriften an dieser Stelle einmal anhand des Gesetzes durchlesen sollten, mehr aber nicht zu lernen brauchen.

Wissen sollten Sie nur noch eines – die Anspruchsgrundlagen zum nachehelichen Unterhalt 106
sehen sog. **Einsatzzeitpunkte** vor. Hier verwirklicht sich der **Grundsatz der Eigenverantwortung**, da kein Unterhalt mehr geschuldet wird, falls der Gläubiger erst einmal wirtschaftliche Selbstständigkeit erlangt hat. Nur wenn ab Rechtskraft der Scheidung eine **lückenlose Unterhaltskette** besteht, also sich der in Frage stehende Unterhaltsanspruch unmittelbar an die Rechtskraft der Scheidung oder einen vorangegangenen Unterhaltsanspruch anschließt, schuldet der Unterhaltsverpflichtete (weiteren) Unterhalt.

c) Aufstockungsunterhalt, § 1573 II BGB

Herausgehoben werden soll an dieser Stelle nur noch § 1573 II BGB. Diese Anspruchsgrund- 107
lage ist in der Praxis von großer Bedeutung und eignet sich ebenfalls für die Klausur. Der geschiedene Ehegatte kann den Unterschiedsbetrag zwischen seinen eigenen Einkünften aus einer angemessenen Tätigkeit und dem **eheangemessenen Unterhalt** verlangen. Im Rahmen des Trennungsunterhalts haben Sie die **Additionsmethode** bereits kennengelernt, mit der der eheangemessene Bedarf bestimmt werden kann. Letztlich werden über diese Norm die **nachehelichen Einkommensdifferenzen ausgeglichen** – jedenfalls soweit keine Begrenzung oder Befristung nach § 1578b BGB erfolgt, was in diesem Zusammenhang von großer Bedeutung ist (→ § 5 Rn. 119).

108 Diese Anspruchsgrundlage ist – wie auch der Erwerbslosenunterhalt nach § 1573 I BGB – **nachrangig**, soweit bereits ein Anspruch nach §§ 1570–1572 BGB besteht. Wichtig ist aber, dass diese **Ansprüche nebeneinander** bestehen können. So ist beispielsweise ein Unterhaltsanspruch aus § 1570 BGB nur insoweit zu bejahen, als die Kinderbetreuung einen Ehegatten an der Erzielung von Erwerbseinkommen hindert – für den restlichen Unterhaltsanspruch bis zum vollen eheangemessenen Unterhalt, der nach der Additionsmethode bestimmt wird, ist hingegen § 1573 II BGB die Anspruchsgrundlage. An diesen Teilansprüchen hält der BGH in seinen Entscheidungen fest, auch wenn das letztlich keine praktischen Auswirkungen hat.

Klausurtipp: Prüfen Sie hier in der Klausur dennoch keine zwei Teilansprüche vollständig nacheinander durch, das endet im Chaos! Wenn Sie die vorangestellten Gesichtspunkte bei der Darstellung der richtigen Anspruchsgrundlage in zwei Sätzen erwähnen, heben Sie sich bereits deutlich von den meisten anderen Klausurbearbeitern ab.

2. Bedarf des Unterhaltsberechtigten, § 1578 BGB

109 Gemäß § 1578 I BGB bestimmt sich das Maß des Unterhalts **nach den ehelichen Lebensverhältnissen.** Grundsätzlich verfahren Sie wie beim Trennungsunterhalt – Sie ermitteln das **bereinigte Nettoeinkommen** beider Ehegatten (gegebenenfalls unter Abzug des Erwerbstätigenbonus) und wenden den **Halbteilungsgrundsatz** an. Vergessen Sie auch hier nicht, bei der Bereinigung des Nettoeinkommens den vom Unterhaltsschuldner zu zahlenden Kindesunterhalt abzuziehen.

110 Das Erwerbseinkommen bestimmt die ehelichen Lebensverhältnisse nur insoweit, als es sich um **nachhaltig erzieltes, dauerhaftes Einkommen** handelt, **welches den ehelichen Lebensstandard geprägt** hat. Maßgeblicher Zeitpunkt ist die Rechtskraft der Scheidung (**sog. Stichtagsprinzip**).

Merke: Der BGH hatte sich nach der Unterhaltsreform **zunächst vom Stichtagsprinzip abgewandt** und im Rahmen der »stets wandelbaren ehelichen Lebensverhältnisse« Veränderungen auch nach der Scheidung in sehr weitreichendem Maß berücksichtigt. Nach Ansicht des **BVerfG**[53] entfernte sich diese Rechtsprechung aber zu weit vom Gesetzeswortlaut und hat diesen stattdessen durch ein eigenes Modell ersetzt. Der BGH musste insoweit im Wesentlichen zu seiner vorherigen Rechtsprechung zurückkehren.[54] **Passen Sie also auf**, wenn Sie etwas ältere Entscheidungen lesen!

111 Das bedeutet für Sie in der Klausur: **Nacheheliche Entwicklungen** wirken sich auf den Unterhaltsbedarf nach Maßgabe der ehelichen Lebensverhältnisse **nur dann** aus, wenn sie einen **Anknüpfungspunkt in der Ehe** finden. Veränderungen nach der Scheidung sind nur zu berücksichtigen, wenn ihnen eine Entwicklung zugrunde liegt, die **in der Ehe angelegt** oder bei fortbestehender Ehe mit hoher Wahrscheinlichkeit zu erwarten war.[55]

112 Machen Sie sich bewusst, dass hierin **der entscheidende Unterscheid zum Trennungsunterhalt nach § 1361 BGB** liegt. Sie erinnern sich: Bis zur Rechtskraft der Scheidung nehmen die Ehegatten grundsätzlich an sämtlichen Einkommensveränderungen teil. Nach der Scheidung jedoch gilt das Prinzip der ehelichen Solidarität nicht mehr, eine Versöhnung innerhalb des Trennungsjahres steht nicht mehr im Raum – vielmehr besteht nur noch eine **stark eingeschränkte nacheheliche Solidarität**, es gilt der **Grundsatz der Eigenverantwortung** und die Ehegatten sollen schnellstmöglich wirtschaftlich selbstständig werden. Heben Sie nach Möglichkeit eben diesen Unterschied in Ihrer Klausurlösung hervor. Das bringt Punkte!

113 In diesem Bereich gibt es nun **viel Einzelfallrechtsprechung**, aus der Sie natürlich nicht jedes Detail kennen können und müssen. Sie gehen einfach wie folgt vor. Zunächst arbeiten Sie sauber heraus, ob es **Einkommensminderungen oder Einkommensverbesserungen nach dem Stichtag** (Rechtkraft der Scheidung) gab. Dann schauen Sie, ob Sie hierfür einen **Anknüpfungspunkt in der Ehe** finden, wobei Sie als Argumentationshilfe den **Palandt** benutzen können: In der Kommentierung zu Palandt/*Brudermüller* **§ 1578 sind ab Rn. 20** ver-

53 BVerfG NJW 2011, 836.

54 Vgl. zuletzt etwa BGH NJW 2019, 3570.

55 Gut kommentiert im Palandt/*Brudermüller* BGB § 1578 Rn. 1 und 12 ff. Anschauen!

schiedene Fallgruppen gut zusammengefasst. Nachfolgend sei auf einige besonders klausur- und praxisrelevante Fallgruppen hingewiesen:

- Gehaltserhöhungen aufgrund einer Besetzung oder Beförderung nach dem Stichtag sind in der Ehezeit angelegt (und werden also bei der Bedarfsbestimmung berücksichtigt), wenn sie auf dem Erwerb von Kenntnissen und Fertigkeiten oder beruflicher Leistung während der Ehezeit beruhen. Sog. **Karrieresprünge** hingegen, mit denen während der Ehezeit vernünftigerweise nicht gerechnet werden konnte, sind hingegen rein nacheheliche Entwicklungen, die bei der Bedarfsberechnung keine Rolle spielen.
- Einkünfte aus erstmals nach Rechtskraft der Scheidung aufgenommenen Erwerbstätigkeiten sind nach der Rechtsprechung des BGH bedarfsprägend, wenn sie das **Surrogat der bisherigen Haushaltsführung** durch den betreffenden Ehegatten darstellen. Auf diese Weise wird eine faktische Schlechterstellung des in der Ehezeit haushaltsführenden Ehegatten durch das Stichtagsprinzip vermieden, da ansonsten die nach der Ehe erstmals erzielten Einkünfte nur seine Bedürftigkeit mindern, nicht aber den Bedarf erhöhen würden.
- Der **vorhersehbare Wegfall von Verbindlichkeiten**, zum Beispiel eine auslaufende Immobilienfinanzierung oder aber auch etwa wegfallende Unterhaltsverbindlichkeiten gegenüber (sich nun selbst versorgenden) Kindern wirkt sich regelmäßig ebenfalls bedarfsmindernd aus.
- Die **Entstehung von Unterhaltsverpflichtungen** für ein in einer neuen Ehe oder außerehelich geborenes **Kind** ist nach der Rechtsprechung des BGH dann nicht mehr in der Ehezeit angelegt und darf damit nicht bei der Bedarfsberechnung berücksichtigt werden, wenn das betreffende Kind erst nach Rechtskraft der Scheidung geboren wird.
- Auch die **Unterhaltspflicht gegenüber einem neuen Ehegatten** kann naturgemäß erst nach der Scheidung der ersten Ehe eintreten und ist damit nicht bedarfsprägend. **Achtung**: Anders hat der BGH dies zuletzt in einem Fall gesehen, in dem die Unterhaltspflicht für den neuen Ehegatten bereits die ehelichen Lebensverhältnisse geprägt hatte, weil der Unterhaltsverpflichtete schon vor der Scheidung von seiner unterhaltsberechtigten Ehefrau gegenüber damaligen Lebensgefährtin (und späteren Ehefrau) zum Betreuungsunterhalt gem. § 1615l BGB verpflichtet war und die entsprechende Unterhaltsverpflichtung daher das die ehelichen Lebensverhältnisse prägende Familieneinkommen reduziert hatte.[56]

Wenn Einkommensminderungen keinen Anknüpfungspunkt in der Ehe haben, führt dies bei der Berechnung des eheangemessenen Bedarfs zu **fiktiven Einkünften** des betreffenden Ehegatten. Soweit Einkommensverbesserungen nicht bereits in der Ehe angelegt waren, bleiben sie bei der Berechnung des nachehelichen Unterhalts **außer Betracht**. 114

Merke zum Wohnwert: Wie bereits beim Kindesunterhalt erläutert, ist der Wohnvorteil durch mietfreies Wohnen im eigenen Heim unterhaltsrechtlich wie Einkommen zu behandeln. Auch beim Ehegattenunterhalt (Trennungsunterhalt und nachehelicher Unterhalt) erhöht sich mithin das bereinigte Nettoeinkommen um den Wohnwert, vermindert um die Finanzierungslasten. Wie bereits erläutert, gilt beim Trennungsunterhalt nur der geringere subjektive Wohnwert (ersparte Miete für Ersatzwohnung), während beim nachehelichen Unterhalt – wie auch beim Kindesunterhalt – der objektive Wohnwert (erzielbare Marktmiete) anzusetzen ist.
Während die hiervon abzuziehenden Finanzierungslasten beim Kindesunterhalt den Zins- und den Tilgungsanteil umfassen, war nach bisheriger Rechtsprechung beim nachehelichen Unterhalt (und beim Trennungsunterhalt ab Rechtshängigkeit des Scheidungsantrags) jedoch nur der Zinsanteil abzugsfähig! Grund: Mit dem Tilgungsanteil mehrt der Unterhaltsverpflichtete sein eigenes Vermögen (Schuldenabbau). Anders ist dies hingegen vor Rechtshängigkeit des Scheidungsantrags, da bis dahin (§ 1384 BGB) jede Vermögensmehrung über den Zugewinnausgleich auch dem anderen Ehegatten zugutekommt.

Aber: An dieser Stelle ändert der BGH aktuell seine Rechtsprechung! Nach einer Entscheidung zum Elternunterhalt[57] und einer Andeutung in einem weiteren Beschluss[58] spricht vieles dafür, **dass der BGH nunmehr auch bei der Berechnung des nachehelichen Unterhalts erlauben möchte, vom**

56 BGH NJW 2019, 3570 Rn. 32.
57 BGH NJW 2017, 1169.
58 BGH NJW 2018, 2638 Rn. 31.

Wohnwert neben dem Zinsanteil auch den Tilgungsanteil der Finanzierungslasten abzuziehen.[59] Argument: Ohne die Zins- und Tilgungsleistung gäbe es den Wohnvorteil in Form einer ersparten Miete nicht. Damit wird es für Sie in der Klausur einfacher: Sie können sich zukünftig einfach merken, dass Sie bei **jeder** Unterhaltsart den Wohnvorteil unter Abzug von Zins- und Tilgungsanteil berechnen.

3. Bedürftigkeit des Unterhaltsberechtigten, § 1577 BGB

115 Die Bedürftigkeit iSd § 1577 BGB ist gegeben, wenn der Unterhaltsgläubiger seinen nach dem Halbteilungsgrundsatz ermittelten Bedarf mit seinen prägenden – und nicht prägenden – Einkünften und in den Grenzen des § 1577 III BGB mit der Verwertung seines Vermögens nicht zu decken vermag. Wie schon beim Trennungsunterhalt geschrieben, verwischen bei Halbteilungsgrundsatz, Additionsmethode und der Frage, welche Einkünfte der Berechtigte zB nach § 1570 BGB erzielen müsste (und sich deshalb fiktiv anrechnen lassen muss) die Grenzen des Prüfungsaufbaus leider bisweilen.

4. Leistungsfähigkeit des Unterhaltsverpflichteten, § 1581 BGB

116 Betreffend die in § 1581 BGB geregelte Leistungsfähigkeit kann auf die Ausführungen zum Trennungsunterhalt verwiesen werden. Der **angemessene Selbstbehalt** ist wiederum bei **1.280 EUR** (1.180 EUR bei Nichterwerbstätigen) anzusiedeln.

117 An dieser Stelle sind als »sonstige Verpflichtungen« (§ 1581 S. 1 BGB) insbesondere auch andere Unterhaltsverpflichtungen des Schuldners zu berücksichtigen. Dabei ist es nicht Voraussetzung, dass diese zusätzlichen Unterhaltspflichten schon während der Ehezeit bestanden (bei der Leistungsfähigkeit gibt es also kein Stichtagsprinzip!).

Merke: Passen Sie hier auf, wenn Sie ältere Entscheidungen lesen! Wie oben beschrieben, hatte der BGH nach der Unterhaltsreform zunächst nicht mehr das Stichtagsprinzip, sondern im Rahmen seiner Rechtsprechung zu den »stets wandelbaren ehelichen Lebensverhältnissen« nacheheliche Veränderungen weitgehend berücksichtigt und deshalb auch nach Scheidung entstehende Unterhaltsverpflichtungen (vor allem für hinzukommende Kinder oder Ehepartner) bereits bei der Bedarfsermittlung eingestellt. Dies führte zu einer **»Dreiteilung« des Eheeinkommens**. Das dürfen Sie in der Klausur jetzt aber *nicht* mehr machen!

118 Reichen die zur Verfügung stehenden Einkünfte des Schuldners nicht zur Erfüllung aller Unterhaltsverpflichtungen (Mangelfall), kommt es wiederum auf die **Rangabfolge nach § 1609 BGB** (iVm § 1582 BGB) an. Prüfen Sie hier stets genau – der geschiedene Ehegatte kann je nach Voraussetzung unter Nr. 2 oder Nr. 3 fallen. Dabei knüpft Nr. 2 Var. 1 an die Eigenschaft »Elternteil« und nicht »geschiedener Ehegatte« an – der betreuende Elternteil eines nichtehelichen Kindes steht also gleichrangig mit dem eines ehelich geborenen Kindes.

5. Ausnahmen/Einschränkungen/Besonderheiten

a) Begrenzung und Befristung, § 1578b BGB

119 Eine weitere Besonderheit des nachehelichen Unterhalts ist die Möglichkeit der Begrenzung und Befristung nach § 1578b BGB. Bislang hat diese – in der Praxis sehr relevante – Vorschrift in Examensklausuren kaum eine Rolle gespielt, wahrscheinlich weil der BGH den Tatgerichten hier relativ viel Spielraum bei der Anwendung lässt. Die Grundzüge sollten Ihnen aber bekannt sein.

120 Nach § 1578b I 1 BGB ist ein Anspruch auf nachehelichen Unterhalt auf den angemessenen Lebensbedarf herabzusetzen, wenn eine an den ehelichen Lebensverhältnissen orientierte Bemessung des Unterhaltsanspruchs auch unter Wahrung der Belange eines dem Berechtigten zur Pflege oder Erziehung anvertrauten gemeinschaftlichen Kindes unbillig wäre. Die Kriterien für die Billigkeitsabwägung sind § 1578b I 2 und 3 BGB zu entnehmen. Danach ist neben der Dauer der Ehe vorrangig zu berücksichtigen, inwieweit durch die Ehe **ehebedingte Nachteile** im Hinblick auf die Möglichkeit eingetreten sind, für den eigenen Unterhalt zu sorgen. Solche Nachteile können sich vor allem aus der Dauer der Pflege und Erziehung eines

59 So auch OLG Frankfurt a.M. NZFam 2019, 1054 = FamRZ 2020, 584.

gemeinschaftlichen Kindes und aus der Gestaltung von Haushaltsführung oder Erwerbstätigkeit während der Ehe ergeben. Ein ehebedingter Nachteil äußert sich in der Regel darin, dass der unterhaltsberechtigte Ehegatte nachehelich nicht die Einkünfte erzielt, die er ohne Ehe und Kinderbetreuung erzielen würde.

Der BGH[60] betont aber stets, dass sich § 1578b BGB nicht auf die Kompensation ehebedingter Nachteile beschränkt, sondern auch eine darüber hinausgehende **nacheheliche Solidarität** berücksichtigt. Auch wenn keine ehebedingten Nachteile feststellbar sind, ist eine Herabsetzung oder Befristung des nachehelichen Unterhalts nur bei Unbilligkeit eines fortdauernden Unterhaltsanspruchs nach den ehelichen Lebensverhältnissen vorzunehmen. Bei der insoweit gebotenen umfassenden Billigkeitsabwägung ist das im Einzelfall gebotene Maß der nachehelichen Solidarität festzulegen. Wesentliche Aspekte hierbei sind neben der Dauer der Ehe insbesondere die in der Ehe gelebte Rollenverteilung wie auch die vom Unterhaltsberechtigten während der Ehe erbrachte Lebensleistung. Bei der Beurteilung der Unbilligkeit einer fortwährenden Unterhaltszahlung sind ferner die wirtschaftlichen Verhältnisse der Parteien von Bedeutung, sodass der Tatrichter in seine Abwägung auch einzubeziehen hat, wie dringend der Unterhaltsberechtigte neben seinen eigenen Einkünften auf den Unterhalt angewiesen ist und in welchem Maße der Unterhaltspflichtige – unter Berücksichtigung weiterer Unterhaltspflichten – durch diese Unterhaltszahlungen belastet wird. 121

In der Klausur bedeutet dies für Sie, dass Sie den **Sachverhalt** diesbezüglich ausschöpfen müssen und zu **irgendeinem Abwägungsergebnis** gelangen müssen.[61] Seien Sie mutig – **auf das Ergebnis wird es dabei regelmäßig nicht ankommen!** Der angemessene Lebensbedarf nach § 1578b I 1 BGB, auf den eine Herabsetzung erfolgen kann, bestimmt sich nach den Einkünften, die der Unterhaltsberechtigte ohne Ehe und gegebenenfalls Kindererziehung zur Verfügung hätte (hier wird Ihnen der Sachverhalt helfen – ansonsten schätzen, § 287 ZPO). Nach § 1578b II BGB kann das Gericht den Unterhaltsanspruch außerdem auch zeitlich befristen. Herabsetzung und Befristung des Unterhaltsanspruchs können gem. § 1578b III BGB miteinander verbunden werden, was in der Praxis auch häufig durch eine gestufte Herabsetzung bis zum völligen Wegfall genutzt wird. 122

Klausurtipp: Zeigen Sie Praxiswissen und begrenzen Sie den Unterhaltsanspruch zeitlich auf **etwa ein Drittel oder die Hälfte der Ehedauer**, wovon Sie auch noch die Zeit, für die es bereits Trennungsunterhalt gab, abziehen sollten.

b) Unterhaltsausschluss, § 1579 BGB

Insoweit wird auf die Ausführungen beim Trennungsunterhalt Bezug genommen (→ § 5 Rn. 89). 123

c) Rückständiger/rückwirkender Unterhalt, § 1585b BGB

§ 1585b BGB verweist weitgehend auf § 1613 BGB, sodass die dortigen Ausführungen (zum Kindesunterhalt) nicht wiederholt werden müssen. Beachten Sie bezüglich der Inverzugsetzung, dass eine **wirksame Mahnung** des nachehelichen Unterhalts nach BGH die **Rechtskraft des Scheidungsbeschlusses** zum Zeitpunkt des Zugangs der Mahnung **voraussetzt**. Dies hat allerdings wegen der Möglichkeit, den nachehelichen Unterhalt als Verbundsache geltend zu machen, praktisch nur selten Auswirkungen. Hier zeigt sich wiederum der Grundsatz der Nichtidentität von Trennungs- und Scheidungsunterhalt. 124

d) Vereinbarungen über den Unterhalt, § 1585c BGB

Nach § 1585c S. 2 und 3 BGB sind Unterhaltsverzicht und Modifikationen des nachehelichen Unterhalts nur noch durch **notarielle Beurkundung** oder in einem **gerichtlich protokollierten Vergleich** möglich; ansonsten wäre eine solche Vereinbarung nach **§ 125 BGB** formnichtig.[62] Passen Sie auf – der Formzwang nach § 1585c S. 2 BGB gilt ausdrücklich nur für *vor* Rechtskraft der Scheidung abgeschlossene Vereinbarungen, danach sind diese formfrei! 125

60 Anschaulich etwa BGH NJW-RR 2020, 1.

61 Falls Sie in Hessen Ihr Examen schreiben, können Sie in Ziff. 15.7 der Leitlinien ein paar Hilfestellungen finden (in den SüdL ist diese Ziffer hingegen leider »nicht belegt«).

62 Zu den relevanten Fällen des § 125 BGB im Assessorexamen vgl. *Kaiser/Kaiser/Kaiser* MatZivilR Rn. 9.

126 Die nachfolgend erläuterte **Grundsatzentscheidung des BGH zur Überprüfung von Eheverträgen**[63] **und ihre Weiterentwicklung** in mehreren Folgeentscheidungen sollte Ihnen in Grundzügen bekannt sein. Originärer Einsatzbereich sind Eheverträge mit abstrakt geregelten Scheidungsfolgen – die Überprüfungskriterien sind aber nach überwiegender Meinung auch auf Unterhaltsvereinbarungen, die nach der Trennung geschlossen werden, grundsätzlich zu übertragen. Sie müssen aber bedenken, dass durch die bereits erfolgte Trennung die Eheleute sich als Vertragspartner in einer anderen Situation befinden als solche, die vor der Heirat einen Ehevertrag abschließen (»Ich heirate dich nur, wenn du den Ehevertrag unterschreibst!«).

127 **Einleiten sollten Sie Ihre Prüfung** am besten mit folgenden Sätzen, die der BGH zuletzt gerne verwendet: »Die gesetzlichen Regelungen über [den nachehelichen Unterhalt und den Zugewinnausgleich][64] unterliegen grundsätzlich der vertraglichen Disposition der Ehegatten. **Die Disponibilität der Scheidungsfolgen darf allerdings nicht dazu führen, dass der Schutzzweck der gesetzlichen Regelungen durch vertragliche Vereinbarungen beliebig unterlaufen werden kann.** Das wäre der Fall, wenn dadurch eine evident einseitige und durch die individuelle Gestaltung der ehelichen Lebensverhältnisse nicht gerechtfertigte Lastenverteilung entstünde, die hinzunehmen für den belasteten Ehegatten – unter angemessener Berücksichtigung der Belange des anderen Ehegatten und seines Vertrauens in die Geltung der getroffenen Abrede – bei verständiger Würdigung des Wesens der Ehe unzumutbar erscheint. Die Belastungen des einen Ehegatten werden dabei umso schwerer wiegen und die Belange des anderen Ehegatten umso genauerer Prüfung bedürfen, je unmittelbarer die vertragliche Abbedingung gesetzlicher Regelungen in den Kernbereich des Scheidungsfolgenrechts eingreift.«[65] So oder so ähnlich sollten Sie im Idealfall Ihren Obersatz gestalten, um sodann die vom BGH entwickelte **zweistufige Inhaltskontrolle** durchzuführen, die Sie auch gut kommentiert im **Palandt/*Brudermüller* BGB § 1408 Rn. 7 ff.** finden.

aa) Die **Wirksamkeitskontrolle** findet im Rahmen der Prüfung der Sittenwidrigkeit nach **§ 138 I BGB** statt.[66] Achtung: Die Beurteilung hat für den **Zeitpunkt des Vertragsschlusses** zu erfolgen. **Objektiv** ist eine einseitige Benachteiligung und **subjektiv** das Ausnutzen

- einer Zwangslage,
- einer sozialen oder wirtschaftlichen Abhängigkeit,
- einer intellektuellen Überlegenheit erforderlich.

128 Für die **einseitige Benachteiligung** ist eine evident einseitige Verteilung von Lasten und Vorteilen festzustellen. Dies hat aufgrund einer **Gesamtschau** zu erfolgen, wobei unter anderem die Einkommens- und Vermögensverhältnisse und die (beabsichtigte/verwirklichte) Familienplanung zu berücksichtigen sind. Die Belastungen eines Ehegatten werden dabei umso schwerer wiegen und die Belange des anderen Ehegatten umso genauerer Prüfung unterliegen, je unmittelbarer die vertragliche Abänderung in den »Kernbereich des Scheidungsfolgenrechts« (wichtiges Stichwort!) eingreift. Nach der sog. **Kernbereichslehre des BGH** wiegt im System des Scheidungsfolgenrechts am schwersten der Betreuungsunterhalt (§ 1570 BGB); danach folgen der Alters- und Krankheitsunterhalt (§§ 1571, 1572 BGB) sowie das Recht auf Durchführung des Versorgungsausgleichs (§ 1587 BGB iVm VersAusglG) als vorweggenommener Altersunterhalt, dann Erwerbslosenunterhalt (§ 1573 I BGB), dann Vorsorgeunterhalt (§ 1578 II BGB), der Aufstockungs- und Ausbildungsunterhalt (§§ 1573 II, 1575 BGB) und erst auf letzter Stufe das Recht auf Zugewinnausgleich (§§ 1373 ff. BGB). Das Verdikt der Sittenwidrigkeit wird aber regelmäßig nur dann in Betracht kommen, wenn durch den Vertrag Regelungen aus dem Kernbereich des gesetzlichen Scheidungsfolgenrechts abbedungen werden, ohne dass dieser Nachteil durch anderweitige Vorteile gemildert oder durch sonstige gewichtige Belange gerechtfertigt ist.

129 **Aber Achtung:** Selbst bei Bejahen einer objektiv einseitigen Benachteiligung müssen auch die **subjektiven Voraussetzungen** des § 138 I BGB vorliegen, um eine Sittenwidrigkeit zu beja-

63 BGH NJW 2004, 930.
64 Hier entsprechend Ihrem Klausurfall anpassen.
65 BGH NJW 2018, 1015 Rn. 12.
66 Zu § 138 BGB im Assessorexamen vgl. auch *Kaiser/Kaiser/Kaiser* MatZivR Rn. 11.

hen. Das Gesetz kennt **keinen unverzichtbaren Mindestgehalt an Scheidungsfolgen** zugunsten des berechtigten Ehegatten, sodass auch aus dem objektiven Zusammenspiel einseitig belastender Regelungen nur dann auf die weiter erforderliche verwerfliche Gesinnung des begünstigten Ehegatten geschlossen werden kann, wenn die Annahme gerechtfertigt ist, dass sich in dem unausgewogenen Vertragsinhalt eine auf ungleichen Verhandlungspositionen basierende einseitige Dominanz eines Ehegatten und damit eine **Störung der subjektiven Vertragsparität** widerspiegelt. Klassischer Fall aus Praxis und Klausuren ist das Ausnutzen einer Zwangslage, wenn der zukünftige Ehemann die schwangere Partnerin, die kaum ein Wort Deutsch spricht, nur im Fall des Abschlusses eines für sie sehr nachteiligen Ehevertrages zu heiraten bereit ist.[67]

Beachten Sie, dass die Bejahung der Sittenwidrigkeit nach **§ 139 BGB** zur Unwirksamkeit des gesamten Ehevertrages führt – also auch Regelungen, die für sich genommen in Ordnung gewesen wären (beispielsweise Ausgleich des Zugewinns) mit in den Abgrund gerissen werden. Dies gilt auch dann, wenn der Ehevertrag eine sog. salvatorische Klausel enthält![68] 130

Klausurtipp: Aufgrund der besonderen Examensrelevanz und der vielen Entscheidungen zu diesem Thema sollten Sie sich zumindest eine aktuelle Entscheidung des BGH hierzu »im Original« anschauen. **Aktuelle Empfehlung: BGH NJW 2018, 1015**. Achtung: Auch wenn der BGH dort die Sittenwidrigkeit bejaht hat, hat er in anderen Entscheidungen der letzten Jahre durchaus deutlich gemacht, dass er der Vertragsfreiheit und der Eigenverantwortung der Ehegatten durchaus Raum lassen möchte. So betonte er in seiner Entscheidung zum »Krisen-Ehevertrag«, dass »die richterliche Inhaltskontrolle selbst im Kernbereich des Scheidungsfolgenrechts **keine Halbteilungskontrolle**« ist.[69] Kommen Sie also nicht zu vorschnell zur Sittenwidrigkeit!

bb) Hält ein Ehevertrag der Wirksamkeitskontrolle stand, so ist im Rahmen der **Ausübungskontrolle** zu prüfen, ob die Berufung auf die getroffenen Vereinbarungen nicht gleichwohl gegen Treu und Glauben und damit § 242 BGB verstößt, weil sich nunmehr im **Zeitpunkt des Scheiterns der Ehe** eine **einseitige Lastenverteilung** ergibt, die hinzunehmen für den belasteten Ehegatten auch bei angemessener Berücksichtigung der Belange des begünstigten Ehegatten und seines Vertrauens in die Geltung der getroffenen Abrede sowie bei verständiger Würdigung der Ehe **unzumutbar** ist. Das kann insbesondere der Fall sein, wenn die tatsächliche einvernehmliche Gestaltung der ehelichen Lebensverhältnisse von der ursprünglichen, dem Vertrag zugrunde liegenden Lebensplanung grundlegend abweicht. Rechtsfolge ist dann aber nicht die Nichtigkeit des Vertrages, vielmehr nimmt das Gericht eine **Anpassung** vor, die den Belangen beider Ehegatten anhand der nunmehr eingetretenen Lebenslage Rechnung trägt. 131

e) Ende des Unterhaltsanspruchs

Die Vorschriften der §§ 1586–1586b BGB sollten Sie einmal lesen. Für eine Klausur könnte vor allem der Aspekt der Wiederheirat eine Rolle spielen. 132

Fall zum nachehelichen Unterhalt:

Die fünfjährige Ehe von M und F wird am 23.12.2019 rechtskräftig geschieden. Das gemeinsame 4-jährige Kind bleibt bei F. Während der Ehe war M alleine berufstätig und verdiente als angestellter Rechtsanwalt 3.500 EUR netto; F kümmerte sich um den Haushalt und die Kinderbetreuung. Nach der Scheidung hat M keine Lust mehr, weiterhin Unterhalt zu zahlen und kündigt stattdessen seine Arbeitsstelle, um fortan seiner neuen, kinderlosen Lebensgefährtin den Haushalt zu führen. Diese verdient als Lehrerin rund 3.000 EUR netto im Monat. F hingegen freut sich, als sie nach langem Suchen für ihr Kind einen Kindergartenplatz mit Betreuung bis 14.00 Uhr findet und kehrt auf eine Teilzeitstelle (50%) an ihren alten Arbeitsplatz zurück, wo sie fortan 1.750 EUR verdient. In welcher Höhe kann F von M Betreuungsunterhalt verlangen, wenn dieser vereinbarungsgemäß Kindesunterhalt in Höhe von 400 EUR bezahlt? Ein Abzug für berufsbedingte Aufwendungen und die Berücksichtigung eines Erwerbstätigenbonus sollen bei der Berechnung aus Vereinfachungsgründen nicht eingestellt werden.

---

67 Weitere Beispiele: Palandt/*Brudermüller* BGB § 1408 Rn. 12.
68 BGH NJW 2018, 1015 Rn. 23.
69 BGH NJW 2014, 1101.

Lösung:

1. Die **Anspruchsgrundlage** auf Betreuungsunterhalt ergibt sich aus § 1570 I 2 und 3, II BGB. Nach Ende des sog. Basisunterhalts in den ersten drei Lebensjahren des Kindes sieht das Gesetz einen **Billigkeitsunterhalt** vor, dessen Dauer und Umfang **nach kind- und elternbezogenen Gesichtspunkten** zu beurteilen ist. Dabei gehen Gesetz und Rechtsprechung trotz Aufgabe des starren Altersphasenmodells weiterhin davon aus, dass auch ab dem vierten Lebensjahr des Kindes die **Erwerbsobliegenheit** des betreuenden Elternteils **nur schrittweise ansteigt**. Vorliegend genügt F den gestellten Anforderungen in jedem Fall – das Kind ist erst vier Jahre alt und befindet sich bis 14.00 Uhr in Betreuung, während die F in dieser Zeit eine Halbtagstätigkeit ausübt. Auch ist dem Sachverhalt zu entnehmen, dass die Möglichkeiten der verfügbaren Kinderbetreuung eingeschränkt zu sein scheinen. F steht daher ein Anspruch auf Betreuungsunterhalt zu.

2. Gemäß **§ 1578 I BGB** bestimmt sich das Maß des Unterhalts nach den ehelichen Lebensverhältnissen. Für die **Bedarfsbestimmung** gilt der sog. **Halbteilungsgrundsatz**, nach welchem jedem Ehegatten die Hälfte des verteilungsfähigen Einkommens zuzubilligen ist. Das Erwerbseinkommen bestimmt die ehelichen Lebensverhältnisse nur insoweit, als es sich um nachhaltig erzieltes, dauerhaftes Einkommen handelt, welches den **ehelichen Lebensstandard prägte**.
Allerdings können auch **Einkommensveränderungen** nach Rechtskraft der Scheidung mit einzubeziehen sein, wenn sie einen **Anknüpfungspunkt in der Ehe** finden, also auf einer Entwicklung beruhen, die bereits in der Ehe angelegt war. So sind auch hier die von F nun erzielten Einkünfte zu berücksichtigen. Die von ihr während der Ehe erbrachte Familienarbeit hat den ehelichen Lebensstandard geprägt und auch wirtschaftlich verbessert und ist als eine der Erwerbstätigkeit gleichwertige Leistung zu bewerten. Die **aufgenommene Erwerbstätigkeit** ist als **Surrogat dieser Familienarbeit** anzusehen und im Rahmen von Additionsmethode und Halbteilungsgrundsatz zu berücksichtigen.
Auf der anderen Seite muss sich M **fiktive Einkünfte** in Höhe seines bis zur Berufsaufgabe erzielten Einkommens als angestellter Rechtsanwalt anrechnen lassen. Die Rollenwahl in seiner neuen Beziehung ist insoweit unterhaltsrechtlich nicht beachtlich, weil keine berücksichtigungsfähigen Gründe erkennbar sind, die die Berufsaufgabe rechtfertigen könnten. Das Einkommen seiner Lebensgefährtin ist geringer als sein bisher erzieltes Einkommen und auch Kinder sind in der neuen Beziehung nicht zu betreuen. Obwohl ab Rechtskraft der Scheidung das **Prinzip der Eigenverantwortung** gilt und § 1578 I BGB für den unterhaltsberechtigten Ehegatten gerade **keine die früheren Lebensverhältnisse unverändert fortschreibende Lebensstandardgarantie** begründen will, kann M sich **nicht in dieser Weise vorsätzlich seiner Verpflichtung** zur Leistung von Betreuungsunterhalt **entziehen**, insbesondere da Betreuungsunterhalt immer auch die Kindesinteressen mit berührt.
Da der Bearbeitervermerk keinen Abzug der Aufwendungspauschale vorsieht, ist vom Einkommen des M nur noch der **Kindesunterhalt** in Höhe von 400 EUR **abzuziehen**, wodurch sich ein bereinigtes Nettoeinkommen von 3.100 EUR ergibt.
Auf der **ersten Stufe** der Berechnung nach der Additionsmethode sind damit zur Bedarfsbestimmung die Einkommen von 3.100 EUR und 1.750 EUR zu addieren. Nach dem Bearbeitervermerk ist ein **Erwerbstätigenbonus** nicht abzuziehen. Das Ergebnis (4.850 EUR) ist unter Anwendung des **Halbteilungsgrundsatzes** durch 2 zu teilen, woraus sich ein eheangemessener Bedarf von 2.425 EUR ergibt.

3. Zur Beurteilung der **Bedürftigkeit** der F gem. **§ 1577 BGB** sind die von ihr erzielten Einkünfte auf der **zweiten Stufe der Additionsmethode** hierauf anzurechnen. Dies ergibt 2.425 EUR – 1.750 EUR = 675 EUR.

4. In diesem Umfang ist M auch **leistungsfähig** iSv **§ 1581 BGB**. Aus bereits ausgeführten Gründen kann er seine vorsätzlich herbeigeführte verminderte Leistungsfähigkeit der F nicht entgegenhalten, sodass von einem bereinigten Nettoeinkommen von 3.500 auszugehen ist, von welchem er Kindesunterhalt in Höhe von 400 EUR und Betreuungsunterhalt in Höhe von 675 EUR bezahlen muss, sodass ihm 2.150 EUR bleiben, die deutlich **über dem eheangemessenen Selbstbehalt von 1.180 EUR** liegen.

5. Eine **Befristung nach § 1578b BGB scheidet** trotz der vergleichsweise kurzen Ehedauer **aus**, weil **§ 1570 BGB** in seiner nun geltenden Fassung demgegenüber eine **Sonderregelung für die**

Billigkeitsabwägung enthält.[70] Nach Vollendung des dritten Lebensjahres steht dem betreuenden Elternteil nur noch Betreuungsunterhalt nach Billigkeit zu. Im Rahmen dieser Billigkeitsabwägung sind aber bereits alle kind- und elternbezogenen Umstände des Einzelfalls zu berücksichtigen. Wenn sie zu dem Ergebnis führt, dass der Betreuungsunterhalt über die Vollendung des dritten Lebensjahres hinaus wenigstens teilweise fortdauert, können dieselben Gründe nicht zu einer Befristung im Rahmen der Billigkeit nach § 1578b BGB führen. Wie lange ein Anspruch auf Betreuungsunterhalt in dieser Höhe und überhaupt fortbesteht, ist gerade aufgrund des Alters des Kindes noch nicht hinreichend prognostizierbar. Dem M ist es insofern zuzumuten, zu einem späteren Zeitpunkt ein Abänderungsverfahren durchzuführen.

III. Unterhalt aus Anlass der Geburt

Der Unterhaltsanspruch aus § 1615l BGB ist in der Praxis der Familiengerichte eher eine Seltenheit, was aber nicht ausschließt, dass hierzu eine Klausur gestellt werden könnte. Sie können dabei auf das bereits Gelernte aufbauen, wenn Sie den Gesetzestext gründlich lesen und die kleinen Unterschiede beachten. Im Folgenden sei auf einige wichtige Besonderheiten hingewiesen. 133

1. Anspruchsgrundlagen

Zunächst sieht § 1615l I BGB den sog. **geburtsbedingten Unterhalt** vor, also (angelehnt an den Mutterschutz) für sechs Wochen vor und acht Wochen nach der Geburt; überdies für Kosten infolge von Entbindung und Schwangerschaft außerhalb dieses Zeitraums. 134

Nach § 1615l II 1 BGB erhält die Mutter einen Anspruch **auf weiteren Unterhalt** über diese Zeit hinaus, wenn die Schwangerschaft, die Entbindung oder eine dadurch verursachte Krankheit für die Nichtaufnahme einer Erwerbstätigkeit mitursächlich waren. 135

Achtung: Die Regelungen des Abs. 2 S. 2–5 gelten hierfür *nicht* – so kann zB die unterhaltsbegründende Einschränkung der Erwerbstätigkeit durch schwangerschaftsbedingte Krankheiten schon mehr als vier Monate vor der Geburt auftreten.

§ 1615l II 2–5 BGB regelt einen Anspruch auf **Betreuungsunterhalt**, der von einer dreijährigen Regelbetreuung ausgeht und darüber hinaus aus kind- und elternbezogenen Gründen verlängert werden kann. Sie sehen, dass hier inzwischen ein weitgehender Gleichlauf zu § 1570 BGB geschaffen wurde. Über § 1615l IV BGB gilt diese Regelung auch für den betreuenden Vater. 136

2. Bedarf des Unterhaltsberechtigten

Über § 1615l III 1 BGB gelangt § 1610 I BGB zur Anwendung. Maßgebend ist also die **Lebensstellung des Unterhaltsberechtigten**. War die Mutter (soweit kein Fall des § 1615l IV BGB) vor der Geburt erwerbstätig, ist ihr früheres, bis zur Geburt nachhaltig erzieltes Einkommen maßgebend. 137

Achtung: Auch wenn Mutter und Vater bis zur Geburt eine **nichteheliche Lebensgemeinschaft** gebildet haben, kommt es nach BGH allein auf das Einkommen des Unterhaltsberechtigten an, weil freiwillige Leistungen des nichtehelichen Lebensgefährten nicht bedarfsprägend seien.[71]

Außerdem wendet der BGH den **Halbteilungsgrundsatz** (der hier ja eigentlich keine Rolle spielt) an, um eine **Obergrenze** des geschuldeten Unterhalts zu ziehen. Dem Unterhaltsverpflichteten muss mindestens so viel verbleiben, wie der Unterhaltsberechtigte erhält.[72] 138

3. Bedürftigkeit des Unterhaltsberechtigten

Diese bestimmt sich nach § 1615l III S. 1 BGB iVm § 1602 BGB. Insoweit kann auf die obigen Ausführungen Bezug genommen werden; während der ersten drei Lebensjahre des Kindes besteht unproblematisch keine Erwerbsobliegenheit. 139

70 Hierzu Palandt/*Brudermüller* BGB § 1578b Rn. 2 mwN.
71 BGH NJW 2008, 3125.
72 Vgl. BGH NJW 2019, 2392.

4. Leistungsfähigkeit des Unterhaltsverpflichteten

140 Gegenüber Anspruchsberechtigten nach § 1615l BGB ist der **Selbstbehalt** in der Regel mit einem Betrag zu bemessen, der zwischen dem angemessenen Selbstbehalt gegenüber Volljährigen nach § 1603 I BGB und dem notwendigen Selbstbehalt gem. § 1603 II BGB liegt, also grundsätzlich mit **1.280 EUR (1.180 EUR bei Nichterwerbstätigen).**[73]

141 Im **Mangelfall** beachten Sie, dass die unverheiratete Mutter gem. § 1615l III 1 iVm § 1609 Nr. 2 BGB **an zweiter Rangstelle** steht.

5. Ausnahmen/Beschränkungen/Besonderheiten

142 Betreffend rückständigen Unterhalt enthält § 1615l III 1 BGB eine **Rechtsgrundverweisung** auf den gesamten § 1613 BGB enthält, sodass die gesamte Vorschrift ohne Modifikationen anzuwenden ist und nicht nur § 1613 II BGB, wie § 1615l III 3 BGB nahelegen könnte. Bis zur Klarstellung durch den BGH[74] war teilweise vertreten worden, dass die in Abs. 2 Nr. 1 enthaltene einjährige »Ausschlussfrist« nicht nur für den dort allein aufgeführten Sonderbedarf, sondern für den gesamten Unterhaltsanspruch der Mutter gelten soll.

143 Es können sich überdies gerade im Zusammenhang mit § 1615l BGB **Konkurrenzfragen bei mehreren Unterhaltsverpflichteten** stellen. Heiratet die nichteheliche Mutter nach der Geburt des Kindes einen Dritten, entfällt die Unterhaltsverpflichtung nach BGH analog § 1586 I BGB.[75] Beim Zusammentreffen von Ansprüchen aus § 1361 BGB bzw. § 1570 BGB mit § 1615l BGB haften der Kindsvater und der (ehemalige) Ehemann anteilig analog § 1606 III 1 BGB. Die anteilige Haftung gilt auch beim Zusammentreffen mit den übrigen Ansprüchen auf nachehelichen Unterhalt. Auch Väter mehrerer unehelicher Kinder haften anteilig. Nach § 1615l III BGB haftet der Vater vorrangig gegenüber den Verwandten der Mutter, die nur bei seinem Ausfall gem. § 1607 BGB haften.

144 Nach § 1615l III 4 BGB erlischt der Unterhaltsanspruch nicht mit dem **Tod des Kindsvaters**, sondern richtet sich nunmehr gegen die Erben, § 1967 BGB – selbst wenn der Vater vor der Geburt gestorben ist, § 1615n BGB.

> **Klausurtipp:** In diesem Zusammenhang hatte der **BGH** einen etwas ungewöhnlichen Fall zu entscheiden, der eine Kombination aus allgemeinem Schadensrecht und Unterhaltsrecht nach § 1615l BGB enthielt, die sich durchaus gut als Klausurgrundlage eignet.[76] Hierin ging es um die Haftung eines Fachanwalts für Familienrecht, der seiner Mandantin (zu Unrecht) versicherte, ihr Anspruch nach § 1615l BGB gegen den Kindsvater würde durch die Heirat eines anderen Mannes nicht beeinträchtigt.

C. Verfahrensrecht in Unterhaltssachen

145 Unterhaltssachen sind gem. § 112 Nr. 1 FamFG Familien**streit**sachen, auf die über § 113 FamFG **weitgehend ZPO-Vorschriften** Anwendung finden. Während das Verfahrensrecht etwa beim Güterrecht aber tatsächlich nahezu komplett der ZPO zu entnehmen ist, gelten in Unterhaltssachen über die **§§ 231 ff. FamFG zahlreiche Ausnahmen**, die sich in vielen Fällen gut in Examensklausuren integrieren lassen.

I. Leistungsantrag auf Unterhalt

146 Ein Zahlungsantrag auf Unterhalt – welcher Art auch immer – ist die häufigste verfahrensrechtliche Einkleidung.

---

73 Leitlinien Ziff. 21.3.2.
74 BGH NJW 2013, 3578.
75 BGH NJW 2016, 1961.
76 BGH NJW 2016, 1961.

Prüfungsschema Zulässigkeit beim Leistungsantrag

1. Zuständigkeit, §§ 23a I 1 Nr. 1, 23b GVG, § 111 Nr. 8 FamFG; § 232 FamFG
2. Postulationsfähigkeit/Anwaltszwang, § 114 I FamFG.
3. Antrag auf zukünftige Leistung, § 113 I 2 FamFG, § 258 ZPO.
4. Rechtsschutzbedürfnis (Stichwort: Titulierungsanspruch).
5. Bei Anlass: Anderweitige Rechtshängigkeit (Ehegattenunterhalt).
6. Bei Anlass: Abgrenzung zu §§ 238, 239 FamFG.
7. Bei Anlass: Verfahrensstandschaft, § 1629 III 1 BGB.

Unsere Klausuranalyse hat gezeigt, dass bei einer verfahrensrechtlichen Einkleidung einer Assessorklausur im Unterhaltsrecht die Abarbeitung der genannten Prüfungspunkte **praktisch immer erwartet wird!**

1. Zulässigkeit des Antrags

Der Umfang Ihrer Zulässigkeitsprüfung hängt – wie auch sonst in Zivilrechtsklausuren – davon ab, welche Probleme der Klausursachverhalt aufwirft. Anders als in der Praxis sollten Sie in der familienrechtlichen Assessorklausur aber immer zumindest kurze Ausführungen zur Zuständigkeit machen. 147

a) Zuständigkeit

Zur **sachlichen** und **funktionalen** Zuständigkeit des Familiengerichts vergleichen Sie die Ausführungen zur Scheidung (→ § 4 Rn. 11). 148

Auch im Unterhaltsrecht gibt es wieder eine besondere **örtliche** Zuständigkeitsregelung in § 232 FamFG. Im Klausurfall reicht eine ordentliche Subsumtion unter den Gesetzestext, im Vorfeld sollten Sie sich allenfalls kurz mit der Struktur vertraut machen und sich die passenden Stellen markieren. Beachten Sie zunächst, dass die ausschließlichen Zuständigkeitsregelungen nach § 232 I FamFG gem. § 323 II FamFG stets vorrangig sind. § 232 I Nr. 1 FamFG regelt für Kindes- und Ehegattenunterhalt eine ausschließliche Zuständigkeit des für die Ehesache (§ 122 FamFG) zuständigen Gerichts, *wenn* eine Ehesache *aktuell* anhängig ist. 149

Merke: Dies gilt insbesondere auch, wenn die Unterhaltssache isoliert, also nicht als Folgesache im Verbund mit einer Scheidung anhängig gemacht wird.

Hinweis: Lassen Sie sich durch den missverständlichen Wortlaut der Vorschrift nicht verwirren: »...anhängig ist oder *war*« meint nur den Fall, dass die Ehesache inzwischen im höheren Rechtszug aufgrund eines Rechtsmittels anhängig ist. Ist die Ehesache endgültig entschieden, ist § 232 I Nr. 1 FamFG nicht mehr einschlägig.[77]

Wenn keine Ehesache anhängig ist, begründet § 232 I Nr. 2 FamFG eine ausschließliche Zuständigkeit am gewöhnlichen Aufenthaltsort des minderjährigen bzw. nach § 1603 II 2 BGB privilegiert volljährigen Kindes (nicht bei sonstigen volljährigen Kindern!). Ansonsten verweist § 232 III FamFG auf die gewöhnlichen ZPO-Regelungen und fügt noch weitere Wahlgerichtsstände hinzu. Bezüglich weiterer Einzelfragen nutzen Sie im Notfall den *Thomas/Putzo*, ein tieferes »Einsteigen« zu Lernzwecken wäre verfehlt.

b) Postulationsfähigkeit/Anwaltszwang

In Familienstreitsachen gilt gem. § 114 I FamFG Anwaltszwang. 150

c) Antrag auf zukünftige Leistung

Soweit – wie fast immer – nicht nur Unterhaltsrückstände, sondern auch laufender Unterhalt beantragt wird, freut es den Korrektor, wenn Sie im Rahmen der Zulässigkeit § 113 I 2 FamFG iVm **§ 258 ZPO erwähnen.** 151

77 Hier hilft Thomas/Putzo/*Hüßtege* FamFG § 232 Rn. 4.

d) Rechtsschutzbedürfnis

152 Ein **Klausurklassiker** ist, dass der Unterhaltsschuldner einwendet, dass er doch jeden Monat pünktlich den geforderten Unterhalt bezahle, also gar kein Bedürfnis für eine gerichtliche Entscheidung bestehe. Der Gläubiger hat dennoch einen **sog. Titulierungsanspruch,** weil jederzeit die Gefahr besteht, dass der Schuldner seiner Zahlungen, auf die der Unterhaltsempfänger qua definitionem angewiesen ist, einstellen könnte.[78]

e) Anderweitige Rechtshängigkeit

153 Auch das kennen Sie aus »normalen« ZPO-Verfahren: Nach § 261 III Nr. 1 ZPO (iVm § 113 I 2 FamFG) kann dieselbe Angelegenheit nicht zweimal anhängig gemacht werden. In Klausuren beliebt ist, dass der Antragsgegner insoweit einwendet, dass doch schon ein Verfahren zum **Trennungsunterhalt** laufe, er deshalb nicht auch noch auf **nachehelichen Unterhalt** in Anspruch genommen werden dürfe. Hier verweisen Sie einfach auf den bereits behandelten **Grundsatz der Nichtidentität** der beiden Verfahrensgegenstände.

f) Abgrenzung zum Abänderungsverfahren

154 Sollte bereits ein Titel über denselben Unterhaltsanspruch existieren und der Antragsteller strebt eine Abänderung dieses Titels an, sind die **§§ 238, 239 FamFG vorrangig** – diese werden nachfolgend noch ausführlich behandelt. Sie merken – hier kann der Klausurersteller wieder versuchen, Sie in die Irre zu führen, indem der Antragsgegner einwendet, es existiere doch schon ein Titel auf Ehegattenunterhalt – nämlich Trennungsunterhalt – den der Antragsteller nachehelich abändern lassen müsse. Dann verweisen Sie wiederum auf den **Grundsatz der Nichtidentität!**

Merke: Beim **Kindesunterhalt** besteht **Anspruchsidentität** zwischen dem Unterhaltsanspruch des minderjährigen und des volljährigen Kindes. Hier ist also die **Abänderung vorrangig**! Einem dynamischen Unterhaltstitel gem. § 1612a BGB kann deshalb übrigens auch nicht die eingetretene Volljährigkeit im Wege des Vollstreckungsabwehrantrages gem. § 120 I FamFG iVm § 767 ZPO entgegengehalten werden, wie sich auch aus § 244 FamFG ergibt.[79]

g) Verfahrensstandschaft, § 1629 III 1 BGB

155 Von **hoher Examensrelevanz** ist die Frage, über wen bzw. auf welchem Wege der Kindesunterhaltsanspruch gerichtlich geltend zu machen ist.

156 Machen Sie sich zunächst **materiell-rechtlich** klar (dies ist in der Klausur regelmäßig nicht hinzuschreiben): Die **Vertretung des minderjährigen Kindes** – unabhängig von Unterhaltsfragen – regelt zunächst § 1629 I BGB. Bei gemeinsamer elterlicher Sorge (§ 1626 BGB) vertreten die Eltern das Kind gemeinschaftlich, § 1629 I 2 BGB. Soweit ein Elternteil das alleinige Sorgerecht hat, gilt Alleinvertretung, § 1629 I 3 BGB. Im (klausurhäufigsten) Fall, dass die Eltern das gemeinsame Sorgerecht haben, regelt § 1629 II 2 BGB, dass der Elternteil, in dessen **Obhut** sich das Kind befindet, Unterhaltsansprüche des Kindes gegen den anderen Elternteil geltend machen kann. Dies ist eine Frage der Vertretungsmacht – der Elternteil wird hier als gesetzlicher Vertreter (allein) tätig.

157 Jetzt kommt das für Ihre Zulässigkeitsprüfung Entscheidende: § 1629 III 1 BGB regelt demgegenüber nämlich eine **Verfahrensstandschaft.** Hiernach kann **bei miteinander verheirateten Eltern**, solange sie **getrennt leben** oder eine Ehesache zwischen ihnen anhängig ist, der Elternteil, in dessen Obhut sich das Kind befindet, Unterhaltsansprüche des Kindes gegen den anderen Elternteil **nur** im eigenen Namen geltend machen! Das Kind ist damit *nicht* Verfahrensbeteiligter, sondern nur der den Anspruch geltend machende Elternteil.

78 Palandt/*Brudermüller* BGB Einf v § 1601 Rn. 31; vgl. auch BGH NJW 2010, 238.

79 **Wichtige Fundstelle:** Palandt/*Brudermüller* BGB § 1601 Rn. 4. Lesen Sie alles Wichtige zu § 767 ZPO in der »normalen« Zwangsvollstreckungsklausur bei *Kaiser/Kaiser/Kaiser* Zwangsvollstreckungsklausur Rn. 6 ff. nach.

Hinweis: Passen Sie hier bloß auf! Ansonsten haben Sie den falschen Antragsteller im Rubrum stehen – darauf reagieren Korrektoren erfahrungsgemäß besonders allergisch! **Die zwei wichtigsten Klausurkonstellationen:**

- Die Eltern leben getrennt: Antragsteller ist die Mutter/Ehefrau.
- Die Eltern sind schon geschieden: Antragsteller ist das Kind selbst.

Diese Problematik ist **immer examensrelevant**, zuletzt wieder im Dezembertermin 2019! Prägen Sie sich diese zwei Konstellationen ein!

Die durch § 1629 III 1 BGB geregelte Verfahrensstandschaft ermöglicht es, Kindesunterhalt im Rahmen eines **Verbundverfahrens** anhängig zu machen, was für eine Klausurerstellung aus schon genannten Gründen reizvoll ist. **158**

Bei § 1629 II und III BGB ist entscheidendes **Abgrenzungskriterium die »Obhut«**. Die Definition finden Sie im Palandt/*Götz* BGB § 1629 Rn. 25. Wichtig ist, wer sich überwiegend um Betreuung und Erziehung des Kindes kümmert. **159**

Klausurtipp: Die nach § 1629 III 1 BGB bestehende Verfahrensstandschaft besteht auch über eine **zwischenzeitlich durchgeführte Scheidung** hinaus zunächst noch fort, der Verfahrensstandschafter darf ein solches (Unterhalts-)Verfahren also noch zu Ende bringen.[80] Unterscheiden Sie hiervon den Fall, dass das minderjährige **Kind im Laufe des Prozesses volljährig** wird. Dann kann es im Wege des gewillkürten Beteiligtenwechsels ohne Zustimmung des Gegners in das Verfahren eintreten.[81] Der Verfahrensstandschafter kann das Verfahren gegebenenfalls für erledigt erklären, da mit der Verfahrensführungsbefugnis eine Zulässigkeitsvoraussetzung nachträglich entfallen ist.[82]

2. Kostenentscheidung

Für das Unterhaltsrecht beinhaltet **§ 243 FamFG eine Sonderregel** zur Kostenentscheidung. Bei näherem Hinschauen werden Sie feststellen, dass es sich letztlich um ähnliche Gesichtspunkte handelt, wie bei den §§ 91 ff. ZPO, auch wenn das billige Ermessen noch etwas mehr in den Vordergrund gestellt wird. In nahezu allen Fällen ist das Ergebnis auch identisch, es kommt auf das Verhältnis von Obsiegen und Unterliegen an, nur sind Sie im Einzelfall etwas flexibler. **160**

3. Sofortige Wirksamkeit

Beschlüsse sind gem. § 120 II 1 FamFG erst mit Wirksamwerden vollstreckbar, was in Familienstreitsachen Rechtskraft voraussetzt, § 116 III 1 FamFG. Ähnlich wie in der ZPO (dort: vorläufige Vollstreckbarkeit) kann das Gericht deshalb die **sofortige Wirksamkeit** im Beschluss anordnen, § 116 III 2 FamFG. Wichtig: Bei einer Entscheidung auf Zahlung von Unterhalt **soll** (also grundsätzlich immer, allenfalls bei Rückständen im Einzelfall nicht) das Gericht die sofortige Wirksamkeit anordnen, **§ 116 III 3 FamFG.** § 116 FamFG ist leider nicht bei den §§ 231 ff. FamFG zu finden, sondern im allgemeinen Teil »versteckt«. **161**

Klausurtipp: Der *Thomas/Putzo* enthält in Rn. 11 § 116 FamFG sogar eine (mögliche) Tenorierung – »Soweit der Antragsgegner verpflichtet ist, ab … laufenden Kindes- und Trennungsunterhalt zu zahlen, wird die sofortige Wirksamkeit angeordnet.«

4. Rechtsmittel in Unterhaltssachen

Hier kann vollständig auf die Ausführungen im Rahmen der Ehesachen Bezug genommen werden (→ § 4 Rn. 21). Denken Sie daran, dass § 117 FamFG die §§ 58 ff. FamFG nicht nur in Ehesachen, sondern auch in Familienstreitsachen ergänzt! Wie beschrieben, muss überdies die Beschwer 600 EUR übersteigen, § 61 I FamFG. **162**

Hinweis: Ihnen sollte (nur) als Stichwort bekannt sein, dass die **§§ 249 ff. FamFG ein vereinfachtes Verfahren zur Festsetzung von Kindesunterhalt** vorsehen, in welchem auf stark formalisiertem Weg ohne Anwaltszwang Unterhalt von bis zu 120% des Mindestunterhalts durch den Rechts-

80 BGH NJW 2020, 1881 Rn. 12.
81 BGH NJW 2013, 2595.
82 S. zum Ganzen auch Palandt/*Götz* BGB § 1629 Rn. 29 ff.

pfleger tituliert werden kann. Als Klausurgrundlage ist dieses Verfahren nur bedingt geeignet – falls dieser Exot aber doch einmal am Rande eine Rolle spielen sollte, ziehen Sie das Gesetz und die Kommentierung im *Thomas/Putzo* zu Rate. Spezialwissen wird hier niemand von Ihnen verlangen!

II. Einstweilige Anordnung

163 Gerade in Unterhaltssachen ist das Verfahren auf Erlass einer einstweiligen Anordnung höchst praxisrelevant und bietet sich auch für die Assessorklausur an, weil die familienrechtlichen Spezialvorschriften der §§ 50 ff. FamFG einige Besonderheiten gegenüber den §§ 935–942 ZPO aufweisen.

Hinweis: Arrestvorschriften zur Sicherung der Zwangsvollstreckung iSv § 119 II FamFG iVm §§ 916 ff. ZPO haben in familienrechtlichen Examensklausuren bislang noch keine Rolle gespielt. Falls diese Thematik einmal drankäme, würde von Ihnen hier nur das saubere Arbeiten mit Gesetz und Kommentar erwartet – keine Sorge!

1. Zulässigkeit

164 Die **Statthaftigkeit** eines Antrags auf einstweilige Anordnung einer Unterhaltsverpflichtung ergibt sich aus § 246 I iVm §§ 50 ff. FamFG. In Abweichung von der früheren Regelung ist nicht mehr notwendig, dass gleichzeitig ein **Hauptsacheverfahren** anhängig gemacht wird[83].

165 Sachlich und örtlich **zuständig** ist das entsprechende Gericht der Hauptsache, § 50 I FamFG.

166 Anders als sonst in Familienstreitsachen kann der Antrag **auch ohne einen Anwalt** gestellt werden, § 114 IV Nr. 1 FamFG.

167 Und jetzt kommt **der Clou: § 246 I FamFG verweist** nur auf die §§ 50 ff. FamFG und gerade **nicht auf § 49 FamFG**! Deshalb ist es bei einer einstweiligen Anordnung auf Unterhalt gerade keine Voraussetzung, dass »ein dringendes Bedürfnis für ein sofortiges Tätigwerden besteht«! **Lediglich ein »besonderes Regelungsbedürfnis«** für die einstweilige Anordnung muss bestehen.

168 Das müssen Sie verstehen und in der Klausur entsprechend darstellen, da dies **der entscheidende Unterschied** der einstweiligen Anordnung auf Unterhalt zu den gewöhnlichen Eilrechtsbehelfen ist. In der Praxis werden Unterhaltsforderungen häufig ausschließlich im Wege der einstweiligen Anordnung geltend gemacht – weil es schneller geht und auch weil hierfür nur hälftige Gerichtsgebühren anfallen, vgl. § 41 FamGKG.

169 Ein besonderes Regelungsbedürfnis ist für rückständigen Unterhalt grundsätzlich nicht gegeben. Für den laufenden Unterhalt demgegenüber schon, wenn außergerichtlich zur Zahlung aufgefordert wurde und der Unterhalt vom Schuldner nicht freiwillig und regelmäßig gezahlt wird. Hier gibt es also einen Unterscheid zum Hauptsacheverfahren: Ein **bloßes Titulierungsinteresse genügt gerade nicht**![84]

2. Begründetheit

170 Gemäß § 51 I 2 FamFG hat der Antragsteller die Voraussetzungen für die Anordnung **glaubhaft zu machen**. Aufgrund des ausreichenden besonderen Regelungsbedürfnisses (s. oben) bezieht sich die Glaubhaftmachung damit *de facto* nur auf den Anordnungsanspruch, nicht auch den Anordnungsgrund. Gemäß § 113 I 2 FamFG iVm § 294 ZPO kann sich der Antragsteller zur Glaubhaftmachung aller Beweismittel bedienen, soweit die Beweisaufnahme sofort erfolgen kann, und insbesondere auch eine Versicherung an Eides statt abgeben. Eine Behauptung ist bereits dann glaubhaft gemacht, wenn eine überwiegende Wahrscheinlichkeit dafür besteht, dass sie zutrifft.

Klausurtipp: In der Klausur wird sich Ihr Prüfungsumfang im Vergleich zu einem Hauptsacheantrag nicht groß ändern, aber Sie müssen auf die Verwendung der **richtigen Vokabeln** achten!

---

83 Thomas/Putzo/*Hüßtege* FamFG Vor § 246 Rn. 2.
84 Thomas/Putzo/*Seiler* FamFG § 246 Rn. 4.

3. Verfahren

Dass es sich bei der einstweiligen Anordnung auf Unterhalt letztlich um ein kleines Hauptsacheverfahren handelt, wird auch an § 246 II FamFG deutlich. Anders als man § 51 II 2 FamFG verstehen könnte, kommt es nur selten vor, dass das Gericht ohne vorherige **mündliche Verhandlung** entscheidet. 171

Das Gericht entscheidet – wie immer – durch Beschluss nach § 116 I FamFG. Die Kostenentscheidung ergeht nach § 51 IV iVm § 243 FamFG nach den bereits genannten Gesichtspunkten. 172

4. Außerkrafttreten

Grundsätzlich kann die einstweilige Anordnung auf unbegrenzte Zeit wirken. Nach § 56 I 2 FamFG tritt die einstweilige Anordnung mit der **Rechtskraft einer Hauptsachentscheidung** über den Unterhalt außer Kraft, außerdem in den in § 56 II FamFG genannten Fällen, die das Hauptsacheverfahren beenden. 173

Ein **Rechtsmittel** ist gegen eine einstweilige Anordnung in einer Unterhaltssache hingegen **nicht gegeben,** § 57 FamFG. Das Gesetz sieht vielmehr in **§ 52 II FamFG** vor, dass das Gericht auf Antrag dem Antragsteller eine **Frist setzt, ein Hauptsacheverfahren einzuleiten,** um im Erfolgsfalle – aus Sicht des Antragsgegners – die Folgen des § 56 FamFG herbeizuführen. Wird das Hauptsacheverfahren innerhalb der Frist nicht eingeleitet, ist die einstweilige Anordnung aufzuheben, § 52 II 3 FamFG.

Weiterhin sieht das Gesetz in **§ 54 FamFG** vor, dass das Gericht die Entscheidung in der einstweiligen Anordnungssache – in Familienstreitsachen nur auf Antrag – **aufheben oder ändern** kann. Die Vorschrift trifft keine Aussage dazu, ob hierfür gegenüber dem Entscheidungszeitpunkt neue Tatsachen vorliegen müssen. Die hM bejaht dies bei Antragsverfahren (also vor allem Familienstreitsachen), weil kein Rechtsschutzbedürfnis dafür bestehe, bei gleichbleibender Sach- und Rechtslage eine Entscheidung des Gerichts wiederholt (und immer und immer wieder) herbeizuführen. 174

Hinweis: Die Darstellung im Thomas/Putzo/*Seiler* FamFG § 54 Rn. 1 und 9 ff. ist leider etwas **missverständlich**. Das Bundesverfassungsgericht hat zum Sorgerecht festgestellt hat, dass die Aufhebung oder Abänderung **einer von Amts wegen** getroffenen Entscheidung nach § 54 FamFG *keine* Veränderung der Sach- und Rechtslage voraussetzt.[85] Dies bezieht sich eben **nicht** auf Antragsverfahren (wie das Unterhaltsverfahren) und steht damit in Einklang mit der bisherigen hM – was sich aber aus der Kommentierung im *Thomas/Putzo* nicht deutlich ergibt!

Im Zusammenhang mit § 54 FamFG noch eines: Es besteht Einigkeit, dass eine **einstweilige Anordnung auf Trennungsunterhalt** – trotz des Grundsatzes der Nichtidentität! – **bei einer rechtskräftigen Scheidung *nicht* nach § 56 I FamFG automatisch außer Kraft tritt.** Nach inzwischen überwiegender Ansicht ist die Anordnung auf Antrag nach § 54 I FamFG aufzuheben.[86] 175

Darüber hinaus werden (primär in der Literatur) noch weitere Möglichkeiten des Vorgehens des Unterhaltsschuldners gegen eine einstweilige Anordnung diskutiert. Nach wohl überwiegender Ansicht kann er diese auch mit einem **negativen Feststellungsantrag** gem. § 113 I 2 FamFG iVm § 256 ZPO zu beseitigen versuchen, solange der Gläubiger keinen nicht mehr einseitig zurücknehmbaren Leistungsantrag in der Hauptsache gestellt hat. Grund: Das Vorgehen nach § 52 FamFG kann lange dauern, und bei einem Antrag nach § 54 FamFG erhält der Schuldner auch wieder nur eine summarische Entscheidung. Außerdem wird diskutiert, ob der Gläubiger einen **Vollstreckungsabwehrantrag** nach § 120 I FamFG iVm § 767 ZPO stellen kann, wenn er rechtshemmende oder rechtsvernichtende Einwendungen gegen den Titel hat. Dies können Sie bejahen, weil es sich um einen prozessualen Gestaltungsantrag handelt und damit zu § 54 FamFG keine Konkurrenz besteht. Sie können sich aber auch der formelleren Sichtweise anschließen, die darauf hinweist, dass § 794 ZPO die einstweilige An- 176

85 BVerfG BeckRS 2014, 57436 = FamRZ 2014, 1772.
86 Thomas/Putzo/*Seiler* FamFG § 246 Rn. 3.

ordnung nicht mehr erwähnt, sodass über § 795 ZPO keine entsprechende Anwendung von § 767 ZPO mehr in Betracht kommt.

Hinweis: Es würde sich im Klausurfall hierbei wahrscheinlich um **(anspruchsvolle) Annexfragen** im Rahmen einer **Anwaltsklausur** handeln. Wie Sie sich entscheiden, ist dann regelmäßig egal. Allein das Erkennen der Probleme bringt hier die Punkte![87]

III. Abänderungsverfahren

177 Eine Besonderheit im unterhaltsrechtlichen Verfahrensrecht sind die Abänderungsmöglichkeiten der §§ 238, 239 FamFG, die von hoher Praxisrelevanz sind und sich auch als Klausurgrundlage anbieten. Neben diesen Spezialregelungen ist § 323 ZPO nicht anwendbar.

Prüfungsschema Abänderungsantrag

1. Zulässigkeit:
   a) Richtige Antragsart (Abgrenzung§ 767 ZPO, § 54 FamFG, § 256 ZPO).
   b) Zuständigkeit, § 23a I 1 Nr. 1, § 111 FamFG, § 232 FamFG.
   c) Postulationsfähigkeit/Anwaltszwang, § 114 I FamFG.
   d) Statthaftigkeit/besondere Verfahrensvoraussetzungen, §§ 238, 239 FamFG.
2. Begründetheit (alternativ):
   a) § 238 FamFG (Entscheidungen): Neue Tatsachen, Wesentlichkeitsgrenze.
   b) § 239 FamFG (Vergleiche, Urkunden): Störung der Geschäftsgrundlage, § 313 BGB.

1. Zulässigkeit

a) Richtige Antragsart

178 In der Klausur wird an dieser Stelle von Ihnen erwartet, dass Sie zumindest kurz eine **Abgrenzung zum Vollstreckungsabwehrantrag** nach § 120 I FamFG iVm § 767 ZPO vornehmen. Hier ist die **Darstellung im Thomas/Putzo/*Hüßtege* FamFG § 238 Rn. 4** gut und hilfreich! § 238 FamFG ist anwendbar, wenn es um die Berücksichtigung der im Laufe der Zeit stets wandelbaren wirtschaftlichen Verhältnisse geht, also zum Beispiel Einkommensveränderungen, Hinzukommen oder Wegfall weiterer Unterhaltsberechtigter, Erreichen einer höheren Altersstufe nach der Düsseldorfer Tabelle (wenn ein statischer Unterhaltsbetrag zugesprochen wurde). Eine Herabsetzung oder eine Befristung nach § 1578b BGB sind ebenfalls nach § 238 FamFG geltend zu machen.[88]

179 Demgegenüber ändert der Vollstreckungsabwehrantrag nicht den ursprünglichen Titel, sondern beseitigt seine Vollstreckbarkeit, weil die Zwangsvollstreckung aufgrund materiellrechtlicher Einwendungen gänzlich und für immer unzulässig ist. Praktisch und in der Familienrechtsklausur im Assessorexamen sind diese Fälle von eher geringerer Bedeutung, weil zum Beispiel Erfüllung bei einer laufenden Unterhaltsverpflichtung kaum eingewandt werden wird – zu denken wäre noch an Schulderlass oder Verzicht, auch die Wiederverheiratung nach § 1586 BGB. Vergessen Sie aber nicht: In der »normalen Vollstreckungsklausur« im Assessorexamen ist die Vollstreckungsabwehrklage nach § 767 ZPO der wichtigste Rechtsbehelf!

Hinweis: Beide Rechtsbehelfe schließen sich in der Familienrechtsklausur in Bezug auf denselben Verfahrensgegenstand gegenseitig aus, **ein Wahlrecht besteht nicht**. Allerdings lässt der BGH eine **Antragshäufung** nach § 113 I 2 FamFG iVm § 260 ZPO zu, die aber häufig wegen divergierender örtlicher Zuständigkeit (§ 232 FamFG vs. § 802 ZPO) ausscheiden wird.
Wenn Sie sich im Einzelnen unsicher sind, hilft die genannte Überblickskommentierung im Thomas/Putzo/*Hüßtege* § 238 FamFG, Sie können aber auch den Palandt zu Rate ziehen – beispielsweise wenn Sie sich fragen, wie eine spätere Herabsetzung nach § 1579 BGB durchzusetzen wäre.[89] Die oft wertvollen Verfahrenshinweise finden Sie im Palandt üblicherweise in der letzten Ziffer!

87 Eine Hilfestellung gibt es außer an den angegebenen Orten auch im Thomas/Putzo/*Seiler* FamFG § 238 Rn. 5.
88 BGH NJW 2012, 1443.
89 Palandt/*Brudermüller* BGB § 1579 Rn. 43.

Einstweilige Anordnungen sind nur über § 54 FamFG abänderbar (vgl. dazu Ausführungen im vorherigen Abschnitt). 180

Gegebenenfalls können Sie auch noch kurz **zum negativen Feststellungsantrag gem.** § 113 I 2 FamFG iVm § 256 ZPO abgrenzen, der aber nur noch im Zusammenhang mit dem Vorgehen gegen eine einstweilige Anordnung erwogen wird und allenfalls im eher theoretischen Fall, dass der vermeintliche Gläubiger sich eines Unterhaltsanspruchs berühmt, ohne ihn gerichtlich geltend zu machen. Auch eine Abgrenzung zum Rechtsbehelf der **Beschwerde** nach §§ 58 ff. FamFG ist regelmäßig nur bei entsprechenden Hinweisen im Sachverhalt angezeigt. 181

b) Zuständigkeit

Für die **örtliche** Zuständigkeit gilt § 232 FamFG, für die **sachliche** und **funktionale** §§ 231 I Nr. 2, 111 Nr. 8 FamFG, § 23a I Nr. 1 GVG. 182

c) Postulationsfähigkeit/Anwaltszwang

§ 114 I FamFG gilt auch hier. 183

d) Statthaftigkeit/besondere Verfahrensvoraussetzungen

Der Abänderungsantrag muss auf eine in der Hauptsache ergangene **Entscheidung (§ 238 FamFG)**, einen **Vergleich** iSv § 794 I Nr. 1 ZPO oder eine vollstreckbare **Urkunde (beides § 239 FamFG)**, die eine Verpflichtung zu künftig fällig werdenden wiederkehrenden Leistungen (also: Unterhalt) enthalten, gerichtet sein. Mit den vollstreckbaren Urkunden sind vor allem **Jugendamtsurkunden** gem. §§ 59 I Nr. 3, 60 SGB VIII gemeint, die in der Praxis häufig vorkommen und in der Klausur auftauchen könnten, um Sie zu verunsichern. 184

Weiterhin müssen der **Verfahrensgegenstand und die Beteiligten** im Ausgangsverfahren und im Abänderungsverfahren **identisch** sein. Achtung: Dies wird bejaht, wenn ein Beschluss zugunsten des Kindes durch einen Elternteil als Verfahrensstandschafter nach § 1629 III 1 BGB erwirkt wurde, das Kind nun aber volljährig ist/die Scheidung abgeschlossen ist und das Kind nun Abänderung begehrt.[90] 185

Zudem sollten Sie bereits in der Zulässigkeit kurz feststellen – ohne die Begründetheitsprüfung vorwegzunehmen – ob (Abänderungs-) Tatsachen iSv § 238 I 2 FamFG oder § 239 I 2 FamFG vorgetragen werden (also etwa: die Einkünfte/Zahlungsverpflichtungen etc. eines der Beteiligten haben sich gegenüber der damaligen Entscheidung nicht unerheblich verändert). 186

Klausurtipp: Die **Zulässigkeit** des Abänderungsantrags wegen tatsächlicher Änderungen setzt den (nur) Vortrag von grundsätzlich unterhaltsrelevanten Tatsachen voraus. Erweist sich das Vorbringen des Antragstellers hingegen als unrichtig oder ist die sich daraus ergebende Änderung nur unwesentlich, so ist der Abänderungsantrag **unbegründet**.[91] **§ 238 I 2 FamFG ist etwas irreführend formuliert** (»Der Antrag ist zulässig, sofern…«) – aber die eigentliche Prüfung in Ihrer Klausur diesbezüglich gehört natürlich in die Begründetheit!

2. Begründetheit

Im Rahmen der Begründetheitsprüfung müssen Sie genau darauf achten, ob ein Fall des § 238 FamFG oder § 239 FamFG vorliegt, weil sich die Anforderungen für eine Abänderung unterscheiden. 187

a) Abänderung von Entscheidungen, § 238 FamFG

Nach den Voraussetzungen des § 238 FamFG werden **Endentscheidungen** abgeändert, was **auch Anerkenntnis- und Säumnisbeschlüsse** sein können. Wichtig ist nun, dass der Antragsteller *neue* Tatsachen vorträgt, aus denen sich eine wesentliche Veränderung der der Entscheidung zugrunde liegenden tatsächlichen oder rechtlichen Verhältnisse ergibt. **»Neu« sind Tatsachen** in diesem Sinne, die nach Schluss der Tatsachenverhandlung des Ursprungsverfahrens 188

90 Thomas/Putzo/*Seiler* § 238 FamFG Rn. 28; OLG Koblenz FamRZ 2016, 1870 mwN.
91 BGH NJW 2018, 1753.

entstanden sind und die nicht mehr im Einspruchswege geltend gemacht werden können – andere Tatsachen sind nach **§ 238 II FamFG präkludiert.** Die Beweislast für die Änderung liegt beim Antragsteller.

189 Weiterhin muss sich aus den neuen Tatsachen eine **»wesentliche« Veränderung** ergeben, § 238 I 2 FamFG. Wann dies zu bejahen ist, hängt grundsätzlich vom Einzelfall ab. Die Praxis bejaht dieses aber grundsätzlich ab einem **Unterschiedsbetrag von 10%**, wobei immer betont wird, dass diese Grenze nicht schematisch anzuwenden ist. Gerade bei wirtschaftlich schlechter gestellten Beteiligten kann die Wesentlichkeit gegebenenfalls auch schon bei einem geringeren Betrag anzunehmen sein.[92]

190 Beachten Sie, dass gem. § 238 IV FamFG die Abänderungsentscheidung die **Grundlagen der Erstentscheidung zu wahren** hat. Dies bedeutet, dass Sie keine vollständige Neuberechnung vornehmen, sondern regelmäßig nur die Auswirkungen der Änderungen bestimmen. Das Abänderungsverfahren ermöglicht dem Gericht weder eine freie, von der bisherigen Höhe unabhängige Neufestsetzung des Unterhalts noch eine abweichende Beurteilung derjenigen Verhältnisse, die bereits in der Vorentscheidung eine Bewertung erfahren haben. Darüber hinaus bleiben im Abänderungsverfahren auch solche im Ausgangsverfahren schon entscheidungserheblichen Umstände unberücksichtigt, die seinerzeit von den Beteiligten nicht vorgetragen oder vom Gericht übersehen wurden. Denn auch eine Korrektur von Fehlern der rechtskräftigen Entscheidung ist im Abänderungsverfahren nicht zulässig. Einer Fehlerkorrektur steht die Rechtskraft der Vorentscheidung entgegen, deren Durchbrechung nur insoweit gerechtfertigt ist, als sich die maßgeblichen Verhältnisse nachträglich verändert haben.[93] Das **klingt kompliziert, ist es aber jedenfalls in der Klausur regelmäßig nicht** – denn regelmäßig werden Ihnen schon aus Platzgründen nur wenige Details der abzuändernden Entscheidung mitgeteilt.

191 Die Abänderung ist gem. § 238 III 1 FamFG ab Rechtshängigkeit des Abänderungsantrages zulässig – bei der Erhöhung eines Unterhaltstitels aber nach § 238 III 2 FamFG auch für die Zeit, ab der nach materiellem Recht Unterhalt für die Vergangenheit verlangt werden kann, also nach Maßgabe des § 1613 BGB. Eine **rückwirkende Herabsetzung** kann für die Zeit ab dem Ersten des auf ein entsprechendes Auskunfts- oder Herabsetzungsverlangen des Unterhaltsschuldners folgenden Monats begehrt werden, allerdings maximal für ein Jahr vor Rechtshängigkeit, § 238 III 3 und 4 FamFG.

> Die Kommentierung im Thomas/Putzo/*Hüßtege* FamFG § 238 Rn. 32 f. enthält **Tenorierungsbeispiele:**
>
> Der Beschluss des AG ... vom ..., Az... wird in Ziffer 1 dahingehend abgeändert, dass der Antragsgegner verpflichtet ist, ab dem.... einen monatlichen, jeweils im Voraus fälligen Unterhalt in Höhe von .... EUR an die Antragstellerin zu bezahlen.
>
> Der Beschluss des AG ... vom ..., Az... wird in Ziffer 1 dahingehend abgeändert, dass der Antragsteller der Antragsgegnerin ab dem ... keinen Unterhalt mehr schuldet.

b) Abänderung von Vergleichen und Urkunden, § 239 FamFG

192 Über § 239 FamFG kann auch die Abänderung von **Vergleichen** und vollstreckbaren **Urkunden** (vor allem notarielle Urkunden und Jugendamtsurkunden nach § 59 I Nr. 3, § 60 SGB VIII) auf Unterhalt verlangt werden. Achtung: Der **Prüfungsmaßstab unterscheidet sich** von § 238 FamFG! § 239 FamFG enthält **keine Wesentlichkeitsgrenze** wie in § 238 I 2 FamFG, **keine Präklusionsvorschrift** wie in § 238 II FamFG und **keine zeitliche Grenze** wie in § 238 III FamFG. Denn § 238 FamFG soll die Rechtskraftwirkung unanfechtbar gewordener Entscheidungen sichern, und dieser Zweck kommt bei gerichtlichen Vergleichen nicht in Betracht.[94]

92 Thomas/Putzo/*Hüßtege* FamFG § 238 Rn. 23.
93 Zum Ganzen etwa BGH NJW 2018, 1753.
94 BGH NJW 2020, 925 Rn. 19.

Vielmehr beurteilt sich die Begründetheit des Antrags gem. § 239 II FamFG nach »den Vorschriften des Bürgerlichen Rechts«. Das bedeutet grundsätzlich: **Sie prüfen nach § 313 BGB die Störung der Geschäftsgrundlage.**[95] 193

Für Ihre **Klausurbearbeitung** folgt daraus – wie Ihnen aus dem Schuldrecht bekannt sein sollte –, dass Sie

(1) zunächst durch Auslegung ermitteln müssen, welchen Inhalt zB der Unterhaltsvergleich nach dem Beteiligtenwillen hat und ob insbesondere bereits in irgendeiner Weise vereinbart wurde, wie auf geänderte Umstände zu reagieren ist. Danach bestimmen Sie,
(2) welche Umstände die subjektive und objektive Geschäftsgrundlage des Vergleichs bilden und stellen fest, ob die Geschäftsgrundlage weggefallen ist oder wesentlich erschüttert wurde. Und zuletzt stellen Sie fest, ob
(3) ein Festhalten an der getroffenen Regelung für den Betreffenden unzumutbar ist.

Klausurtipp: Auch hier finden Sie ein Tenorierungsbeispiel bei Thomas/Putzo/*Hüßtege* FamFG § 239 Rn. 17!

Wichtig: Beachten Sie vor allem eine zentrale Besonderheit, wenn es um die **Abänderung einer Jugendamtsurkunde** geht. Anders als bei einem Vergleich erstellt der Unterhaltsschuldner Jugendamtsurkunden mit einer Zahlungsverpflichtung in der Regel einseitig, indem er sich zu diesem Zweck, etwa auf Aufforderung des Unterhaltsgläubigers, zum Jugendamt begibt. Hier müssen Sie nun **unterscheiden, wer später die Abänderung begehrt.** Für Beteiligte, die an der Erstellung der Jugendamtsurkunde nicht mitgewirkt haben – also regelmäßig den Unterhaltsgläubiger – kommt eine materiell-rechtliche Bindung an eine Geschäftsgrundlage nicht in Betracht. Dieser kann also im Wege des Abänderungsantrages nach § 239 FamFG ohne Bindung an die vorliegende Urkunde einen höheren Unterhalt verlangen.[96] Anderes gilt hingegen, wenn der Unterhaltsschuldner, der einseitig die Jugendamtsurkunde erstellt hat, im Wege des Abänderungsantrages eine Herabsetzung seiner Unterhaltsschuld begehrt. Auch dann liegt der Urkunde **keine gemeinsame Geschäftsgrundlage** zugrunde, deren Wegfall oder Änderung dargelegt werden müsste. Weil die einseitig erstellte Jugendamtsurkunde aber regelmäßig zugleich zu einem Schuldanerkenntnis nach **§ 781 BGB** führt, muss eine spätere Herabsetzung der Unterhaltspflicht die **Bindungswirkung dieses Schuldanerkenntnisses** beachten. Der Unterhaltspflichtige kann sich von dem einseitigen Anerkenntnis seiner laufenden Unterhaltspflicht also nur dann lösen, wenn sich eine nachträgliche Änderung der tatsächlichen Umstände, des Gesetzes oder der höchstrichterlichen Rechtsprechung auf die Höhe seiner Unterhaltspflicht auswirken. 194

Der BGH hat außerdem entschieden[97], dass ein bestehender Unterhaltstitel (Beschluss, Vergleich, Jugendamtsurkunde) statt durch »förmliche« Abänderung nach §§ 238 f. FamFG auch durch eine vom Schuldner veranlasste Jugendamtsurkunde ersetzt werden kann – **wenn** dies **im Einvernehmen der Beteiligten** geschieht und kein »Aufdrängen« durch den Schuldner vorliegt! Weiter: An diese (einvernehmlich) geschaffene Jugendamtsurkunde sind dann beide Seiten gebunden, sodass eine Abänderung nur nach § 239 II FamFG iVm § 313 BGB möglich ist! 195

95 Vgl. die wichtigsten Klassiker rund um § 313 BGB im Assessorexamen bei *Kaiser/Kaiser/Kaiser* MatZivR Rn. 15.
96 Vgl. BGH NJW 2011, 1874.
97 BGH NJW 2017, 1317.

§ 6 Güterrecht

1 Das eheliche Güterrecht ist nach dem Unterhaltsrecht das zweite bedeutende Schwerpunktthema in der familiengerichtlichen Assessorklausur. Es ist als Rechtsgebiet strukturell deutlich übersichtlicher – was aber nicht heißt, dass die Klausuren deshalb einfacher zu schreiben wären.

A. Materielles Güterrecht – Zugewinnausgleich

2 Dieses Skript wird sich aufgrund der Klausurrealität im Assessorexamen allein mit dem gesetzlichen Güterstand der Zugewinngemeinschaft beschäftigen.

3 Natürlich wäre es nach der gebräuchlichen Formulierung »gesetzliches Güterrecht« in den Prüfungsordnungen der Bundesländer theoretisch vorstellbar, dass ein Fall mit einer Gütergemeinschaft gem. §§ 1415 ff. BGB gebildet würde – dies ist aber derart unwahrscheinlich, dass Sie hier keine Lernressourcen verschwenden sollten! In diesem sehr, sehr unwahrscheinlichen Fall müssten Sie einfach sauber mit Gesetz und Kommentar arbeiten – etwas anderes wird kein Korrektor der Welt erwarten. Soweit die Gütertrennung am Rande eine Rolle spielen kann, wird nachfolgend darauf hingewiesen werden.

I. Anspruchsgrundlage

4 Die **Anspruchsgrundlage auf Zugewinnausgleich des Ehegatten mit dem geringeren Zugewinn** ergibt sich aus **§ 1378 I BGB.** Diese Norm gibt Ihnen bereits die Prüfungspunkte vor, die im Folgenden behandelt werden.

Prüfungsschema des Zugewinnausgleichsanspruchs

1. **Anspruchsgrundlage, § 1378 I BGB**
2. **Anspruchsausschluss, §§ 1408, 1410 BGB**
3. **Anspruchsumfang, §§ 1373 ff. BGB**
   - **a) Zugewinn Ehegatte 1**
     - aa) Anfangsvermögen + Hinzurechnungen + Indexierung
     - bb) Endvermögen + Hinzurechnungen
     - cc) Positiver Zugewinn?
   - **b) Zugewinn Ehegatte 2**
     - aa) Anfangsvermögen + Hinzurechnungen + Indexierung
     - bb) Endvermögen + Hinzurechnungen
     - cc) Positiver Zugewinn?
   - **c) Höhe der Ausgleichsforderung** (Differenz beider Zugewinne halbiert)
   - **d)** Bei Anlass: **Anrechnung von Vorausempfängen,** § 1380 BGB
4. Bei Anlass: **Grobe Unbilligkeit, § 1381 BGB**

5 In der Klausur werden Sie eingangs das **Vorliegen des gesetzlichen Güterstands der Zugewinngemeinschaft** kurz unter Nennung des § 1363 I BGB feststellen. Gemäß § 1372 BGB ist die Beendigung der Zugewinngemeinschaft nach der güterrechtlichen Lösung der §§ 1373 bis 1390 BGB durchzuführen – anders hingegen bei Tod eines Ehegatten, in welchem Fall § 1371 BGB anzuwenden wäre (dies betrifft allerdings nur erbrechtliche Klausuren).

6 Beachten Sie, dass die Ausgleichsforderung nach § 1378 III 1 BGB **mit Beendigung des Güterstandes entsteht.** Neben dem Tod ist häufigster Grund hierfür die Scheidung der Ehe, die den gesetzlichen Güterstand beendet. Hierfür kommt es auf die **Rechtskraft der Scheidung** an, § 1564 S. 2 BGB.

> Sie erinnern sich, dass Sie *deshalb* im Fall der Scheidung mit Folgesache Güterrecht **tenorieren:**
>
> 1. Die am ... vor dem Standesbeamten des Standesamtes ..., Heiratsregisternummer ..., geschlossene Ehe der beteiligten Ehegatten wird geschieden.

> 2. Der Antragsgegner wird verpflichtet, **ab Rechtskraft der Scheidung** an die Antragstellerin einen Zugewinnausgleich in Höhe von … EUR nebst Zinsen in Höhe von 5 Prozentpunkten über dem jeweiligen Basiszinssatz ab Rechtskraft der Scheidung zu zahlen.

Strittig ist in diesem Zusammenhang übrigens, ob eine **Aufrechnung gegen einen Zugewinnausgleichsanspruch vor Rechtskraft der Scheidung** möglich ist. Dies war vor kurzem Gegenstand einer **Examensklausur**! Dagegen spricht nach hM klar, dass der Anspruch erst mit der Beendigung des Güterstandes und somit Rechtskraft der Scheidung entsteht, sodass eine erklärte Aufrechnung grundsätzlich mangels gegenseitiger Forderungen scheitert.[1] Die Gegenauffassung stellt darauf ab, dass der gesetzliche Entstehungszeitpunkt die Ehegatten lediglich den Sinn habe, Dritten bis zu diesem Zeitpunkt keine Einflussmöglichkeiten auf die Forderung zu geben und damit das Interesse Außenstehender an der Beendigung des Güterstandes auszuschließen. Demgegenüber soll im Verhältnis der Ehegatten zueinander die Zugewinnausgleichsforderung schon vor Rechtskraft der Scheidung disponibel sein. Für die Lösung des Klausurfalls war das Ergebnis dieser Rechtsfrage allerdings nicht relevant, die Punkte wurden allein mit dem Erkennen des Problems verdient! 7

Häufig endet der Güterstand der Zugewinngemeinschaft auch mit einer **Scheidungsfolgenvereinbarung**, die die Ehegatten während der Trennungszeit schließen. Es handelt sich hierbei um einen **Ehevertrag »auf den letzten Metern«**, damit die streitigen Angelegenheiten zum Versorgungsausgleich, Unterhalt und Zugewinnausgleich nicht vor Gericht gebracht werden müssen. Eine solche Scheidungsfolgenvereinbarung bedarf nach §§ 1408, 1410 BGB der notariellen Form. 8

> **Hinweis:** Die Scheidungsfolgenvereinbarung lautet dann normalerweise: »Die Ehegatten vereinbaren **mit sofortiger Wirkung Gütertrennung**«. Wenn Sie das in der Klausur lesen, **erschrecken Sie sich nicht**. Die Gütertrennung nach § 1414 BGB ist ein Güterstand ohne güterrechtliche Auswirkung, ein Vermögensausgleich nach Beendigung dieses »Güterstandes« findet nicht statt. Übersetzt bedeutet das lediglich, dass die Ehegatten die Zugewinngemeinschaft sofort beenden – und nicht erst, wenn die Scheidung rechtskräftig wird.

Ihnen sollte weiterhin zumindest die Existenz der §§ 1385–1388 BGB bekannt sein. Nach § 1386 BGB kann ein Ehegatte einen Gestaltungsantrag dahingehend stellen, dass die Zugewinngemeinschaft vorzeitig aufgehoben wird, § 1385 BGB ermöglicht einen Anspruch auf sofortigen Ausgleich (Zahlungsantrag). Folge der vorzeitigen Aufhebung der Gütergemeinschaft ist der Eintritt von Gütertrennung, § 1388 BGB. Voraussetzung ist das Vorliegen eines Falles nach § 1385 Nr. 1–4 BGB. 9

Exkurs: Nebengüterrecht 10

Grundsätzlich gilt – wiederum ein wichtiges Schlagwort – für die Zugewinngemeinschaft das sog. **Ausschließlichkeitsprinzip**. Neben dem Zugewinnausgleich nach Maßgabe der §§ 1372 ff. BGB sollen eigentlich keine anderen Ausgleichregelungen zwischen Ehegatten bei Beendigung der Zugewinngemeinschaft in Frage kommen. Der BGH betont an verschiedenen Stellen immer wieder die Bedeutung des pauschalisierenden und schematischen Berechnungssystems im Zugewinnausgleichsrecht, welches der Gesetzgeber im Interesse der Rechtssicherheit und Praktikabilität festgelegt habe.[2] Ausnahmen hierzu sind die Verteilung der Haushaltsgegenstände nach § 1568b BGB und die Durchführung des Versorgungsausgleichs, §§ 1 ff. VersAusglG, die jedoch kein Prüfungsstoff ist.

Nebengüterrechtliche Ausgleichsansprüche zwischen den Ehegatten haben ihren originären Anwendungsbereich **beim Vorliegen von Gütertrennung**. Diese Rechtsprechung hat die dort entwickelten Grundsätze aber in Einzelfällen auch bei Vorliegen einer Zugewinngemeinschaft angewandt – letztlich zur Erzielung von als billig empfundener Ergebnisse im Einzelfall. 11

1 Palandt/*Brudermüller* BGB § 1378 Rn. 6.
2 S. etwa BGH NJW 2018, 610.

Klausurtipp: In der Klausur sollten Sie hier vorsichtig sein. In einer **»gewöhnlichen« güterrechtlichen Klausur** mit einer Zugewinngemeinschaft wird die Nennung der nun folgenden Anspruchsgrundlagen **nicht gefragt** sein. Nochmals: Die im Nachfolgenden dargestellten Grundsätze spielen in der Rechtsprechung vor allem bei Vorliegen von Gütertrennung eine Rolle. Der Klausurersteller wird in einem Fall mit einer Zugewinngemeinschaft über den eingebauten Beteiligtenvortrag im Sachverhalt deutlich darauf hinweisen, falls er die nun folgenden Probleme angesprochen haben will. Kennen sollten Sie die dargestellte Problematik aber in jedem Fall, zumal die »unbenannten Zuwendungen« auch immer wieder in allgemeinen Zivilrechtsklausuren eine Rolle spielen können.[3]

12 Beachten Sie bei den folgenden möglichen Ansprüchen, dass diese aufgrund ihres Ausnahmecharakters **nur sehr zurückhaltend** zu bejahen sein werden:[4]

- Gesellschaftsrechtliche Ausgleichsansprüche aus einer (konkludenten) **Ehegatteninnengesellschaft** entsprechend §§ 723, 730 ff. BGB.[5] Für einen solchen Auseinandersetzungsanspruch ist erst Raum, wenn der Zweck des Zusammenwirkens über die Verwirklichung der ehelichen Lebensgemeinschaft (»Tisch und Bett«) hinausgeht. Entsprechender Rechtsbindungswille wird regelmäßig nur bei gleichberechtigter Mitarbeit bzw. Beteiligung beider Ehegatten bejaht – jedoch sind gleichwertige Beiträge zu Finanzierungsmitteln oder sonstigen Leistungen nicht vorausgesetzt.
- Ein Anspruch aus §§ 530, 812 I 2 Alt. 1 BGB nach **Schenkungswiderruf** wird fast immer abzulehnen sein, weil es sich bei Zuwendungen unter Ehegatten ganz regelmäßig um unbenannte (ehebedingte) Zuwendungen handelt, auf die die §§ 516 ff. BGB nicht anwendbar sind. Nach ständiger Rechtsprechung des BGH **liegt eine unbenannte Zuwendung vor, wenn** ein Ehegatte dem anderen einen Vermögenswert um der Ehe willen und als Beitrag zur Verwirklichung und Ausgestaltung, Erhaltung oder Sicherung der ehelichen Lebensgemeinschaft zukommen lässt, wobei er die Vorstellung oder Erwartung hegt, dass die eheliche Lebensgemeinschaft Bestand haben und er innerhalb dieser Gemeinschaft am Vermögenswert und dessen Früchten weiter teilhaben werde.[6] Unbenannte Zuwendungen werden bereits güterrechtlich »automatisch« ausgeglichen (dazu noch nachfolgend).
- Beim Vorliegen unbenannter Zuwendungen kommt »in extremen Ausnahmefällen« nach der Rechtsprechung des BGH eine Korrektur des güterrechtlichen Ergebnisses über die **Regeln zur Störung der Geschäftsgrundlage entsprechend § 313 BGB** in Betracht.[7]

II. Anspruchsausschluss

13 Soweit der **Klausursachverhalt Anhaltspunkte** dafür enthält, ist vor Prüfung des Anspruchsumfangs festzustellen, ob der Anspruch nicht vollständig oder teilweise **durch eine vertragliche Vereinbarung** der Beteiligten ausgeschlossen ist. Gemäß **§§ 1408, 1410 BGB** ist eine solche Vereinbarung nur in **notarieller Form** wirksam. In Erweiterung des Formerfordernisses nach § 128 BGB ist die gleichzeitige Anwesenheit beider Beteiligter vorgeschrieben – jedoch ist eine Vertretung, auch durch den anderen Ehegatten(!), zulässig.[8] Nach § 167 II BGB ist eine entsprechende Vollmacht nicht formbedürftig.

Hinweis: Auch § 1378 III 2 BGB verlangt deshalb die notarielle Form bzw. einen gerichtlichen Vergleich nach § 127a BGB, wenn die Ehegatten während eines Scheidungsverfahrens für den Fall der Scheidung eine Vereinbarung über den Zugewinn treffen. Die Bedeutung dieser Vorschrift liegt vor allem darin, dass sie es in Ausnahme von § 1378 III 3 BGB zulässt, dass die Ehegatten vor Beendigung des Güterstandes über die noch nicht entstandene Ausgleichsforderung verfügen.
Der BGH hat zwischenzeitlich die auch für andere Rechtsgebiete interessante Frage entschieden, dass die von § 1378 III 2 BGB geforderte **Form der notariellen Beurkundung** in entsprechender Anwendung des § 127a BGB **gewahrt** wird, wenn eine Vereinbarung in der Form eines gerichtlich festgestellten Vergleichs nach § 113 I 2 FamFG iVm **§ 278 VI ZPO** geschlossen wird.[9]

3 Vgl. dazu auch *Kaiser/Kaiser/Kaiser* MatZivR Rn. 95.
4 Zum Ganzen: Palandt/*Brudermüller* BGB § 1372 Rn. 2 ff.
5 Vgl. BGH BeckRS 2016, 7527 = FamRZ 2016, 965.
6 BGH NJW 2014, 2638 Rn. 9
7 S. auch Palandt/*Brudermüller* BGB § 1372 Rn. 4 und Palandt/*Grüneberg* BGB § 313 Rn. 50 ff. mit Beispielen.
8 Palandt/*Brudermüller* BGB § 1410 Rn. 5.
9 BGH NJW 2017, 1946.

Ist die Form gewahrt, prüfen Sie die getroffene Vereinbarung nun wiederum nach den **Grundsätzen des BGH zur Überprüfung von Eheverträgen**, die beim Unterhalt bereits ausführlich behandelt wurden (→ § 5 Rn. 126). Sie erinnern sich: Erst die **Wirksamkeitskontrolle nach § 138 I BGB** für den Zeitpunkt des Vertragsschlusses, dann **die Ausübungskontrolle nach § 242 BGB** für den Zeitpunkt der Beendigung des Güterstandes. Denken Sie daran, dass nach der **Kernbereichslehre** des BGH der Zugewinnausgleich **auf letzter Stufe** steht, also in weitestem Umfang der vertraglichen Disposition zugänglich ist! Sie werden also wirklich nur in extremen Fällen zur Unwirksamkeit kommen können. 14

Hinweis: Wiederholen Sie an dieser Stelle die Ausführungen zur besagten BGH-Rechtsprechung im Abschnitt zum nachehelichen Unterhalt – diese Grundsätze müssen Sie kennen!

III. Anspruchsumfang

Zur Bestimmung des Anspruchsumfangs ist zunächst der **Zugewinn beider Ehegatten** zu ermitteln. Nach § 1373 BGB ist dies der Betrag, um den das Endvermögen das Anfangsvermögen übersteigt. 15

1. Anfangsvermögen, § 1374 BGB

a) Bestimmung des Anfangsvermögens

Das Anfangsvermögen ist nach § 1374 I BGB das Vermögen, welches einem Ehegatten nach Abzug der Verbindlichkeiten beim Eintritt in den Güterstand gehört. Sie prüfen also das Vermögen zum Tag der Eheschließung, indem Sie **vom Aktivvermögen bestehende Verbindlichkeiten abziehen (Saldierung)**. Vermögenswirksam können dabei selbstverständlich auch Forderungen sein – insbesondere auch solche zwischen den (späteren) Ehegatten! Zum Anfangsvermögen gehört also auch, was ein Ehegatte dem anderen vorehelich schuldet. Beim anderen ist dann dementsprechend eine Verbindlichkeit in gleicher Höhe abzuziehen.[10] 16

Beachten Sie in diesem Zusammenhang auch den häufigen Fall, dass die Ehegatten gemeinsam – etwa im Rahmen einer Immobilienfinanzierung – vor Eheschließung ein Darlehen aufgenommen haben und nun der Bank als Gesamtschuldner haften. Nach ständiger Rechtsprechung des BGH **verdrängen die güterrechtlichen Vorschriften über den Zugewinnausgleich den damit zusammenhängenden Gesamtschuldnerausgleich nicht**, da bei richtiger Handhabung der güterrechtlichen Vorschriften der Gesamtschuldnerausgleich das Ergebnis des Zugewinnausgleichs nicht zu verfälschen vermag.[11] Konkret heißt dies: Wenn die Eheleute bei Ehebeginn der Bank gesamtschuldnerisch auf Rückzahlung 500.000 EUR haften, müssen Sie diesen Posten bei beiden im Anfangsvermögen als Verbindlichkeit in voller Höhe ansetzen! Weiterhin bilanzieren Sie aber jeweils den gegen den anderen Ehepartner bestehenden Ausgleichsanspruch nach § 426 I 1 BGB in Höhe von (falls nicht anderes bestimmt ist) 250.000 EUR. 17

Klausurtipp: Ein **heißer Examenstipp** in diesem Zusammenhang ist die Entscheidung des BGH vom 6.11.2019[12]. Hier bestand die Besonderheit, dass beide Ehegatten vor der Ehe gemeinsam das Darlehen aufgenommen hatten, damit aber nur der Immobilienerwerb durch die Ehefrau finanziert wurde, die das Darlehen dann vor Eheende allein übernahm. Hier musste der BGH an der Haftung im Innenverhältnis schrauben, da der Zugewinnausgleich ansonsten unangemessen zulasten des Ehemanns ausgegangen wäre. Lesetipp!

Denken Sie daran: Nach § 1374 III BGB sind Verbindlichkeiten auch über die Höhe des Vermögens abzuziehen; das **Anfangsvermögen** kann also auch **negativ** sein. Haben die Ehegatten kein **Verzeichnis des Anfangsvermögens** aufgestellt, wird gem. § 1377 III BGB vermutet, dass das Endvermögen eines Ehegatten seinen Zugewinn darstellt, also das Anfangsvermögen 0 war. Die **Darlegungs- und Beweislast** für ein (eigenes) positives Anfangsvermögen oder negatives Anfangsvermögen (des anderen) trifft dann denjenigen, der sich darauf beruft. 18

10 Palandt/*Brudermüller* BGB § 1376 Rn. 69.
11 S. dazu etwa BGH NJW 2020, 1300.
12 BGH NJW 2020, 1300.

b) Hinzurechnungen

19 **Größte Examensrelevanz** kommt vor allem den Hinzurechnungen zum Anfangsvermögen nach **§ 1374 II BGB** zu. Die Zielsetzung der Vorschrift ist es, solche Vermögenszuwächse dem Zugewinnausgleich zu entziehen, die in keinem Zusammenhang mit der ehelichen Lebens- und Wirtschaftsgemeinschaft stehen, sondern allein einem Ehegatten von einem Dritten aus persönlichen oder ähnlichen Gründen zugewandt werden.[13]

20 Dabei nennt § 1374 II BGB ausdrücklich **vier Anwendungsfälle:**
- Erwerb von Todes wegen,
- Erwerb mit Rücksicht auf ein künftiges Erbrecht,
- **Erwerb durch Schenkung,**
- Erwerb als Ausstattung (§ 1624 BGB).

21 Insoweit sollte Ihnen bekannt sein, dass **nach Auffassung des BGH echte Schenkungen unter Eheleuten und unbenannte Zuwendungen unter Eheleuten nicht** unter »Erwerb durch Schenkung« fallen.[14]

22 Da derartige unbenannte Zuwendungen auf der Beziehung der Ehegatten zueinander beruhen (→ § 6 Rn. 12) und aus dem Vermögen des zuwendenden Ehegatten stammen, sollen sie im Zugewinn ausgleichspflichtig sein und werden deshalb dem Anfangsvermögen des Empfängers nicht zugerechnet. »Geschenkt ist geschenkt« gilt hier also im Ergebnis nicht, der Schenker holt sich im Zugewinnausgleich einen Teil zurück.

Klausurtipp: Bis vor einigen Jahren wurden schwiegerelterliche Zuwendungen als »ehebezogene Zuwendungen« ebenfalls nicht unter § 1374 II BGB subsumiert, was der BGH zwischenzeitlich aber ausdrücklich aufgegeben hat.[15] Dies war vor dem Hintergrund seiner **Rechtsprechungsänderung bei den Schwiegerelternschenkungen** nur konsequent: Zuwendungen der Eltern, die um der Ehe ihres Kindes willen an das Schwiegerkind erfolgen, sind nicht länger als unbenannte Zuwendungen, sondern als echte Schenkungen gem. § 516 BGB zu qualifizieren. Lesen Sie zu der **höchst examensrelevanten** Rechtsprechung zur Schwiegerelternschenkung den eigenen Abschnitt hierzu bei den »sonstigen Familiensachen« (→ § 7 Rn. 9)!

23 Achten Sie darauf, dass **nur der Wert bei Vermögenseintritt privilegiert** ist. Spätere Wertsteigerungen (insbesondere bei Immobilien) stellen demgegenüber ausgleichspflichtigen Zugewinn dar!

24 **Am wichtigsten für Ihre Examensvorbereitung ist aber Folgendes:** § 1374 II ist nach der Rechtsprechung des BGH nur **in sehr beschränktem Umfang der Analogie** zugängig. Der Senat betont immer wieder, dass es nach dem Leitbild des Gesetzes ganz grundsätzlich nicht darauf ankomme, ob und in welcher Weise der den Ausgleich fordernde Ehegatte zur Entstehung des Zugewinns beigetragen hat – § 1374 II BGB stelle hierzu eine eng anzuwendende Ausnahme dar. **Klausurklassiker** zu diesem Thema sind das **Schmerzensgeld** und der **Lottogewinn** (§ 1374 II BGB jeweils nicht anwendbar)[16] sowie die **Lebensversicherungssumme,** die ein Ehegatte als Bezugsberechtigter aus der Versicherung eines ihm nahestehenden Dritten erhält (§ 1374 II BGB anwendbar).

Klausurtipp: Die Thematik »analoge Anwendung von § 1374 II BGB« ist ein **echter Dauerbrenner im Examen!** Lernen Sie die Einzelfälle aber nicht auswendig – merken Sie sich lieber, dass der BGH die Vorschrift ganz eng auslegt. Auch hierbei geht es ihm in der Sache wiederum um **die Bedeutung des pauschalisierenden und schematischen Berechnungssystems im Zugewinnausgleichsrecht, welches der Gesetzgeber im Interesse der Rechtssicherheit und Praktikabilität festge-**

13 Vgl. BGH NJW 2017, 734 Rn. 9.
14 Vgl. etwa BGH NJW 2011, 72.
15 BGH NJW 2010, 2202.
16 Der BGH-Klassiker Lottogewinn erlebte mit dem Beschluss NJW 2013, 3645 eine Neuauflage, die Gegenstand einer Examensklausur wurde. Dieser Entscheidung ist auch der abschließende Beispielsfall am Ende des Kapitels nachgebildet.

legt hat und entwickeln Sie davon ausgehend Ihre Argumentation in der Klausur. Ihr Ergebnis können Sie dann mit der Kommentierung im Palandt »absichern«.[17]

Was häufig übersehen wird: § 1374 II BGB schließt eine Hinzurechnung zum Anfangsvermögen aus »**...soweit es nicht den Umständen nach zu den Einkünften zu rechnen ist.**« Das Gesetz definiert nicht näher, was in diesem Zusammenhang unter »Einkünften« zu verstehen ist, was die Anwendung dieser Einschränkung schwierig macht. Der **BGH** hebt hervor[18], dass mit der Zielsetzung, die der Zugewinnausgleich verfolgt, nur Vermögenszuwächse ausgeglichen werden sollen. Wenn dabei auch solche unentgeltlichen Zuwendungen nach § 1374 II BGB privilegiert wären, die nicht der Vermögensbildung, sondern **von vornherein nur dem Verbrauch dienen**, würde dies – zum Nachteil des anderen Ehegatten – zu einer ständigen Vergrößerung des Anfangsvermögens führen, ohne dass diese Zuwendungen im Endvermögen noch in nennenswertem Umfang in Erscheinung treten würden. Es würde dann nicht nur eine Nichtbeteiligung des anderen Ehegatten an diesen Zuwendungen, sondern faktisch sogar dessen Benachteiligung erreicht. Bei unentgeltlichen Zuwendungen iSd § 1374 II BGB sei deshalb in erster Linie danach zu unterscheiden, ob sie zur Deckung des laufenden Lebensbedarfes dienen oder die Vermögensbildung fördern sollen. Das wird im Einzelfall unter Berücksichtigung des Anlasses der Zuwendung, der Willensrichtung des Zuwendenden und der wirtschaftlichen Verhältnisse des Zuwendungsempfängers zu beurteilen sein. Nach dem BGH sollen sich bei größeren Sachzuwendungen brauchbare Anhaltspunkte für die Beurteilung, ob es sich um Einkünfte handelt, vor allem aus der **Prognose** gewinnen lassen, mit welcher Wahrscheinlichkeit der Zuwendungsgegenstand, wäre die Ehe in einem überschaubaren Zeitraum nach der Zuwendung gescheitert, noch mit einem nennenswerten Vermögenswert im Endvermögen des begünstigen Ehegatten vorhanden gewesen wäre. 25

c) Indexierung des Anfangsvermögens

Die durch die Geldentwertung eingetretene nominale Wertsteigerung des Anfangsvermögens als sog. **unechter Zugewinn** ist nach einhelliger Meinung von der Ausgleichung auszunehmen. Zu diesem Zwecke erfolgt die **Indexierung des Anfangsvermögens** anhand des **Verbraucherpreisindexes.** Es ist aber praktisch ausgeschlossen, dass von Ihnen in der Klausur verlangt wird, eine solche Indexierung durchzuführen.[19] Vielmehr wird im Bearbeitervermerk üblicherweise entweder die Indexierung ausgenommen oder erklärt, dass die angegebenen Werte bereits indexiert sind. 26

Berechnungsbeispiel: Die Immobilie war bei Heirat im Jahr 1990 **100.000 EUR** wert. Der Scheidungsantrag wird im Jahr 2017 rechtshängig. Dies führt zu 100.000 EUR x 109,3 : 67,5 = **161.926 EUR indexiertem Wert.**

2. Endvermögen, § 1375 BGB

Das Endvermögen ist nach § 1375 I 1 BGB dasjenige Vermögen, das einem Ehegatten nach Abzug der Verbindlichkeiten bei der Beendigung des Güterstandes gehört. Seit einigen Jahren sieht § 1375 I 2 BGB vor, dass das **Endvermögen** auch **negativ** sein kann. 27

Wichtig: Wie bereits beschrieben, endet der Güterstand (unter anderem) mit der Rechtskraft der Scheidung – nach § 1384 BGB tritt für die Berechnung des Zugewinns und die Höhe der Ausgleichsforderung an die Stelle der Beendigung des Güterstandes der **Zeitpunkt der Rechtshängigkeit des Scheidungsantrages** gem. § 113 I 2, § 124 FamFG iVm § 261 I und 2 ZPO. Sie prüfen also, wann der Scheidungsantrag zugestellt wurde (denken Sie allerdings an § 167 ZPO).

In der Praxis werden Scheidungsanträge gar nicht so selten schon einige Zeit vor Ablauf des Trennungsjahres (§ 1565 II BGB) gestellt, da erwartet werden kann, dass bis zur Durchführung des Termins das Jahr dann um ist. Hierdurch kann natürlich Einfluss auf den Zeitpunkt genommen werden, welcher nach § 1384 BGB der Berechnung des Zugewinns zugrunde ge- 28

17 Palandt/*Brudermüller* BGB § 1376 Rn. 13–18.
18 Zum Ganzen BGH NJW 2014, 294.
19 Die entsprechende Berechnungsformel (Anfangsvermögen x Verbraucherpreisindex Ende : Verbraucherpreisindex Anfang) und die Jahresdurchschnittswerte des Verbraucherpreisindexes seit 1962 befinden sich im Palandt/*Brudermüller* BGB § 1376 Rn. 38 ff.

legt wird. Der BGH hatte deshalb kürzlich zu entscheiden[20], ob bzw. ab wann es bei einem **»verfrüht« gestellten Scheidungsantrag** aus Gründen der Billigkeit geboten ist, von dem gesetzlich geregelten Stichtag abzuweichen. Im Ergebnis wurde auch hier die Wichtigkeit des im Zugewinnausgleichsrecht festgelegten pauschalisierenden und schematischen Berechnungssystems hervorgehoben und entschieden, dass nur in besonders gelagerten Einzelfällen eine solche Verlegung des Stichtags ausnahmsweise vorzunehmen sei. Dies sei namentlich dann der Fall, wenn konkrete Tatsachen dafür vorlägen, dass ein Ehegatte mit seinem verfrühten Scheidungsantrag in illoyaler Weise bezweckt, dass der andere an einer für ihn konkret absehbaren und erheblichen Vermögensmehrung nicht mehr teilhat. **Das lässt sich wunderbar in fast jede Güterrechtsklausur einbauen!**

29 Beachten Sie, dass wie beim Anfangsvermögen auch hier **Ansprüche zwischen den Ehegatten** möglich sein können. Diese führen beim einen zu einem positiven Vermögenswert, beim anderen zu einer Verbindlichkeit.

> **Beispiel:** Führen die Ehegatten ein Konto als Gesamtgläubiger iSv § 428 BGB (**Oder-Konto**), von welchem ein Ehegatte nach endgültiger Trennung mehr als die ihm zustehende Hälfte entnimmt, hat der andere einen entsprechenden schuldrechtlichen Ausgleichsanspruch nach § 430 BGB.[21] Wie bereits beim Gesamtschuldnerinnenausgleich erläutert, gilt hierfür das Ausschließlichkeitsprinzip der §§ 1372 ff. BGB nicht; jedoch sind Forderung und Verbindlichkeit in die Zugewinnberechnung einzustellen und führen somit in der Regel zu einer Neutralisierung der Forderung.

30 Die **Darlegungs- und Beweislast** für das Endvermögen beider Ehegatten trägt der Antragsteller; er hat zu diesem Zwecke einen Auskunfts- und Beleganspruch nach § 1379 BGB, der in der Praxis häufig im Rahmen eines Stufenantrags (§ 113 I 2 FamFG, § 254 ZPO) geltend gemacht wird.

31 Auch beim Endvermögen kommen **Hinzurechnungen** in Betracht, allerdings anderer Art als beim Anfangsvermögen. Mit den in **§ 1375 II 1 BGB** genannten Fällen soll verhindert werden, dass die Erzielung eines Zugewinns zulasten des anderen Ehegatten vermindert wird. Die Aufzählung ist **abschließend**, eine analoge Anwendung kommt nicht in Betracht. Nach der relativ neuen Regelung des § 1375 II 2 BGB geht die Darlegungs- und Beweislast auf den Antragsgegner über, wenn das Endvermögen geringer ist als das Trennungsvermögen. Um dies überhaupt vortragen zu können, erstreckt sich der Auskunftsanspruch des Antragstellers in § 1379 I 1 Nr. 1 BGB auch auf das Vermögen zum Zeitpunkt der Trennung.

> **Beispiel:** Im Sachverhalt einer Examensklausur hatte die Ehefrau vor dem Stichtag für sich und ihren neuen Partner für 2x 5.000 EUR eine Urlaubsreise auf die Malediven gebucht. Die Bearbeiter mussten differenzieren – da die Eheleute auch während der Ehezeit häufig vergleichbare Urlaube unternahmen, lag bezüglich ihrer eigenen Reisekosten keine Verschwendung iSv § 1375 II Nr. 2 BGB vor, denn sie war nicht gehalten, ihren bisherigen Lebensstil einzuschränken. Die Reisekosten für den neuen Lebenspartner fielen hingegen unter § 1375 II Nr. 1 BGB.

3. Zugewinn, § 1373 BGB

32 Der Zugewinn jedes Ehegatten ist nun der Betrag, um den sein Endvermögen sein Anfangsvermögen übersteigt. **Achtung:** »Übersteigt« bedeutet, dass es **keinen negativen Zugewinn** gibt, dieser beträgt mindestens 0!

4. Höhe und Begrenzung der Ausgleichsforderung, § 1378 BGB

33 Die Ausgleichsforderung beträgt nach § 1378 I BGB die Hälfte des Zugewinnüberschusses des anderen Ehegatten. Sie ziehen also den Zugewinn des Antragsgegners von dem des Antragstellers ab und halbieren das Ergebnis.

34 Allerdings ist die Höhe der Ausgleichsforderung durch den Wert des bei Beendigung des Güterstandes **noch vorhandenen Vermögens beschränkt**, § 1378 II BGB. Merken Sie sich auch

20 BGH NJW 2018, 610.
21 Vgl. etwa OLG Bremen NJW 2014, 2129.

hier **§ 1384 BGB**, denn es kommt wiederum auf die Rechtshängigkeit des Scheidungsantrags an! Die Begrenzung des § 1378 II BGB ist vor allem von Bedeutung, wenn ein negatives Anfangsvermögen während der Ehezeit abgebaut wurde.

5. Anrechnung von Vorausempfängen, § 1380 BGB

Die Regelung des § 1380 BGB mag etwas verwirrend erscheinen, hat aber regelmäßig nur geringe bis gar keine Auswirkungen. Die Norm möchte letztlich simulieren, dass der betreffende Gegenstand nicht während der Ehezeit geschenkt, sondern hinterher auf den Zugewinnausgleichsanspruch geleistet worden wäre. Die Vorschrift beschränkt die Anwendbarkeit deshalb auch auf **Geschenke des Anspruchsgegners an den Anspruchsteller.** Weiterhin muss eine **Anrechnungsbestimmung** (ausdrücklich oder konkludent) erfolgt sein, was natürlich eher selten der Fall ist – wurde der **Wert von** nach den ehelichen Verhältnissen üblichen **Gelegenheitsgeschenken überschritten**, wird allerdings vermutet, dass eine Anrechnung erfolgen sollte, § 1380 I 2 BGB. 35

In § 1380 I und II BGB werden allerdings nur zwei der – nach hM – notwendigen **drei Anrechnungsschritte** vorgegeben. Sie verfahren einfach wie folgt: 36

(1) Addition Geschenk zum Zugewinn des Schenkers [steht nicht im Gesetz];
(2) Abzug Geschenk vom Zugewinn des Empfängers [§ 1380 II BGB];
(3) Abzug von der Ausgleichsforderung des Empfängers [§ 1380 I 1 BGB].

Die mathematisch Gewandten unter Ihnen erkennen blitzschnell, dass sich dieser **Rechenvorgang im »Normalfall« auf das Ergebnis nicht auswirkt.** Ergebniswirksam ist § 1380 BGB vor allem, wenn der Wert des Geschenks höher ist als der Wert des Zugewinns des Beschenkten. 37

Klausurtipp: Das muss reichen – überfrachten Sie Ihren Kopf nicht mit den hier geführten (universitären) Streitigkeiten, die in der Praxis kaum eine Rolle spielen (der BGH hat § 1380 BGB das letzte Mal im Jahr 2000 erwähnt). *Passen Sie auf:* Wenn Sie den *Palandt* hier zur Hilfe heranziehen, müssen Sie beachten, dass der Kommentator abweichend von der hM (was er kennzeichnet) § 1380 BGB auf echte Schenkungen unter Ehegatten nicht anwenden will. Sie müssten dann zwischen unbenannten und echten Schenkungen differenzieren. **Sparen Sie sich das alles**, indem Sie auf echte und unbenannte Schenkungen unter Ehegatten § 1374 II BGB nicht anwenden, § 1380 BGB entsprechend seinem Wortlaut hingegen schon.

IV. Leistungsverweigerung wegen grober Unbilligkeit, § 1381 BGB

Beachten Sie, dass diese Vorschrift von der hM **nur sehr eingeschränkt** angewendet wird. »Grobe Unbilligkeit« ist nur zu bejahen, wenn die Gewährung des Ausgleichsanspruchs dem Gerechtigkeitsempfinden in unerträglicher Weise widerspricht. Das ist deutlich enger als etwa bei § 1579 BGB. Ziehen Sie im Zweifel die Kommentierung im Palandt heran. 38

Beachten Sie zudem, dass das Leistungsverweigerungsrecht als **Einrede** ausgestaltet ist. 39

In der bereits zitierten BGH-Entscheidung zum **Lottogewinn**[22] lag an diesem Punkt sogar Prüfungsschwerpunkt. Der nun folgende abschließende und an diese Entscheidung angelehnte Fall zeigt Ihnen, warum. 40

Zuvor noch ein **Klausurtipp:** Nach **§ 1382 BGB** kann der Ausgleichsverpflichtete die **Stundung beantragen**, wenn die sofortige Zahlung des Zugewinnausgleichs für ihn »zur Unzeit« erfolgen würde. Hierbei ist vor allem an den Fall zu denken, dass etwa eine Immobilie verkauft werden müsste, die der Schuldner mit den gemeinsamen Kindern bewohnt (s. dazu namentlich § 1382 I BGB). Insbesondere in der **Anwaltsklausur** müssen Sie prüfen, ob das Stellen eines solchen Antrags angezeigt ist (beachten Sie dabei auch § 1382 V BGB!)

22 BGH NJW 2013, 3645.

Fall zum Güterrecht:[23]

M und F schlossen im Jahr 1974 die Ehe, aus der drei mittlerweile erwachsene Kinder hervorgingen. Bei Eheschließung hatte F keinerlei Vermögen, M hingegen hatte Schulden in Höhe von umgerechnet und indexiert 50.000 EUR.
Die Eheleute trennten sich im Jahr 2010. M lernte 2011 endlich eine Frau kennen, die seine Leidenschaft für das Lottospiel teilte und bildete fortan mit ihr eine Tipp- und Lebensgemeinschaft.
Im Jahr 2018 erzielte M gemeinsam mit seiner neuen Partnerin einen Lottogewinn in Höhe von 1 Million EUR. Um Streitigkeiten von vornherein zu vermieden, informierte er die F hiervon zunächst nicht und überredete sie stattdessen, mit ihm einen handschriftlichen Vertrag zu schließen, wonach sie beide für den Fall der Scheidung auf einen Zugewinnausgleich verzichteten. Sobald die Tinte getrocknet war, ließ M durch seinen Anwalt Scheidungsantrag stellen. Im Zeitpunkt der Zustellung des Scheidungsantrags hatte F Schulden in Höhe von 20.000 EUR, M hingegen – abgesehen vom Geld aus dem Lottogewinn – ein Vermögen in Höhe von 50.000 EUR.
Als F die Wahrheit erfährt, wendet sie sich an einen Rechtsanwalt, um zu erfahren, ob sie im Rahmen des Scheidungsverfahrens auch verlangen kann, einen Teil des Lottogewinns zu erhalten.

Lösung:

Der Rechtsanwalt wird F mitteilen, dass sie ihren Anspruch auf Zugewinnausgleich gegen M in Höhe von 300.000 EUR in einer güterrechtlichen Folgesache im Scheidungsverfahren anhängig machen kann.

I. Güterrechtliche Folgesache

Der Anwalt wird F mitteilen, dass sie ihren Anspruch auf Zugewinnausgleich gem. **§ 137 II Nr. 4 FamFG** als Folgesache im Scheidungsverfahren anhängig machen kann. Voraussetzung ist, dass der Folgesachenantrag rechtzeitig, also spätestens zwei Wochen vor der mündlichen Verhandlung beim Familiengericht anhängig gemacht wird, worauf der Anwalt zu achten hat. Auch wird der Anwalt vorschlagen, einen eigenen Scheidungsantrag zu stellen, damit eine etwaige Rücknahme des Scheidungsantrags durch M nicht auch die Folgesache im Rahmen von **§ 141 FamFG** erfassen würde. Über den Zugewinnausgleich würde dann im Verbund mit der Scheidung verhandelt und entschieden werden.

II. Anspruch auf Zugewinnausgleich gem. § 1378 I BGB

F hat gegen M einen Anspruch auf Zugewinnausgleich in Höhe von 300.000 EUR gem. § 1378 I BGB, da insbesondere der Lottogewinn nicht dem Anfangsvermögen hinzuzurechnen ist.

1. Die **Anspruchsgrundlage** der F ergibt sich aus § 1378 I BGB, da die Beteiligten – mangels anderweitiger Vereinbarungen – im gesetzlichen Güterstand der Zugewinngemeinschaft gem. § 1363 I BGB leben.

2. Der gegenseitige **Verzicht** auf den Zugewinnausgleich ist nach §§ 1408, 1410 BGB mangels notarieller Form **unwirksam**.

3. F steht ein Ausgleichsanspruch gegen M in Höhe von 300.000 EUR zu, § 1378 I BGB.

a) Das **Anfangsvermögen der F** gem. § 1374 I BGB betrug bei Eheschließung 0. Für die Bestimmung ihres **Endvermögens** nach § 1375 I 1 BGB ist das Vermögen bei Beendigung des Güterstandes maßgebend. Gemäß § 1384 BGB kommt es auf den **Zeitpunkt der Zustellung des Scheidungsantrages** an, §§ 113 I 2, 124 FamFG iVm § 261 I und II ZPO. Das Endvermögen war hier mit -20.000 EUR negativ, was gem. § 1375 I 2 BGB auch möglich ist. F hat insofern **keinen Zugewinn** nach § 1373 BGB erzielt, da ihr Endvermögen das Anfangsvermögen nicht übersteigt.

b) Das **Anfangsvermögen des M** betrug bei Eheschließung – 50.000 EUR. Nach § 1374 III BGB kann das Anfangsvermögen auch negativ sein.
Der auf M entfallende Anteil am **Lottogewinn** in Höhe von 500.000 EUR ist seinem **Anfangsvermögen nicht** in analoger Anwendung des § 1374 II BGB **hinzuzurechnen**. Etwas anderes gilt vorliegend auch nicht deshalb, weil die Ehegatten im Zeitpunkt des Lottogewinns bereits lange getrennt gelebt hatten und der Vermögenszuwachs nicht auf ihrer gemeinsamen Lebensleistung beruhte. Die Fälle des § 1374 II BGB stellen Ausnahmen von dem gesetzlichen Prinzip dar, wonach es für den Zugewinnausgleich grundsätzlich **nicht darauf ankommt, ob und in welcher Weise**

23 Nach BGH NJW 2013, 3645.

der den Ausgleich fordernde Ehegatte zur Entstehung des Zugewinns beigetragen hat. Die Ausnahmen des § 1374 II BGB sind dementsprechend auch nicht allein dadurch gerechtfertigt, dass der andere Ehegatte nichts zum Erwerb beigetragen hat. Ein wesentlicher Grund für die gesetzlichen Ausnahmetatbestände ist vielmehr, dass die dort genannten Zuwendungen meist auf persönlichen Beziehungen des erwerbenden Ehegatten zu dem Zuwendenden oder ähnlichen Umständen beruhen. Da dieses kennzeichnende Merkmal bei einem auf einem Lottogewinn beruhenden Vermögenszuwachs nicht gegeben ist, kommt eine analoge Anwendung des § 1374 II BGB nicht in Betracht.
Das **Endvermögen des M** gem. § 1375 BGB betrug 550.000 EUR. Nach § 1373 BGB hat M **also einen Zugewinn in Höhe von 600.000 EUR** erzielt.

c) Damit steht F nach § 1378 I BGB eine **Ausgleichsforderung in Höhe der Hälfte des Zugewinnüberschusses** in Höhe von 600.000 EUR (= Differenz zwischen 0 EUR und 600.000 EUR), mithin also in Höhe von 300.000 EUR, zu.

4. Ein **Leistungsverweigerungsrecht wegen grober Unbilligkeit** nach § 1381 BGB kann M einredeweise ebenfalls **nicht** geltend machen.
Die **lange Trennungszeit vor dem Vermögenserwerb** durch Lottogewinn rechtfertigt für sich genommen die Anwendung des § 1381 I BGB nicht. Nach der gesetzlichen Regelung des § 1384 BGB fällt die Trennungszeit bis zur Rechtshängigkeit des Scheidungsantrags gerade in den Zeitraum, für den der Zugewinnausgleich stattfindet. Nach dreijähriger Trennungszeit könnte überdies ein Ehegatte nach §§ 1385, 1386 BGB die vorzeitige Aufhebung der Zugewinngemeinschaft verlangen, um zu verhindern, dass ein später eintretender Vermögenszuwachs Berücksichtigung findet.
Auch die **Herkunft des Zugewinns** ist bei § 1381 BGB grundsätzlich ohne Bedeutung. Die vom Gesetz vorgesehene pauschalierende Berechnungsweise differenziert dabei gerade nicht danach, in welchem Umfang die Ehegatten zum Vermögenserwerb während der Ehe beigetragen haben. Diese Wertung ist auch bei Auslegung des § 1381 BGB zu beachten.
Aber auch die **Gesamtschau** der vorgenannten Gesichtspunkte (also: außergewöhnlich lange Trennungszeit und kein innerer Bezug des Erwerbs zur Lebensgemeinschaft) führt nicht zur Anwendung von § 1381 I BGB. Ausnahmen mögen denkbar sein, wenn die Trennungszeit deutlich länger als die Ehezeit war und der Vermögenserwerb auf besonderer persönlicher Leistung des Ausgleichspflichtigen während der Trennungszeit beruhte. Dies war hier aber nicht der Fall: Vor der achtjährigen Trennungszeit lebten die Ehegatten 36 Jahre zusammen und haben drei gemeinsame Kinder; zudem stammt der Vermögenszuwachs aus einem Lottogewinn.

B. Verfahrensrecht in Gütersachen

Gemäß § 112 Nr. 2 FamFG handelt es sich bei Güterrechtssachen um Familien**streit**sachen, auf die über § 113 I 2 FamFG weitgehend die Vorschriften der ZPO Anwendung finden. 41

Anders als im Unterhaltsrecht brauchen Sie sich hier eigentlich **kein Sonderwissen** über das bisher Gelernte hinaus anzueignen. Besondere Vorschriften zum Güterrecht enthalten die §§ 261–265 FamFG: Klausurrelevant ist aber allein die Vorschrift zur örtlichen Zuständigkeit in § 262 FamFG (und die dazugehörige Abgabevorschrift § 263 FamFG). Beachten Sie noch, dass das Gericht zwar auch hier die sofortige Wirksamkeit seiner Entscheidungen anordnen kann (§ 116 III 2 FamFG) – die Sollvorschrift des § 116 III 3 FamFG gilt hier aber gerade nicht. 42

Wie auch bei Unterhaltsbegehren kann auch der Zugewinnausgleich im Wege eines Stufenantrags gem. § 1379 BGB, der in der Praxis häufig im Rahmen eines Stufenantrags § 113 I 2 FamFG, § 254 ZPO geltend gemacht werden. Auf die materiell-rechtliche Anspruchsgrundlage für den Auskunftsanspruch in § 1379 BGB wurde bereits hingewiesen. 43

Zu denken wäre gegebenenfalls noch an die Möglichkeit der Sicherung des Zugewinnausgleichanspruchs durch Arrest gem. § 119 II FamFG, was am ehesten noch bei dem oben erwähnten Anspruch auf vorzeitigen Zugewinnausgleich nach § 1385 Nr. 2 BGB in Betracht kommen könnte.[24] 44

24 Vgl. hierzu etwa OLG Celle NJW-RR 2014, 1283; s. dazu auch → § 5 Rn. 163.

45 Schließlich richtet sich auch das Beschwerderecht wiederum nach den Ihnen schon bekannten Vorschriften der § 117 FamFG und § 58 FamFG; auch hier gibt es keine Besonderheiten.

Hinweis: Dies bedeutet natürlich *nicht*, dass Sie in einer güterrechtlichen Klausur kein anspruchsvoller verfahrensrechtlicher Teil erwarten kann! Es sind insoweit nur weniger familienrechtliche »Spezialkenntnisse« vonnöten.

§ 7 Sonstige Familiensachen

Zuletzt sind im Assessorexamen auch die sonstigen Familiensachen nach § 266 FamFG in Mode gekommen. Dabei handelte es sich oft um keine »vollwertigen« Familienrechtsklausuren, sondern um schuld- oder sachenrechtliche Aufgabenstellungen im familienverfahrensrechtlichen Gewand. 1

A. Verfahrensrecht

Diese Besonderheit bringt es mit sich, dass an dieser Stelle – anders als in den übrigen Abschnitten dieses Skriptes – zunächst die verfahrensrechtlichen Besonderheiten dieser Familiensachen erläutert werden. 2

Mit § 266 FamFG hat der Gesetzgeber den Zuständigkeitsbereich der Familiengerichte deutlich erweitert (sog. »**Großes Familiengericht**«). Damit sollen bestimmte Zivilrechtsstreitigkeiten, die eine »besondere Nähe« zu familienrechtlich geregelten Rechtsverhältnissen aufweisen oder die in engem Zusammenhang mit der Auflösung eines solchen Rechtsverhältnisses stehen, nunmehr ebenfalls Familiensachen sein. 3

Die hierfür notwendige Bestimmung, ob es sich bei dem betreffenden Verfahrensgegenstand um eine bürgerlich-rechtliche Streitigkeit oder um eine Familiensache (iSd § 17a VI GVG) handelt, ist dann **automatisch immer ein Schwerpunkt in Ihrer Klausur**. Sie müssen an dieser Stelle also den Sachverhalt voll ausschöpfen und argumentieren! Fast immer wird es dabei um die Frage gehen, ob eine sonstige Familiensache nach § 266 I **Nr. 3** FamFG gegeben ist. Hierfür müssen Sie wissen, dass nach dem BGH der notwendige inhaltliche »**Zusammenhang mit Trennung oder Scheidung** oder Aufhebung der Ehe« gegeben ist, wenn das Verfahren vor allem **die wirtschaftliche Entflechtung der (vormaligen) Ehegatten betrifft.** Bei dieser Prüfung sind nicht nur die tatsächlichen und rechtlichen Verbindungen, sondern ist auch der zeitliche Ablauf zu berücksichtigen.[1] 4

> **Klausurtipp:** Mehr als das Stichwort »wirtschaftliche Entflechtung« müssen Sie letztlich gar nicht wissen! Nochmal (weil es so wichtig ist): Für die Punkte in der Klausur kommt es darauf an, dass Sie an dieser Stelle »Eindringtiefe« zeigen (und viel schreiben)!

§ 266 I Nr. 3 FamFG erfasst dabei nicht nur Ansprüche zwischen (ehemaligen) Ehegatten, sondern auch Ansprüche zwischen einem Ehegatten und dessen **Schwiegereltern** – die äußert examensrelevante Rechtsprechung hierzu wird im Folgeabschnitt behandelt. 5

Die aus dem »Eltern-Kind-Verhältnis herrührenden Ansprüche« nach § 266 I **Nr. 4** FamFG meinen insbesondere »wirtschaftliche« Ansprüche, also etwa wegen der Verwaltung des Kindesvermögens und damit zusammenhängender Schadensersatzansprüche. 6

> **Klausurtipp:** Lesen Sie hierzu die **aktuelle und sehr klausurgeeignete Entscheidung** des BGH zu Verfügungen eines Elternteils über ein auf den Namen des minderjährigen Kindes eingerichteten Sparbuchs (Anspruchsgrundlagen **§ 816 II BGB und § 1664 BGB**).[2] Der BGH erwähnt in der Entscheidung nicht ausdrücklich, dass es sich um eine sonstige Familiensache nach § 266 I Nr. 4 FamFG handelt (ist es aber).

Wenn Sie das Vorliegen einer sonstige Familiensache bejaht haben, müssen Sie verfahrensrechtlich noch beachten, sich die örtliche Zuständigkeit gem. § 267 II FamFG nach der ZPO richtet, solange keine Ehesache anhängig ist (aber Achtung: sonstige Familiensache können *nicht* im Verbund nach § 137 FamFG anhängig gemacht werden). Außerdem handelt es sich nach § 112 Nr. 3 FamFG um eine Familienstreitsache, sodass unabhängig vom Verfahrenswert immer Anwaltszwang besteht, § 114 I FamFG. 7

1 Zum Ganzen etwa BGH NJW 2018, 3189.
2 BGH NJW 2019, 3075.

8 Und jetzt das vielleicht Wichtigste: Wie beschrieben, handelt es sich bei diesem Klausurtyp oft um ganz »normale« Zivilrechtsklausuren, die also in materiell-rechtlicher Hinsicht gar nichts oder nur wenig mit dem Familienrecht zu tun haben. Aber: Dadurch dass sich das Verfahren als sonstige Familiensache vor dem Familiengericht befindet, müssen Sie unbedingt und ausnahmslos auf die richtige **verfahrensrechtliche Terminologie** (unter anderem § 113 V FamFG) achten!

Hinweis: Das hat schon viele Klausurbearbeiter Punkte gekostet. Denken Sie noch einmal an den Anfang des Skripts zurück (→ § 4 Rn. 8): Sie erlassen einen Beschluss, es gibt nur Antragsteller und Antragsgegner, das Rechtsmittel heißt Beschwerde usw. Passen Sie an dieser Stelle auf!

B. Sog. Schwiegerelternschenkungen

9 Wie ausgeführt, gibt es letztlich kein eigenständiges materielles Recht bei den sonstigen Familiensachen. Aufgrund ihrer enormen Klausurrelevanz soll an dieser Stelle allerdings gesondert auf die sog. Schweigerelternrechtsprechung des BGH eingegangen werden.

10 Der »Standardfall« der Schwiegerelternschenkung ist, dass dem eigenen Kind und dessen Ehegatten eine **Immobilie schenkweise** zu jeweils hälftigem Miteigentum übertragen wird (oder ein höherer **Geldbetrag zum Immobilienerwerb** »dazugegeben« wird). In der Klausur geht die Ehe dann nach ein paar Jahren dann immer in die Brüche und die Schenker wollen vom Schwiegerkind den auf dieses Entfallenden Anteil der Schenkung mit der Begründung zurück, dass durch die Trennung/Scheidung der Anlass der Schenkung entfallen sei.

11 Als erstes müssen Sie dann immer sauber prüfen, ob wirklich *beide* Ehegatten **Empfänger der Zuwendung** der Schwiegereltern waren. Kriterien bei Überweisung können etwa sein: Angaben auf Überweisungsträger, Art und Zweckbestimmung des Empfängerkontos, Anlass und vorgesehener Zweck der Zuwendung. Arbeiten Sie an dieser Stelle sorgfältig – sollte die Schenkung nämlich allein an das »eigene« Kind gegangen sein, kann diese vom Schwiegerkind nach Scheitern der Ehe natürlich nicht zurückgefordert werden.

12 Bejahen Sie, dass die Schenkung (üblicherweise zur Hälfte) an das Schwiegerkind ging, stellt sich dann die Frage, ob die Schenker gegen diesen nun einen Rückforderungsanspruch haben, welchen der BGH ihnen nun seit einigen Jahren grundsätzlich nach § 313 BGB zubilligt.

13 Um die dem zugrunde liegende wichtige **Rechtsprechungsänderung** zu verstehen, müssen Sie wissen, dass Zuwendungen von Schwiegereltern **bis zum Jahr 2010** in der Regel als **ehebezogene (synonym: ehebedingte oder unbenannte) Zuwendungen** angesehen wurden. Sie kennen dies bereits von Schenkungen der Ehegatten untereinander: Solche Zuwendungen werden unter der Annahme geleistet, dass die Ehe fortbesteht und die Zuwendung deren Verwirklichung, Ausgestaltung, Erhaltung und Sicherung dient. Das Resultat davon war, dass es sich um *keine* Schenkung iSd § 1374 II BGB handelte – Sie erinnern sich, dass diese Ausnahmevorschrift grundsätzlich keine Analogie zulässt – und die Schenkung an das Schwiegerkind **kein privilegiertes Anfangsvermögen** darstellte, mithin in voller Höhe auf seinen Zugewinn durchschlug. Dies führte zu einem erhöhten Zugewinnausgleichsanspruch des eigenen Kindes, während die Schwiegereltern selbst regelmäßig keinen eigenen Anspruch hatten, weil ihnen in der Folge ein Festhalten an der Schenkung zumutbar war (vereinfacht gesagt landet ja die Hälfte der Schenkung an das Schwiegerkind durch den Zugewinnausgleich bei dem eigenen Kind, während dieses seinen Teil der Schenkung als privilegierte Schenkung nicht ausgleichen muss).

14 Mit seiner wichtigen **Grundsatzentscheidung vom 3.2.2010** änderte der BGH diese Rechtsprechung. Es handelt sich nunmehr bei Schwiegerelternschenkungen um **»echte« Schenkungen nach § 516 BGB**, die ihre Geschäftsgrundlage im Fortbestand der Ehe haben. Der Grundgedanke der ehebedingten Schenkung zwischen Ehegatten sei nämlich gerade nicht übertragbar – **die Schwiegereltern stünden ja außerhalb der ehelichen Lebensgemeinschaft** und hätten deshalb auch nicht die Vorstellung, der geschenkte Gegenstand werden ihnen nicht verloren gehen. Außerdem sei es nicht einzusehen, weshalb die Schwiegereltern sich stets mit einem zumindest hälftigen Verbleib der Schenkung beim Schwiegerkind abfinden sollten.[3]

3 BGH NJW 2010, 2202.

Für die praktische Anwendung hat die Annahme einer »echten« Schenkung an das Schwiegerkind nun gleich mehrere Folgen. Auf dessen Seite ist die **Schenkung nun privilegiert iSv § 1374 II BGB**, erhöht also (eigentlich) das Anfangsvermögen! 15

Nachdem dies aber dazu führen würde, dass die Schenkung damit faktisch den Zugewinnausgleichsanspruch des eigenen Kindes schmälern würde (denn im Endvermögen hat das Schwiegerkind ja neben dem geschenkten Gegenstand auch noch die Verbindlichkeit seiner Schwiegereltern stehen), wird die Schenkung unter dem Gesichtspunkt der Privilegierung des § 1374 II BGB so bewertet, dass sie **mit dem zum Zeitpunkt der Schenkung – noch nicht fälligen! – Rückforderungsanspruch der Schwiegereltern saldiert wird** und so letztlich geringer, gegebenenfalls mit Null, bewertet wird. Dogmatisch begründet der BGH dieses gewollte Ergebnis damit, dass das Schwiegerkind das Geschenk von vornherein mit der Belastung erworben habe, es im Falle des späteren Scheiterns der Ehe ausgleichen zu müssen. 16

Hinweis: Um diese güterrechtlichen Auswirkungen zu verstehen, sollten Sie sich das Ganze am besten einmal aufmalen (so wird auch im zugehörigen Präsenzkurs verfahren). Dogmatisch ist diese Lösung des BGH durchaus angreifbar, weil sie mit den Regeln des Zugewinnausgleichsrechts bricht, denn die Bewertung des Anfangsvermögens wird ja auch sonst nicht durch nachträgliche Entwicklungen beeinflusst. Der BGH sah sich zu diesem Schachzug aber wohl gezwungen, weil der Anspruch der Schwiegereltern bereits mit endgültiger Trennung entsteht und damit das Endvermögen im Zugewinnausgleich schälert.[4] Im Zweiten Staatsexamen ist die vom BGH vorgegebene Lösung für Ihre Lösung aber stets maßgeblich!

Mit seiner geänderten Rechtsprechung hat der BGH erreicht, dass **die Schenkung vollständig »zugewinnneutral«** geworden ist und hat damit den Weg freigemacht für einen eigenen Rückforderungsanspruch der Schwiegereltern nach § 313 I BGB für den dem Schwiegerkind zugewandten Teil der Schenkung, weil mit dem Scheitern der Ehe regelmäßig die Geschäftsgrundlage der Schenkung entfallen sei. Die tatbestandlichen Voraussetzungen der § 527 BGB, § 528 BGB oder § 530 BGB verneint der BGH und für die Zweckverfehlungskondiktion nach § 812 I 2 Alt. 2 BGB fehle es an einer hinreichenden Zweckabrede. 17

Neben der vom BGH bejahten Störung der Geschäftsgrundlage durch Scheitern der Ehe muss bei § 313 BGB dazukommen, dass dem Zuwendenden unter Berücksichtigung aller Umstände des Einzelfalls, insbesondere der vertraglichen oder gesetzlichen Risikoverteilung, das Festhalten am unveränderten Vertrag nicht zugemutet werden kann. Durch diese Formulierung kommt zum Ausdruck, dass nicht jede einschneidende Veränderung der bei Vertragsabschluss bestehenden oder gemeinsam erwarteten Verhältnisse eine Vertragsanpassung oder eine Kündigung (§ 313 III BGB) rechtfertigt. Hierfür ist vielmehr erforderlich, dass ein Festhalten an der vereinbarten Regelung **für den Zuwendenden zu einem nicht mehr tragbaren Ergebnis** führt. Ob dies der Fall ist, kann nur nach einer **umfassenden Interessenabwägung** unter Würdigung aller Umstände festgestellt werden. **Aspekte diesbezüglich sind:** Ehedauer, die persönlichen und wirtschaftlichen Verhältnisse von Schwiegereltern und früheren Ehegatten, der Umfang der durch die Zuwendung bedingten und beim Schwiegerkind noch vorhandenen Vermögensmehrung, aber auch mit der Schenkung verbundene Erwartungen des Zuwendenden hinsichtlich seiner Versorgung im Alter. Hier liegt für Sie **in der Klausur natürlich ein absoluter Schwerpunkt**, an dem Sie den Sachverhalt verarbeiten und eigenständig argumentieren müssen! 18

Der BGH betont, dass es vom Einzelfall abhängt, inwieweit die Schenkung zur Schaffung eines Familienheims ihren **Zweck erreicht** hat, wenn die Eheleute bis zur Trennung bereits eine gewisse Zeit darin gelebt haben – eine allgemein gültige zeitliche Höchstgrenze von zehn oder 20 Jahren, wie dies teilweise diskutiert wird, könne nicht gezogen werden.[5] 19

4 Vgl. BGH NJW 2016, 629.

5 BGH NJW 2015, 690; deutlich zurückhaltender nun allerdings der X. Zivilsenat (NJW 2019, 3511): »die Vorstellung von einer bestimmten oder gar lebenslangen Dauer der Beziehung … entspricht nicht der Lebenserfahrung.«

20 Zur Durchsetzung seines Anspruchs aus § 313 I BGB kann der Zuwendende eine von ihm formulierte **Änderung des Vertrages** zum Gegenstand der Klage machen **oder unmittelbar auf die Leistung klagen**, die sich aus der von ihm als angemessen erachteten Vertragsanpassung ergibt. Bei Zuwendungen von Schwiegereltern wird eine aufgrund der Störung der Geschäftsgrundlage vorzunehmende Vertragsanpassung nur in seltenen Ausnahmefällen dazu führen, dass der zugewendete Gegenstand zurück zu gewähren ist.[6] **In der Regel kann nur ein Ausgleich in Geld verlangt werden**, dessen Höhe sich nach den Umständen des Einzelfalls richtet. Soweit die Ehe Bestand gehabt hat, ist der Zweck der Zuwendung teilweise erreicht, sodass das Zugewendete nicht voll zurückgegeben werden muss. Ausnahmen sind denkbar, wenn nur die Rückgewähr geeignet erscheint, einen untragbaren, mit Treu und Glauben unvereinbaren Zustand zu vermeiden.

21 Der Anspruch auf Vertragsanpassung unterliegt der regelmäßigen Verjährungsfrist (drei Jahre) des § 195 BGB[7], es sei denn, der Anspruch ist auf Vertragsanpassung nach einer Grundstückschenkung der Schwiegereltern gerichtet – in diesem Fall gilt die zehnjährige Verjährungsfrist nach § 196 BGB![8] Da das Scheitern der Ehe regelmäßig spätestens mit der Zustellung des Scheidungsantrags zum Ausdruck kommt, liegt die für den Beginn der Verjährungsfrist erforderliche Kenntnis der Schwiegereltern vom Scheitern der Ehe jedenfalls dann vor, wenn sie von der Zustellung des Antrags Kenntnis hatten bzw. hätten haben müssen. Der Beginn der Verjährungsfrist ist auch nicht bis zur Veröffentlichung der Rechtsprechungsänderung in der BGH-Entscheidung v. 3.2.2010 hinausgeschoben.[9]

Hinweis: Es gibt sicherlich einiges an dieser Rechtsprechung des XII. Zivilsenats, was kritikwürdig ist. Wie bereits geschrieben, ist hierfür das Zweite Staatsexamen aber nicht der richtige Platz. Dennoch: **Als Leseempfehlung** sei an dieser Stelle stattdessen auf ein gut gemachtes **Urteil des X. Zivilsenats** hingewiesen, welcher sich mit der **Schwiegerelternschenkung bei einer nichtehelichen Lebensgemeinschaft** (also *keine* Familiensache!) auseinanderzusetzen hatte. Hier setzt sich der Senat unter anderem auch berechtigterweise damit auseinander, dass bei einer Schenkung eine Gegenleistung gerade nicht geschuldet ist, sodass bei der Annahme einer (»gestörten«) Geschäftsgrundlage einer solchen grundsätzlich Zurückhaltung geboten ist.[10]

22 Beachten sollten Sie noch, dass Gegenstand einer Schenkung in diesem Sinne immer eine **Sachzuwendung** ist. Es kann aber auch vorkommen, dass die Schwiegereltern Arbeitsleistungen zuwenden – also etwa in Form von umfangreicher Mithilfe bei den Renovierungsarbeiten. Bei **Arbeitsleistungen** erheblichen Umfangs, die insbesondere über erwiesene Gefälligkeiten hinausgehen, kann in dem Verhalten der Parteien der schlüssige Abschluss eines besonderen familienrechtlichen Vertrages (sog. **Kooperationsvertrag**) gesehen werden, dessen Geschäftsgrundlage durch das Scheitern der Ehe entfallen ist. Der BGH hat deutlich gemacht, dass er auf einen derartigen Kooperationsvertrag eine Geschäftsgrundlagenlösung nach den gleichen Kriterien wie bei der Sachzuwendung anwenden möchte.[11] Allerdings sei zu beachten, dass ein etwaiger Anspruch nicht nur auf den Betrag der noch vorhandenen Vermögensmehrung zu begrenzen wäre, sondern auch die ersparten Kosten einer fremden Arbeitskraft nicht übersteigen darf.

Klausurtipp:
1. Abschließend sei noch einmal darauf hingewiesen, dass die »Schwiegerelternschenkung« in Ihrer Klausur in mehrfachem Gewand auftauchen kann. Als **sonstige Familiensache** (§ 266 I Nr. 3 FamFG), wenn die Schwiegereltern das Geschenk zurückfordern – sehen Sie dazu auch den nachfolgenden Beispielsfall. Möglich ist aber auch, dass die Problematik im Rahmen einer **güterrechtlichen Klausur** beim Zugewinnausgleichsanspruch eines Ehegatten verpackt wird. Und schließlich geht es sogar

6 BGH NJW 2015, 1014.
7 BGH NJW 2016, 629.
8 BGH NJW 2015, 1014.
9 BGH NJW 2016, 629.
10 BGH NJW 2019, 3511.
11 BGH NJW 2010, 2202.

ganz ohne Familienrecht – nämlich wenn die Schenkungsempfänger eine nichteheliche Lebensgemeinschaft bildeten.[12]
2. In der Klausur kann Ihnen außerdem die Kommentierung im Palandt/*Grüneberg* BGB § 313 Rn. 53 helfen.

Fall zur Schwiegerelternschenkung:

Die Eheleute F und M erhalten kurz nach ihrer Hochzeit von den Eltern der F für den Kauf ihres Familienheims 400.000 EUR auf ihr Gemeinschaftskonto überwiesen. Letztere möchten den Eheleuten damit die Familienerweiterung erleichtern und wollen zudem selbst in einigen Jahren statt ins Altersheim in die Einliegerwohnung des Hauses einziehen. Bei dem überwiesenen Betrag handelt es sich um ihre gesamten Ersparnisse. Nachdem das Haus gefunden und bezahlt ist, trennen sich F und M noch vor dem Einzug. Die Ehe wird geschieden. F und M hatten – mit Ausnahme der Immobilie im Wert von 400.000 EUR – weder Anfangs- noch Endvermögen. Die Schwiegereltern des M verlangen von diesem die Zahlung von 200.000 EUR. Zu Recht?

Lösung:

Die Schwiegereltern haben gegen M einen Anspruch auf Zahlung von 200.000 EUR gem. §§ 313, 516 BGB.

1. Die **Anspruchsgrundlage** ergibt sich aus dem wegen der Störung der Geschäftsgrundlage **nach Maßgabe von § 313 BGB anzupassenden Schenkungsvertrag** zwischen den Schwiegereltern und M.
Dadurch, dass die Zahlung mit der Zweckbestimmung »für den Kauf des Familienheims« und **auf das Gemeinschaftskonto der Ehegatten** geleistet wurde, steht diesen der Betrag mangels anderslautender Bestimmung durch die Schwiegereltern gemeinsam zu.
Nach der geänderten Rechtsprechung des BGH handelt es sich bei Schwiegerelternschenkungen nicht länger um unbenannte Zuwendungen, sondern vielmehr um **»echte« Schenkungen iSv § 516 BGB**, die ihre Geschäftsgrundlage im Fortbestand der Ehe haben. Der Grundgedanke der ehebedingten Schenkung zwischen Ehegatten ist auf diese Konstellation nicht übertragbar – die Schwiegereltern stehen außerhalb der ehelichen Lebensgemeinschaft und haben deshalb auch nicht die Vorstellung, der geschenkte Gegenstand werde ihnen nicht verloren gehen.
Eine Rückforderung nach den spezielleren Regelungen der **§§ 527, 528 und 530 BGB** kommt mangels Vorliegens der tatbestandlichen Voraussetzungen nicht in Betracht. Auch eine Rückforderung nach **§ 812 I 2 Alt. 2 BGB** kann nicht bejaht werden, da es keine Anhaltspunkte dafür gibt, dass der dauerhafte Bestand der Ehe nicht nur Geschäftsgrundlage, sondern Gegenstand einer rechtsgeschäftlich verankerten Zweckabrede geworden wäre.

2. Die Vorstellung der Eltern der F, dass die Ehe Bestand haben würde, war die wesentliche Grundlage des Schenkungsvertrages, da hieran auch die weiteren Erwartungen betreffend Enkelkinder und eigene Versorgung im Alter geknüpft waren. Durch die Trennung der Eheleute ist damit die **Geschäftsgrundlage der Schenkung entfallen**.

3. Den Schwiegereltern ist das Festhalten am unveränderten Vertrag **nicht zuzumuten**. Die Eheleute haben sich kurz nach der Schenkung bereits wieder getrennt, sodass es nicht einmal zum Einzug in das Familienheim kam. Damit hat sich weder die Hoffnung der Schwiegereltern auf die Familienerweiterung realisiert, noch konnten sie selbst wie geplant in die Einliegerwohnung einziehen. Da sie ihre gesamten Ersparnisse eingesetzt haben, wäre bei Aufrechterhaltung der Schenkung auch ihre Altersversorgung nicht mehr gewährleistet.
Auf der anderen Seite ist die **Vermögensmehrung** auf Seiten des M **noch in voller Höhe vorhanden**. Nachdem der BGH nun nicht länger von einer unbenannten Zuwendung an das Schwiegerkind ausgeht, führt dies dazu, dass die Zuwendung in Höhe von 200.000 EUR bei M und F jeweils privilegiert iSv § 1374 II BGB ist und das Anfangsvermögen erhöht. Dadurch hat keiner von ihnen einen Zugewinn erzielt, da sich auch in ihrem Endvermögen lediglich das hälftige Miteigentum an der Immobilie im Wert von jeweils 200.000 EUR befindet. Anders als nach früherer Rechtsprechung, nach der die Schwiegerelternschenkung bei M nicht unter § 1374 II BGB gefallen wäre, erhält nicht einmal mehr die F einen Teil der 200.000 EUR von M über den Zugewinnausgleich.

12 Hierzu nochmals der Hinweis auf die gute Entscheidung BGH NJW 2019, 3511.

Auch im Übrigen hat M nach dem Sachverhalt nichts zu dem Immobilienerwerb beigetragen. Im Rahmen der Interessenabwägung sind keine Gründe erkennbar, die auch nur eine teilweise Aufrechterhaltung der Vermögensmehrung rechtfertigen könnten.

[Hier ist in der im Examen anhand des Klausursachverhalts in der Regel natürlich deutlich mehr auszuführen.]

4. Dementsprechend ist der Schenkungsvertrag dahingehend nach § 313 BGB anzupassen, dass den Schwiegereltern ein Zahlungsanspruch in Höhe von 200.000 EUR gegen M zusteht. Aus genannten Gründen ist es (ausnahmsweise) auch nicht angezeigt, die Rückforderung nur auf einen Teil des zugewendeten Betrages zu beschränken.

§ 8 Sorgerecht

Nach einigen Prüfungsordnungen gehört auch die elterliche Sorge zum Prüfungsstoff im Zweiten Staatsexamen. Tatsächlich aber ist das Sorgerecht als Prüfungsgegenstand einer schriftlichen Klausur weitgehend ungeeignet und spielte bislang auch keine Rolle. Allenfalls vorstellbar wäre es, dass – so wie schon in Übungsklausuren geschehen – ein kleines sorgerechtliches »Anhängsel« eingebaut wird, um Sie zu verunsichern. **Geeignet wäre etwa ein anzufertigender Scheidungsbeschluss des Gerichts mit mehreren Folgesachen, der auch eine (einfache) sorgerechtliche Entscheidung enthält.** Mehr als Gesetzessubsumtion und allenfalls ein kurzer Blick in den Kommentar wird von Ihnen nicht verlangt werden. 1

Hier einen Lernschwerpunkt zu setzen, wäre deshalb verfehlt. Sie sollten sich lediglich kurz mit den Grundzügen vertraut machen. 2

A. Materielles Sorgerecht

Materiell-rechtlich haben die Eltern die Pflicht und das Recht, für ihr minderjähriges Kind zu sorgen, § 1626 I 1 BGB. Die elterliche Sorge umfasst die **Personen- und Vermögenssorge**. Die Eltern haben gemeinsam die elterliche Sorge, wenn sie bei Geburt verheiratet sind, einander später heiraten oder gemeinsame Sorgeerklärungen abgeben, § 1626a I Nr. 1 und 2 BGB. Noch relativ neu sind § 1626a I Nr. 3 und II BGB, die die durch das Bundesverfassungsrecht durch vorläufige Anordnung geschaffene Übergangsregelung ablösen.[1] Nun kann auch das Familiengericht die elterliche Sorge beiden Eltern gemeinsam (meint: auch auf den Vater) übertragen, wenn die Übertragung dem Kindeswohl nicht widerspricht.[2] Im Übrigen hat die Mutter die elterliche Sorge, § 1626a III BGB. 3

Die elterliche Sorge umfasst – das kennen Sie schon aus dem Unterhaltsrecht (→ § 5 Rn. 156) – auch die **Vertretung des Kindes**, die deshalb grundsätzlich gemeinschaftlich ausgeübt wird, § 1629 I 2 BGB. Alleinvertretungsbefugt ist der allein Sorgeberechtigte, § 1629 I 3 BGB. 4

Nach § 1671 I BGB kann bei getrenntlebenden gemeinsam sorgeberechtigten Eltern jeder Elternteil beantragen, dass ihm das Sorgerecht oder ein Teil davon allein übertragen wird. Hier sind zwei Fälle zu unterscheiden: die **einvernehmliche Übertragung** nach § 1671 I 2 Nr. 1 BGB, bei der das Gericht grundsätzlich ohne Kindeswohlprüfung an den Antrag gebunden ist, und die (in der Praxis sehr häufige) **streitige Übertragung** nach § 1671 I 2 Nr. 2 BGB, bei der die Prüfung des Kindeswohls im Zentrum steht. Nach § 1671 II BGB kann nun auch der bisher nicht sorgeberechtigte Vater die Übertragung der Alleinsorge verlangen kann. Beachten Sie, dass bei Prüfung des Kindeswohls eine sog. **doppelte Kindeswohlprüfung** stattfindet, nämlich (1) ob die Aufhebung der gemeinsamen Sorge und (2) die Übertragung gerade auf den Antragsteller dem Kindeswohl am besten entspricht.[3] 5

Hinweis: Diese zwei Schritte sind auch für die richtige Abfassung Ihres Tenors wichtig! »Das gemeinsame Sorgerecht für das Kind ..., geb. am ..., wird **aufgehoben und** auf die Antragstellerin **übertragen**.«

Aus Verhältnismäßigkeitsgründen und aus Gründen des Kindeswohls werden in der Praxis häufig nur Teilbereiche der elterlichen Sorge übertragen, zum Beispiel das **Aufenthaltsbestimmungsrecht**. Dementsprechend wäre dann zu tenorieren. 6

Klausurtipp: Im Klausurfall **eignet sich eigentlich nur eine einvernehmliche Übertragung des Sorgerechts** nach § 1671 I Nr. 1 BGB, da Sie anhand eines Klausursachverhaltes nur schwerlich eine Kindeswohlprüfung vornehmen können.

1 BVerfG NJW 2010, 3008.
2 Hierzu BGH NJW 2016, 2497.
3 Hierzu Palandt/*Götz* BGB § 1671 Rn. 12.

B. Verfahrensrecht in Sorgerechtssachen

7 Sorgerechtsverfahren sind Kindschaftssachen nach § 151 Nr. 1 FamFG und damit **Familiensachen** iSv § 111 Nr. 2 FamFG, für die die Regelungen des **allgemeinen Teils des FamFG** gelten, überdies enthalten die §§ 151–168a FamFG zahlreiche **Spezialregelungen**. Für die Klausur eignen sich diese Vorschriften nicht – Ihnen sollte allenfalls bewusst sein, dass § 152 FamFG die örtliche Zuständigkeit wiederum primär nach der Anhängigkeit der Ehesache und sonst aber nach dem gewöhnlichen Aufenthalt des Kindes regelt.

Stichwortverzeichnis